Über dieses Buch Ende der 30er, Anfang der 40er Jahre entstand – von der Öffentlichkeit fast unbemerkt – ein neuer revolutionärer Jazzstil, der alles, was bisher an musikalischen Wagnissen stattgefunden hatte, in den Schatten stellte: Bebop. Als diese neue Musik sich Mitte der 40er Jahre zunehmend in der Öffentlichkeit präsentierte, löste sie zunächst eine breite Welle der Ablehnung aus. Amerika hatte gerade einen Krieg gewonnen und verlangte nach Unterhaltung, nicht nach intellektueller oder politisch motivierter Jazzmusik.
Begonnen hatte alles in ›Minton's Playhouse‹ in Harlem, wo sich mehr oder weniger zufällig eine Reihe von schwarzen Jazzmusikern traf, die diesen neuen Stil kreiert und maßgeblich beeinflußt haben: Charlie Parker, Dizzy Gillespie, Kenny Clarke und Charlie Christian. Von ihnen und allen anderen an dieser musikalischen Revolution beteiligten Musikern handelt dieses Buch.

Der Autor Iron Werther, geb. 1956, studierte Musik, Geschichte und Politikwissenschaft an der Universität Münster. Von 1975 bis 1987 war er aktiv in der Jazzszene tätig, sei es als Konzertveranstalter, als Organisator des alljährlich stattfindenden internationalen Jazzfestivals in Münster oder als Saxophonspieler in verschiedenen Ensembles. Seit 1987 arbeitet er als wissenschaftlicher Mitarbeiter am Institut für Demoskopie in Allensbach.

Iron Werther

BEBOP

Die Geschichte einer
musikalischen Revolution
und ihrer Interpreten

Fischer
Taschenbuch
Verlag

Gewidmet meiner Frau Birgit und meinen Töchtern Farina und Shari

Gedankt sei meinen Freunden, die mir für diese Arbeit ihre Bücher- und Schallplattensammlungen und sonstiges Informationsmaterial zur Verfügung stellten. Besonderer Dank gilt Werner Jede, auf dessen Unterrichtsmaterial die Darstellung der harmonischen Grundlagen im Sachteil des Buches basiert, und Hartmut Schmitz für die Durchsicht des Manuskriptes. Dank auch an Heike und Günter, die mir ihr Arbeitszimmer überließen, in dem ich mich ungestört ausbreiten konnte, da es sich meine Töchter nicht nehmen ließen, ihren Vater bei seiner Arbeit zu Hause »tatkräftig und lautstark zu unterstützen«.

Originalausgabe
Veröffentlicht im Fischer Taschenbuch Verlag GmbH,
Frankurt am Main, Dezember 1988

© 1988 Fischer Taschenbuch Verlag GmbH, Frankfurt am Main
Umschlaggestaltung: Buchholz/Hinsch/Hensinger
Gesamtherstellung: Clausen & Bosse, Leck
Printed in Germany
ISBN 3-596-22997-9

Inhalt

Vorwort 7

Teil I
Die Geschichte des Bebop

Die Wiege des Bebop 11
Harlem 11
Minton's Playhouse 12
52nd Street 26
Die Musik bekommt einen Namen 31

Revolution und Reaktion 34
Musikalische Veränderungen 34
Die Reaktion der Musiker 38
Die Medien 41
Das Revival 43

Das politisch-soziale Umfeld 45
Jazzmusik als Protestmusik? 45
Bebop als neue Musik des Protestes 48
Bekenntnis zum Islam 53

Der Bebop-Kult 56

Drogen 60

Ein Musikstil setzt sich durch 68

Coda 73

Teil II
Die Interpreten des Bebop
Charlie Parker   78
Dizzy Gillespie   99
Kenny Clarke   113
Thelonious Monk   119
Oscar Pettiford   124
Charlie Christian   127
Max Roach   131
Charles Mingus   135
Bud Powell   138
Miles Davis   141

Teil III
Die Elemente des Bebop
Der Rhythmus   147
Der Baß   148
Das Piano   149
Die Gitarre   149
Das Schlagzeug   150
Techniken   151
Harmonische Grundlagen   156
Songs   169

Anmerkungen   173
Quellennachweis   178
Literaturverzeichnis   179
Discographie   182
Register   186

Vorwort

›Inside Be-bop‹ von Leonard Feather, erschienen 1949, war das erste Buch, das sich mit dem modernen Jazz auseinandersetzte, zu einer Zeit also, in der der Bebop sein Publikum eroberte. Dieses Buch – später in ›Inside Jazz‹ umbenannt – war zudem auch die erste Publikation, in der mittels eines Sachteils versucht wurde, den Jazz musiktheoretisch zu erfassen. Ende der 50er Jahre war der Band nicht mehr lieferbar. Er wurde aber 1977 in unveränderter Form wieder aufgelegt, da der Bebop nach wie vor aktuell und das Interesse an Information groß war. In seinem Vorwort stellte Feather 1977 fest, daß ›Inside Be-bop‹ in der Jazzliteratur zum meistzitierten Buch geworden war, ganze Kapitel seien sogar einfach abgeschrieben worden. Dieses – mit Blick auf den Bebop – zeitgenössische Buch diente auch mir als wichtige Informationsquelle, allerdings ohne sie übermäßig zu strapazieren, stehen doch heutzutage wesentlich mehr Quellen zur Verfügung als in den 50er Jahren. Eine weitere wichtige Quellensammlung, die dem Bebop allerdings nur wenig Raum widmet, wurde von Nat Hentoff und Nat Shapiro herausgegeben. Die deutsche Ausgabe erschien 1962 unter dem Titel ›Jazz erzählt‹.

Dieses Buch erzählt die Geschichte des Bebop in einer ganz anderen Form. Das Wort haben die beteiligten Musiker und diejenigen, die die Entwicklung des Bebop hautnah miterlebt haben, um so dem Leser einen Eindruck der damaligen Atmosphäre zu vermitteln. Rund 200 verschiedene Aussagen von Musikern und eine große Zahl von zeitgenössischen Kritiken bilden das Gerüst dieser ungewöhnlichen Geschichte. Ich habe mich darauf beschränkt, die Aussagen mit den nötigen Informationen zu verbinden. Dabei habe ich mich bemüht, durch einen Vergleich der verschiedenen Quellen jene falschen Angaben auszusondern, die – einmal veröffentlicht – von anderen Autoren immer wieder übernommen werden.

Über jeden Musiker, den ich im biographischen Teil des Buches vorstelle, könnte man ein gesondertes Buch schreiben, doch wären in diesem Falle Überschneidungen nicht auszuschließen. Ich habe die Biographien – abgesehen von denen über Charlie Parker und Dizzy Gillespie – bewußt knapp gehalten mit Schwerpunkt auf die Zeit des Bebop, obgleich einige der erwähnten Musiker weit über diese Phase hinaus Akzente gesetzt haben.

Dieses Buch ist aufgrund der vielen Zitate durchaus als eine Quellensammlung zu bezeichnen; wenn es ähnlich häufig zitiert werden sollte wie Leonard Feathers ›Inside Be-bop‹, würde es mich freuen.

Teil I

Die Geschichte des Bebop

Die Wiege des Bebop

Harlem

In der Geschichte des Jazz gibt es kaum einen Ort, der in der Entwicklung der verschiedenen Stilrichtungen – und somit auch des Bebop – eine größere Rolle gespielt hätte als Harlem. Das frühere Zentrum der Jazzmusik, das Vergnügungsviertel von New Orleans – Storyville –, wurde durch ein Verbot der Prostitution und der damit verbundenen Schließung des Vergnügungsviertels durch das Kriegsministerium im Jahre 1917 aufgelöst. Viele der in dem »Red Light District« (so benannt nach den roten Laternen an den einschlägigen Häusern) tätigen Jazzmusiker wanderten nach Norden ab. Nicht wenige Musiker gingen nach New York und ließen sich in dem Schwarzenviertel nieder und sorgten somit für einen nachhaltigen musikalischen Aufschwung dieser Stadt.
Harlem wurde 1643–47 von der Holländisch-Westindischen Kompanie gegründet, indem sie freigelassenen Sklaven dort Grundstücke zur Ansiedlung gab. Es entstand ein autonomer Bezirk, der sich rasch ausdehnte, da er zum Zufluchtsort für viele entlaufene Sklaven aus den Südstaaten, aus Westindien und selbst aus Südamerika wurde. Lange Zeit lebten die Bewohner von Harlem isoliert vom übrigen New York in einer Art Ghetto. Die damalige Ghettosituation ist allerdings mit der heutigen kaum vergleichbar. Harlem verfügte damals über eine intakte Sozial- und Infrastruktur; man besaß eigene Schulen und Musikschulen, in denen vornehmlich klassische Musik unterrichtet wurde.
In den 20er Jahren machte eine Reihe von Kabaretts, Nachtclubs und Tanzlokalen in diesem Viertel auf, das dadurch zum nächtlichen Anziehungspunkt der Stadt New York wurde. Die besten Jazzmusiker des Landes gaben hier ihre Konzerte. Nicht wenige wurden in Harlem ansässig, da dieses Viertel genügend Auftrittsmöglichkeiten zu bieten schien. Auch viele Weiße fanden den Weg in das neue Vergnügungsviertel, da sie es »schick« fanden, in den anrüchigen Lokalen zu verkehren. Die Prohibition, die Zeit des Alkoholverbots in den USA, machte einen Abstecher nach Harlem, in dem für Geld alles zu haben war, besonders reizvoll. Die Vergnügungsbetriebe blühten auf, was den zur Unterhaltung engagierten

Musikern zugute kam. Alle folgenden Entwicklungen der Jazzmusik, die man damals in erster Linie als Tanzmusik begriff, haben ihren Ursprung in diesem Viertel. Am bekanntesten dürfte vielleicht der »Harlem Jump« sein, eine Weiterentwicklung des »Swing«. In den 40er Jahren nannte man diesen Stil »Rhythm + Blues«, aus dem sich später der »Rock'n' Roll« entwickelte. Selbst die radikalste und modernste Entwicklung der Jazzmusik, der »Free Jazz«, stammt aus Harlem.

Es verwundert also kaum, daß auch die – vom Free Jazz abgesehen – größte musikalische Revolution des Jazz ihre Wiege in Harlem hatte: »Bebop«!

Minton's Playhouse

Ein eher bescheidener Laden in der 118. Straße sollte zur ersten Adresse des »Modernen Jazz« werden. Henry Minton, ein ehemaliger Saxophonist, baute einen Saal des benachbarten »Cecil-Hotels« zu einem Jazzlokal aus. Der Laden lief nicht besonders gut und machte eher einen heruntergekommenen Eindruck. Die Konkurrenz in Harlem war groß, und ohne entsprechende Investitionen konnte man kaum genügend Publikum erreichen. Zu neuem Leben erwachte der Laden erst, als es Minton gelang, den ehemaligen und mittlerweile arbeitslosen Bandleader Teddy Hill zum neuen musikalischen Leiter des »Playhouse« zu machen. Da es an Geld mangelte, konnte Teddy Hill nur eine kleine Hausband engagieren. Diese Band war eher als fest installierte Rhythmusgruppe für die geplanten Musikersessions gedacht, die in Harlem recht beliebt waren. Auf diese Weise konnte man ein relativ abwechslungsreiches Programm mit den verschiedensten Musikern anbieten, ohne Gage zahlen zu müssen. Damit genügend Musiker vorbeikamen, um an den Sessions teilzunehmen, wurde ihnen ein Gratisessen serviert.

Montag war immer ein besonderer Tag im »Minton's«. Die regulären Bands hatten ihren Ruhetag, so daß die Musiker Zeit hatten, ungehindert an einer Session teilzunehmen. Und an diesem Tag war auch die Küche im Minton's besonders gut. Dizzy Gillespie erinnert sich: »Montag nacht war im Minton's immer am meisten los. Da hatten die meisten Musiker frei bei ihren regulären Jobs. Da gab es die größten Jam Sessions und immer eine Menge guter Sachen zu essen. Teddy Hill, der Manager, sorgte dafür. Er zahlte den Musikern kaum etwas, ich habe nie Geld bekommen, aber dafür sorgte er für Essen und Trinken. Es gab dort eine sehr gute Küche.«[1]

Geld bekam nur die Houseband, die Teddy Hill im Herbst 1940[2] zusammengestellt hatte. Sie bestand aus dem Schlagzeuger Kenny Clarke, dem Pianisten Thelonious Monk, dem Bassisten Nick Fenton und dem Trom-

12

peter Joe Guy. Die engagierten Musiker waren recht unbekannt und in der Harlemer Jazzszene noch nicht sonderlich aufgefallen, ausgenommen der Schlagzeuger Kenny Clarke. Er spielte vormals in der Band von Teddy Hill, war aber aufgrund seiner »modernen« Spielweise gefeuert worden.

Kenny Clarke: »Ja, das waren die alten Tage. Bei Teddy Hill hatten wir einen Posaunisten, dem gefiel nicht, wie ich spielte. Er konnte nicht richtig hören. Der Rhythmus war auf dem Becken, und meine Füße spielten etwas anderes. Ich wußte, wo der Rhythmus war, aber er hörte nicht auf die Akzente, die ich auf der Baßtrommel spielte, und zu der Musik, die Teddy Hill damals spielte, paßten einfach nicht die alten vier Schläge auf der Baßtrommel. Also mußte etwas geändert werden. Und dieser Posaunist konnte das nicht akzeptieren und sagte zu Teddy: ›Wir können den nicht brauchen, der zerstört den ganzen Rhythmus!‹ Woody hieß dieser Posaunist, und er war der inoffizielle Chef des Orchesters. Teddy sagte ihm, er solle mich hinauswerfen.«[3]

Ob Kenny Clarke den Job im Minton's nun erhielt, weil er nicht viel kostete, oder ob sich Teddy Hill durch seine umstrittene Spielweise neue musikalische Impulse erhoffte, läßt sich schlecht beurteilen. Sicher war, daß das Playhouse aber dringend neue musikalische Impulse benötigte, denn die anvisierten Sessions gab es in fast jedem Laden in Harlem. Um sich behaupten zu können, mußte man schon etwas Besonderes bieten, denn von der Aufmachung her war das Playhouse absolut nicht ausgefallen.

Carmen McRae: »Minton's war nichts weiter als ein Laden, wo man jammen konnte. Die Leute kümmerten sich nicht viel um das, was da passierte. Ich meine, die Besucher, die keine Musiker waren. Die Musiker, die hörten natürlich ganz genau hin. Aber damals gab es in ganz Harlem Läden, wo man Sessions abhalten konnte. Ehe Minton's aufkam, traf man sich nach Feierabend in einem kleinen Lokal in der Nähe der St. Nicholas Avenue.«[4]

Dennoch bot der Laden eine Atmosphäre, die die Musiker immer wieder anzog, wie Mary Lou Williams beschreibt. »Minton's Playhouse war kein großes Lokal, aber es war nett und gemütlich da. Die Bar war vorn, und die Darbietungen waren hinten. Das Podium lag an der Rückwand des Hinterzimmers. Diese Wand war über und über mit eigenartigen Gemälden bedeckt, auf denen die verrücktesten Typen abgebildet waren; sie saßen auf Eisenbetten, jammten oder unterhielten sich mit ihren Zähnen. Tagsüber war die Jukebox in Betrieb, und die Leute tanzten danach. (...) Wir waren alle eine große Familie. Henry Minton muß ein Mann um die Fünfzig gewesen sein; früher hatte er mal Saxophon gespielt, dann war er Besitzer des berühmten Rhythm Club gewesen, wo Louis, Fats, James P., Earl Hines und andere bekannte Leute die Sessions bestritten. Vorüber-

13

gehend hat er sogar mal einen führenden Posten in der Musikergewerk-schaft bekleidet. Er hatte sein ganzes Herz an den Laden gehängt und dekorierte ihn immer wieder neu. Und das Essen war gut (...).«[5]

So richtig in Schwung kam der Laden erst später, als sich herumsprach, daß sich hier etwas ganz »Verrücktes« und »Neues« tat. Mit dem Engage-ment von Kenny Clarke und dem Pianisten Thelonious Monk hatte Teddy Hill – wohl eher rein zufällig – den Grundstein zu dieser Entwicklung gelegt. Beide Musiker hatten den Kopf voller neuer Ideen und konnten uneingeschränkt ihre musikalischen »Experimente« in dem Hinterzim-mer des Playhouse vollführen.

Kenny Clarke: »Jedenfalls änderte sich der musikalische Kurs, als Teddy der Manager des Minton wurde. Teddy wollte etwas für die Leute tun, die für ihn gearbeitet hatten. Er entwickelte sich immer mehr zu einer Art Wohltäter, denn die Arbeit war damals ziemlich knapp. Teddy versuchte nie, uns Vorschriften zu machen. Wir konnten spielen, was wir wollten und wie wir wollten.«[6]

An den Sessions nahmen immer mehr Musiker teil, so daß man bald Schlange stehen mußte, um auf die Bühne zu gelangen. Fast alle damals bekannten Jazzmusiker haben nach und nach an den Sessions im Play-house teilgenommen. Einige Musiker kamen regelmäßig, teilweise fast täglich ins Minton's und trugen entscheidend zu der Entwicklung der mo-dernen Jazzmusik bei, die hier ihren Ausgang nehmen sollte. Einer der Profimusiker, die regelmäßig nach Feierabend vorbeischauten, war der junge Gitarrist Charlie Christian aus Oklahoma, der in der Benny Good-man-Band fest engagiert war. Er spielte elektrische Gitarre, zur damali-gen Zeit noch eine Seltenheit, und wurde von allen Musikern bewundert. Christian spielte einen ganz eigenen, persönlichen Stil, sowohl was seine Riffs, seine Akkordalterationen als auch sein Solospiel anging. Die Gitarre war als Soloinstrument in der Jazzmusik bislang nicht zu hören gewesen. Christian und Monk, die sich schnell anfreundeten, schufen zu-sammen die neue harmonische Grundlage dieser Jazzmusik, die sich spä-ter »Bebop« nennen sollte, wenn ihnen dieses Verdienst auch von einigen Musikern strittig gemacht wird.

Alle Musiker zu nennen, die an diesen Sessions teilnahmen, ist ein fast unmögliches Unterfangen. Für die beteiligten Musiker war das Ganze nicht ohne Risiko, denn die einflußreiche Musikergewerkschaft, die in jeder Stadt die Musikerlizenzen ausgab, untersagte ihren Mitgliedern die Teilnahme an Sessions.

Dizzy Gillespie: »Die Gewerkschaft hatte uns verboten, an Jam Sessions teilzunehmen, und ihre Kontrolleure kamen immer in die Lokale, die von Jazzmusikern frequentiert wurden. Wir riskierten da einiges, denn wenn man erwischt wurde, mußte man bis zu 500$ Strafe zahlen. Im Minton's konnte uns allerdings nichts passieren, denn Henry Minton, der Besitzer,

14

gehörte selbst der Gewerkschaft an. Für uns Jazzmusiker tat die Gewerkschaft nichts anderes, als unsere Beiträge zu kassieren. Sie hinderte uns daran, auf Jam Sessions Erfahrungen zu sammeln.«[7]
Für die Musiker war die Mitgliedschaft in der Gewerkschaft zwingend erforderlich, da sie sonst nicht berechtigt waren, als Profimusiker bzw. für irgendeine Art von Gage aufzutreten. Dizzy Gillespie kam regelmäßig ins Minton's. Er kannte Thelonious Monk schon aus der Zeit, als dieser mit Cootie Williams im Savoy spielte (1937/38). Als Monk dann den Job im Minton's bekam, schaute Dizzy des öfteren herein, um mit diesem Pianisten, von dem er nach eigenem Bekunden viel gelernt hat, zu jammen.
Ein anderer großer Musiker – wie Dizzy »Schlüsselfigur« des neuen Jazz – fand seinen Weg nicht von allein ins Minton's. Er mußte regelrecht geholt werden – Charlie Parker!
Charlie hatte, nachdem er einige Zeit in der Jay McShann Band gespielt und mit ihr seine erste Platte (›Confessin' The Blues‹, 1940) aufgenommen hatte, einen Job in »Monroe's Uptown House« angenommen. Monroe's, wie es kurz genannt wurde, lag in der 134. Straße und war ein Kabarett mit einem Floor-Show-Programm, nach dessen letzter Show die Bühne für eine kleine Jazzband freigemacht wurde. Hier konnte man »einsteigen«, um sich anschließend den Inhalt eines sogenannten »Kitty« zu teilen, was nichts anderes als eine Kollekte der Zuschauer für die beteiligten Musiker meint. Charlie spielte also jede Nacht für seinen Anteil aus dem »Kitty«. Manchmal war es nicht einmal ein Dollar, doch tags darauf, wenn der Laden gut lief, konnten es auch schon einmal acht oder neun Dollar sein. Im Durchschnitt gesehen, waren seine Einnahmen aber recht spärlich.
Im Herbst 1941 wurde man im Minton's auf Charlie aufmerksam. Jemand erzählte von einem jungen Saxophonisten aus Kansas City, der allabendlich im Monroe's spielte. Man nannte ihn »Bird« oder auch »Yardbird«, und er sollte angeblich wie Lester Young spielen, nur doppelt so schnell und auf dem Altsaxophon. Das wollte natürlich keiner glauben, denn Lester Young galt als absoluter Spitzenmusiker, der einen ganz eigenen »modernen« Stil blies. Auf dem Altsaxophon hatte es seit Johnny Hodges (ab 1928 bei Duke Ellington) nichts Neues mehr gegeben.
Kenny Clarke: »Bird kam während des Krieges mit Jay McShann nach New York. Er arbeitete damals bei Monroe's, und die Sessions spielten sich damals zur einen Hälfte in Monroe's und zur anderen Hälfte in Minton's ab. Monroe's machte im allgemeinen nicht vor vier Uhr morgens auf. Dann schlossen die anderen Clubs, und wir gingen von Minton's nach Monroe's. Der Laden existierte seit 1935. Bird kam etwa 1940 dahin, und ich glaube, George Treadwell war der Chef der Band. Man fing an, von Bird zu reden, weil er auf dem Alt so spielte wie Prez (Lester Young) auf dem Tenor. Wir hielten das für phänomenal, und die Leute begannen

15

aufzuhorchen, denn Lester Young war damals der stilbildende Musiker, der Schrittmacher einer neuen Jazzepoche. Zuerst gingen wir nur deshalb nach Monroe's, weil Bird wie Lester klang. Und das wollten wir uns anhören. Bis wir dann merkten, daß er auch etwas Eigenes zu sagen hatte. Allmählich hörten wir uns ein und entdeckten, daß er rhythmisch und harmonisch Sachen spielte, die wir noch nie vorher gehört hatten. Dizzys Interesse wurde wach, weil er dieselbe musikalische Richtung eingeschlagen hatte, und Monk hatte dieselben Ansichten wie Dizzy.«[8]

An einer anderen Stelle berichtete Kenny: »Bird spielte Dinge, die wir noch nie gehört hatten. Er spielte rhythmische Figuren, von denen ich gedacht hatte, ich hätte sie für das Schlagzeug erfunden. Er war doppelt so schnell wie Lester Young und spielte Harmonien, an die sich Lester nie herangewagt hatte. Bird ging denselben Weg, den wir gingen, aber er war uns weit voraus. Ich glaube nicht, daß ihm klar war, welche Umwälzungen er verursachte, für ihn war das einfach seine Art, Jazz zu spielen. Er redete nicht viel, er war ruhig, reserviert und bescheiden. Wir gaben ihm Geld und brachten ihn dazu, ins Minton's zu kommen. Teddy Hill weigerte sich, ihn für die Hausband zu engagieren, also legten wir zusammen, damit er ein Einkommen hatte. Ich nahm ihn mit auf meine Bude, die ich mit Doc West teilte, einem weiteren Schlagzeuger und sehr guten Koch. Wir sahen darauf, daß er zu essen hatte, denn er war dünn und halb verhungert, er hatte nur vom ›Kitty‹ im Monroe's gelebt.«[9]

Charlie Parker stieß so zu den jungen Musikern aus dem Playhouse und erhielt durch eine fast einmalige Musikersolidarität einen festen Job. Wichtig war natürlich auch, daß Charlie hier »seine« Musik voll ausspielen konnte, ohne auf ein tanz- und unterhaltungssüchtiges Publikum Rücksicht nehmen zu müssen. Im Jahre 1941 waren also im Minton's die Musiker zusammengekommen, die diese neue Musik entscheidend prägen sollten: Charlie Parker, Dizzy Gillespie, Thelonious Monk, Kenny Clarke, Charlie Christian, Max Roach und John Simmons. Der Pianist Bud Powell, der in vielen Publikationen ebenfalls zu den Sessionmusikern des Playhouse gerechnet wird, hat nach Aussagen von Dizzy Gillespie nie im Minton's gespielt. Er war damals noch minderjährig, und sein Vormund erlaubte ihm die Teilnahme an den nächtlichen Sessions nicht. Bud Powell stieß erst wesentlich später zu dem Kreis der progressiven Musiker.

Für die traditionellen Jazzmusiker wurde es immer schwieriger, im Minton's Fuß zu fassen. Die »neue Garde« suchte regelrecht die Herausforderung mit den »alten« Musikern und ließ sich keine Gelegenheit entgehen, sie »an die Wand« zu spielen und sie grundlegend zu verwirren, indem sie irre Tempi und neue Harmoniefolgen anschlugen. Eines der aufsehenerregenden Ereignisse war die Konfrontation zwischen Dizzy Gillespie und Roy Eldridge.

Kenny Clarke: »Minton's wurde bald ein heißer Boden für die älteren

16

Musiker. Dizzy begann regelmäßig zu kommen, und damit hatten wir die vier Schlüsselinstrumente: Trompete, Altsaxophon, Klavier und Schlagzeug. Das, zusammen mit einem guten Baß, war die Band der Zukunft. Eines Nachts, nachdem er es wochenlang versucht hatte, spielte Dizzy Roy Eldridge an die Wand. Es war eine Nacht wie viele andere auch, aber sie hatte Signalwirkung. Roy war jahrelang der Superstar gewesen. Danach schlossen wir unsere Reihen enger.«[10]

Dizzy erinnert sich: »Damals verbesserte sich auch mein Ansatz. Roy Eldridge kam manchmal ins Minton's, er ist immer zu Wettkämpfen aufgelegt und hat schon manchen Trompeter das Fürchten gelehrt. Aber ich werde nie seinen Blick vergessen, als er mich zum erstenmal ein hohes B spielen hörte. Ich hatte schon immer schnell spielen können, nur meine Lippen ließen manchmal aus. Aber damals verbesserten sie sich. Wir spielten ›Sweet Georgia Brown‹ in As, und ich spielte zwei Chorusse und traf ein hohes B. Und Roy schaute!! Monk sagte zu Roy: ›Schau, dich hält man für den größten Trompetenspieler auf der Welt, aber der da‹ – dabei zeigte er auf mich – ›der ist es wirklich, der frißt dich auf!‹ So ist Monk. Er sagt jedem ins Gesicht, was er von seinem Spiel hält.«[11]

Auch Charlie Parker sorgte kräftig für Aufsehen. Billy Eckstine erinnert sich: »Eines Abends kommt Ben Webster bei Minton's zur Tür herein, und Charlie ist auf dem Podium und schafft sich auf seinem Tenor. Ben hörte Bird zum erstenmal, müssen Sie wissen, und sagt: ›Verdammt nochmal, wer ist denn das da oben? Ist der Kerl wahnsinnig?‹ Und er geht hin und reißt Bird die Kanne aus der Hand und sagt: ›So geht das nicht. Auf diesem Horn darf man nicht so viele Töne spielen.‹ Aber in dieser Nacht ging Ben Webster durch die ganze Stadt und erzählte jedem Menschen: ›Ich habe da einen Tenoristen gehört! Der wird die ganze Welt verrückt machen.‹ Tatsache ist, daß Bird mit dem Tenor nie recht warm geworden ist. Er hat das Instrument nie gemocht. Aber er spielte die allerletzten Sachen darauf.«[12]

Andere Musiker verhielten sich dagegen wesentlich cooler. Dizzy Gillespie: »Thelonious Monk schlief oft am Klavier ein. Dann zwickte ich ihn fest in die Fingerspitzen, und er sagte: ›Verdammt, was machst du da, Motherfucker!‹ Dann war er wach und spielte weiter.«[13]

Monk selber sagte: »Ich habe dort einfach einen gig gespielt. Habe versucht, Musik zu machen. Als ich bei Minton's war, stieg jeder ein, der spielen konnte. Ich habe niemals irgend jemanden aus der Fassung gebracht. Ich hatte auch nicht ausgesprochen das Gefühl, daß irgend etwas Neues aufgebaut wurde. Ich hab' praktisch jeden dort bei Minton's gesehen; aber alle haben nur gespielt; keiner hielt Vorträge.«[14]

Mittlerweile versuchten auch viele Musiker in die allnächtlichen Sessions einzusteigen, die aufgrund ihrer Spielweise oder fehlender Routine auf den Musikerstamm störend und regelrecht lästig wirkten.

Dizzy: »Einen Typen gab es dort, den nannten wir nur den ›Dämon‹. Er kam, um zu spielen, aber er tat es nicht, weil er es nicht konnte. Trotzdem spielte er mit allen mit, mit Lester Young, mit Charlie Parker. Er war der erste freie Spieler der Geschichte: Frei von Harmonien, frei von Rhythmus, frei von allem. Er kam aus Newark, und er hörte nie auf zu spielen.«[15]

Milt Hinton: »Alle kamen abends ins Minton's zum Jammen. Nachdem ich gleich gegenüber wohnte, war ich so etwas wie der Haus-Bassist. Monk war da, und Diz war da, und ich war da und viele junge Burschen kamen aus der Stadt, die überhaupt nicht spielen konnten, und dann spielten wir zum Beispiel ›How High The Moon‹, und diese Burschen stiegen ein und konnten einfach nicht mithalten. Sie verdarben uns die ganze Session.«[16]

So dachten sich die Musiker einige Tricks aus, um diese unbeliebten Einsteiger wieder loszuwerden. Milt Hilton weiter: »So sagte Dizzy einmal zu mir, als wir auf dem Dach übten: ›Paß auf, wenn wir dann zu der Jam Session gehen, dann sagen wir, wir spielen ›I Got Rhythm‹, aber wir ändern die Akkorde. Wir nehmen B, Des, Ges oder F und wir wechseln sie ab.‹ Wir probten das auf dem Dach und dann gingen wir ins Minton und die Burschen waren alle da und sagten: ›Was spielt Ihr jetzt als nächstes?‹ Und wir sagten... ›I Got Rhythm'.‹ Und wir begannen mit diesen neuen Akkorden und plötzlich konnten sie nicht mehr mitmachen, weil sie sich nicht auskannten. Schließlich packten sie ihre Hörner wieder ein, und wir konnten in Ruhe spielen.«[17]

Diese Tricks werden vornehmlich von Dizzy Gillespie und auch von Kenny Clarke gerne als die Wurzeln oder Vorentwicklungen der neuen Harmoniefolgen und der im Bebop gebräuchlichen Alterationen bezeichnet. Das durch diese Tricks allein kein neuer Jazzstil entsteht, wird im Verlaufe dieses Buches deutlich gemacht werden. Dizzy Gillespie dazu: »Der moderne Jazz wurde nicht von einem Menschen oder einer Menschengruppe ins Leben gerufen. Er kam auf alle möglichen Arten zustande. Dies war eine davon: Ein paar von uns fingen zu Beginn der 40er Jahre an, in Minton's Playhouse in Harlem zu jammen. Doch immer wieder kreuzten irgendwelche Typen auf, die überhaupt nichts konnten, aber fünf oder sechs Chorusse mitspielten, um zu beweisen, daß sie doch was konnten. So fingen Thelonious Monk und ich am Nachmittag vor einer Session an, uns schwierige und komplizierte Ausweichharmonien und lauter so Sachen auszudenken, und die benutzten wir dann am Abend, um die talentlosen Knaben zu verjagen. Nach einiger Zeit interessierte uns die Sache mehr und mehr auch als Musik, und als wir mehr und mehr in die Tiefe drangen und weiterforschten, entwickelte sich unsere Musik und machte Fortschritte.«[18]

Kenny Clarke: »Nachmittags wurde oft gefachsimpelt. So kamen wir

18

dazu, verschiedene Harmoniefortschreitungen und solche Sachen niederzuschreiben. Wir taten das, um uns dann am Abend die lästigen Typen vom Leibe halten zu können, die immer einsteigen wollten und die uns nicht paßten. Monk, Joe Guy, Dizzy und ich arbeiteten die Sachen aus. Manchmal machten wir es auch während der Arbeitszeit. Sogar im Verlauf des Abends, wenn wir im Minton's spielten. Wir konnten im allgemeinen auf dem Podium tun und lassen, was wir wollten. Wir konnten anfangen und aufhören, wann wir wollten. Es gab auch keine festgesetzten Pausenzeiten. Teddy Hill, der Manager von Minton's Playhouse, der ja früher eine eigene Band gehabt hatte, überließ uns das ganze Hinterzimmer. Wenn nun diese lästigen Einsteiger kamen, spielten wir die anderen Harmonien, die wir uns ausgedacht hatten, und sie verloren nach dem ersten Chorus den Mut und verließen mit langen Schritten das Lokal, und die Berufsmusiker waren wieder unter sich.«[19]

Nicht jeden Anfänger konnte man auf diese Art vertreiben. Manche blieben hartnäckig und übten sich in verschiedenen Tonarten, um mithalten zu können. Früher brauchte ein Jazzmusiker nur die wenigen »gängigen« Bluestonarten wie z. B. B oder F beherrschen, um an fast jeder Session teilnehmen zu können. Von harmonischer Vielfalt konnte vor der Entwicklung der modernen Jazzmusik keine Rede sein.

Illinois Jaquet, ein Tenorsaxophonist, der häufiger an diesen Sessions teilnahm, beschreibt den »Lerneffekt« dieses damals ungewöhnlichen Harmoniegebrauchs: »Jeder konnte da einsteigen und mitspielen. Auch diejenigen, die noch nicht so gut waren, bekamen eine Chance, aber sie mußten sich mit den Tonarten zurechtfinden, die Monk auf dem Klavier spielte. Und diejenigen, die es nicht schafften, die hörten dann bald von selbst wieder auf und machten Platz für die wirklichen Könner. (...) Von denen, die es nicht schafften, die verschiedensten Tonarten zu spielen, sahen wir manche nicht wieder, aber manche übten zu Hause und kamen dann nach ein paar Wochen wieder und konnten dann in allen Tonarten spielen. Dadurch wurden sie bessere Musiker, damals, in dieser Periode.«[20]

Durch den Gebrauch der verschiedenen Harmonien ist die Erfindung des Bebop, selbst wenn man sich nur auf die harmonische Entwicklung konzentriert, noch lange nicht erklärt. Ein musikalischer Stil bzw. Teile davon werden nicht einfach erfunden, sondern sind häufig das Ergebnis einer langen Entwicklung, die sich in diesem Falle nicht nur an einem Ort (Minton's) konzentriert, sondern parallel stattgefunden hat. So hatte der junge Komponist Tadd Dameron einen Teil seiner später bekannten Bebop-Stücke schon 1939 geschrieben, bevor er überhaupt nach New York kam und Kontakt zu den Musikern im Minton's aufnahm. Auch der Saxophonist Sonny Stitt hatte bereits einen ähnlichen Stil wie Charlie Parker entwickelt, ohne vorher auch nur einen Ton von

Parker gehört zu haben. Als sich die beiden Saxophonisten zum erstenmal begegneten, sagte Parker: »Hey Sonny, du klingst aber genau wie ich.«[21]

Ähnliche Parallelen gibt es zwischen den Pianisten George Wellington und Bud Powell und zwischen den Schlagzeugern Kenny Clarke, Art Blakey und Max Roach.

Charlie Parker übte sich schon 1936 im Alter von 16 Jahren in allen Tonarten, nachdem er nach einer verpatzten Session von dem Pianisten erfahren hatte, daß es zwölf Dur-Tonleitern gibt. Charlie wußte nicht, daß sich die meisten Jazzmusiker nur in drei oder vier Tonarten auskannten und daß z. B. das Count Basie Orchester fast nur in B^b-Dur spielte, so daß er glaubte, alle Tonarten auswendig können zu müssen, um Jazz zu spielen. Dies war aber erst nach der Entwicklung des Bebop eine notwendige Voraussetzung.

Neue Harmoniefolgen hatte Charlie schon vor der Zeit im Minton's entwickelt und eingesetzt: »Ich kann mich noch genau an den Abend erinnern. Es war im Dezember 1939, also noch vor meinem Engagement bei Monroe's. Ich jammte in einem mexikanischen Restaurant an der Seventh Avenue zwischen der 139. und 140. Straße. Nun waren mir die stereotypen Harmonien, die damals überall benutzt wurden, im Laufe der Zeit immer langweiliger geworden, und ich dachte ununterbrochen darüber nach, daß es doch noch etwas anderes geben müßte. Ich konnte es manchmal hören, aber ich konnte es nicht spielen. Ja, und an dem Abend nahm ich mir ›Cherokee‹ vor, und als ich so darüber nachdachte, merkte ich, daß ich all das, was ich gehört hatte, auch spielen konnte, wenn ich die höheren Intervalle eines Akkordes als Melodielinie benutzte und dieser neuen Melodie auch neue, sinnvoll abgeleitete Akkordfolgen unterlegte. Da wurde ich lebendig.«[22]

Etwas konkreter wird Charlie Parker, als er beschreibt, welche harmonischen Entdeckungen er zusammen mit dem Gitarristen Biddy Fleet machte: »Wir saßen häufig in dem Hinterzimmer von Dan Wall's Chilli Joint und anderen Läden oben in der Stadt. Da haben wir zum Beispiel herausgefunden, daß man einen Dominantseptakkord durch den Gebrauch der richtigen Umkehrung in einen verwandten Dur-Akkord umwandeln konnte; und wir spielten mit verminderten Quinten.«[23]

Insbesondere der Gebrauch von verminderten Quinten setzte sich später im Bebop derart durch, daß dieses Intervall zum Markenzeichen der neuen Musik zu werden schien und sich Eddie Condon zu der Bemerkung hinreißen ließ: »Wir vermindern unsere Quinten nicht, wir trinken sie!«[24]

Miles Davis zum häufigen Einsatz dieser Quinten (flatted fifth): » (...) wenn eine Tür quietschte, riefen wir sogleich die genaue Tonhöhe. Und immer, wenn ich einen G-Klang hörte, gingen meine Finger automatisch

20

in die Stellung des Cis auf der Trompete – der flatted fith – gleichgültig, ob ich gerade spielte, oder nicht.«[25]

An den harmonischen Grundlagen dieser neuen Musik haben natürlich auch andere Musiker entscheidend mitgewirkt, so z. B. Dizzy Gillespie, Charlie Christian, der wegen seiner häufigen Sessionteilnahme bald Ärger mit seinem Bandleader Benny Goodman bekam, und natürlich Thelonious Monk.

Dizzy: »Ich weiß noch einiges, was er mir gezeigt hat, zum Beispiel den Moll-Sext-Akkord mit einer Sexte im Baß. Das habe ich zuerst bei ihm gehört. Es kommt in meiner Musik einige Male vor, zum Beispiel in ›Woody'n'You‹, in der Einleitung von ›Round Midnight‹, im Mittelteil von ›Manteca‹ und noch an einigen anderen Stellen.«[26]

Kenny Clarke: »Monk hatte vor allem auf harmonischem Gebiet seine eigenen, festumrissenen Vorstellungen, aber Dizzy war vielseitiger. Er war von allen Musikern jener Zeit der modernste und fortschrittlichste. Soviel ich weiß, ist Dizzy es auch gewesen, der zum erstenmal ›How High The Moon‹ in einem anderen als dem bis dahin üblichen langsamen Tempo gespielt hat. Das war etwa 1941.«[27]

Danny Baker, der 1941 mit Dizzy zusammen in der Cab Calloway Band spielte, berichtet über die harmonischen Experimente, die Dizzy zusammen mit dem Bassisten Milt Hinton unternahm: »In den Pausen zwischen den Shows, die zweieinhalb Stunden dauerten und sehr anstrengend waren, zogen sie sich aufs Dach zurück. Dann übte Dizzy seine neuen Harmoniedurchgänge und Hinton dachte sich alle möglichen Baßfiguren und Gegenmelodien dazu aus. Gelegentlich machten sie mir den Vorschlag, ich sollte auch raufkommen und mitmachen. Aber nach einer Show von zweieinhalb Stunden ging ich wohl manchmal rauf, manchmal blieb ich aber auch unten; bei dem, was sie da oben vorhatten, mußte man sich sehr auf die Harmonien konzentrieren. Es war sehr interessant, aber ich konnte nicht einsehen, warum ich da hinaufgehen und meine Kraft an Dinge verschwenden sollte, mit denen man doch kein Geld verdienen kann.«[28]

Bassisten, die an dieser Entwicklung aktiv teilnahmen, waren eher die Ausnahme. Dizzy Gillespie: »Der charakteristische Bassist unter uns war damals Oscar Pettiford. Ray Brown kam erst später auf die Szene, aber Oscar war unser Bassist. Ich kann nicht viel darüber sagen, was vorher auf dem Baß geschehen ist, weil ich nie sehr viel mit Jimmy Blanton gespielt habe, aber Oscar war ein großer Fan des Gitarristen Charlie Christian. Er spielte sehr wie er, er hatte seinen Stil auf ihn aufgebaut. Viele Bassisten kleben immer an der Tonika, wenn sie ein Solo spielen; Jimmy Blanton war der erste, den ich anders spielen hörte. Aber man hat mir erzählt, Oscar spielte auf diese Art schon in Minneapolis, bevor er nach New York kam. Er war von Charlie Christian beeinflußt und spielte Melodien auf seinem Baß, wie ein Solist, ein Trompeter, oder irgend ein anderes Melodieinstrument. Auch heute kannst du das noch bei vielen Bassisten beobachten: wenn sie ein Solo spielen, dann spielen sie ein bißchen herum und dann – bumm, die Tonika. Das ist nicht notwendig, du brauchst die Tonika nicht, wenn du Solo spielst.«[29]

Neben den Harmonien und einem schnellen Tempo trug eine rhythmische Veränderung des Schlagzeugspiels einen nicht zu unterschätzenden Teil zur Entwicklung der neuen Jazzmusik bei. Dizzy: »Die rhythmischen Neuerungen hat Kenny Clarke vorbereitet. Er war der erste, der an bestimmten Stellen Akzente auf der Baßtrommel gesetzt hat. Den Vierer-Rhythmus spielte er sehr sanft, aber die Breaks und die Akzente auf der Baßtrommel dominierten. Wir nannten das ›Bomben schmeißen‹.«[30]

Durch diese »dropping bombs« wurden nicht wenige Solisten aus dem Rhythmus gebracht, weil sie die Akzente mit dem ersten Schlag – der Eins – einer viertaktigen Phrase, an der sich damals jeder orientierte, verwechselten. Diese rhythmische Verwirrung ging soweit, daß Teddy Hill seinen Schlagzeuger abermals vor die Tür setzen wollte. Dizzy lenkte ein: »Ich redete ihm das aus. ›Verdammt noch einmal‹, sagte ich zu ihm, ›wovon redest du überhaupt? Das ist doch etwas ganz Neues, komm, Mann!‹ Und er sagte: ›Warum macht er dauernd diesen Kloog-mop-Scheiß?‹«[31]

Teddy Hill dazu: »Kenny Clarke setzte immer wieder die überraschendsten Akzente. Seine Spezialität waren kleine rhythmische Tricks auf der großen Trommel. Dann machte ich ihn jedesmal nach und fragte ihn: ›Was soll bloß dies Klook-a-mop-Zeug?‹ So klang es nämlich, und so nannten wir auch die Musik, die sie spielten. Später nannten wir sie Bebop.«[32]

Kenny Clarke zu seiner eigenen Entwicklung: »Ich begann so um 1937 meinen Still zu ändern. (...) Ich versuchte, das Schlagzeug zu einem musikalischem Instrument zu machen. Damals gab es nur das sture Taktschlagen. Ich wollte damit aufhören, denn für mein Gefühl war es ziemlich eintönig geworden. Etwa um diese Zeit begann ich, mit meinen Trommeln und Becken auf alles zu reagieren, was die Band spielte. So gab ich dem Schlagzeug eine eigene Stimme. Das hatte ich noch nirgends gehört, und das hatte auch vor mir noch keiner gemacht.«[33]

Man war sich gar nicht dessen bewußt, daß man hier einen neuen Jazzstil geschaffen hatte. Man wollte einfach nur herumexperimentieren, man hatte Spaß an dieser Musik. Noch weniger war man darauf gefaßt, mit dieser Musik später tatsächlich Erfolg zu haben, auch wenn dieser Erfolg – wirtschaftlich gesehen – nie mit dem des kommerziellen Jazz, des traditionellen Jazz und des Swing, vergleichbar war. Daß zu dieser Zeit aber eine fundamentale Weiterentwicklung der Jazzmusik betrieben wurde, war fast jedem beteiligten Musiker bewußt.

Illinois Jaquet: »Auf diese Art ist die Musik fortgeschritten, vom Dixieland zum Swing und vom Swing in die progressive Ära. Und wenn du die Akkorde nicht kanntest, dann konntest du einfach nicht mithalten. Das betraf alle Musiker auf allen Instrumenten; die Gitarristen, die Pianisten, auch die Bassisten und die Schlagzeuger. Auch die meisten Schlagzeuger waren hip genug geworden, um zu wissen, was musikalisch vorging. Sie hatten hören gelernt. Dadurch, daß die korrekten Akkorde gespielt wurden, änderte sich der ganze Stil der Musik. Du mußtest musikalisch Bescheid wissen, wenn du mitspielen wolltest.«[34]

Der neue Jazz, der immer noch keinen Namen hatte, wurde in einer Art »kollektiven Gruppenarbeit« geformt, wenn auch die Beteiligung der einzelnen Musiker und das Gewicht ihrer Beiträge recht unterschiedlich waren. Charlie Parker und Dizzy Gillespie werden als die führenden Köpfe dieser Musikbewegung angesehen. Viele Jazzkritiker meinen auch, in diesen beiden Personen die »Erfinder« des Bebop entdeckt zu haben, als ob so eine Musik von einem einzelnen Musiker oder zweien einfach so erfunden werden könnte. Charlie Parker bemerkte dazu: »Ich glaube nicht, daß irgendeine Person diese Musik erfunden hat. Ich spielte denselben Stil schon Jahre bevor ich nach New York kam. Ich habe nie bewußt meinen Stil geändert.«[35]

Parker sieht sich also nicht als Erfinder dieser Musik. Leonard Feather, ein wirklicher Kenner der damaligen Bebop-Szene, stellte sogar die Behauptung auf, daß sich diese Musik auch ohne Parker und Gillespie so oder ähnlich entwickelt hätte. Für ihn ist der Bebop in seinen verschiedenen Formen eine logische und vielleicht sogar unausweichliche Konsequenz und in harmonischer, melodischer und rhythmischer Hinsicht natürliche Folge seiner Vorgänger gewesen. Nachweislich – und ich verweise auf die schon genannten Beispiele wie Sonny Stitt u. a. – haben verschiedene Musiker unabhängig voneinander einen etwa gleich klingenden Stil entwickelt. Der Sänger und Bandleader Billy Eckstine unterstützt diese These, legt sich aber dennoch auf eine Führungsrolle von Parker und Gillespie fest: »Der moderne Jazz oder Bop war eine Neuformung altbekannter Dinge. Neue Akkorde und Harmoniefolgen entstanden. Ich sagte es schon: Bird darf das Verdienst für sich in Anspruch nehmen, die Sachen zum erstenmal gespielt zu haben. Dizzy hat es dann zu Papier gebracht.«[36]

Count Basie: »Ich glaube, all die Leute wie Bird und Dizzy haben unheimlich viel dazu beigetragen, daß die moderne Musik einen solchen Schritt nach vorn gemacht hat. Etwas Besseres und Schöneres konnte gar nicht passieren, denn alles muß in Fluß bleiben und sich ändern. Es ist wunderbar, wie intelligent diese Burschen sind. Und sie sind Pioniere; alle, wie sie da sind. Muß das nicht ein wunderbares Gefühl für sie sein?«[37]

Die Wurzel dieser musikalischen Entwicklung lag unbestritten in den Sessions in Minton's und anderswo. Dizzy: »Diese wunderschönen, aufre-

23

genden Jamm Sessions in Minton's Playhouse waren die Grundlage für die Entwicklung unseres neuen, modernen Musikstils.«[38]

Aber nicht nur die Sessions gaben den Nährboden für diese Entwicklung ab, sondern auch einige reguläre Orchester, in denen die jungen Musiker ihr Geld verdienten, denn die Sessions brachten ihnen keine Einkünfte. Das Orchester, das häufig als »Brutstätte« des modernen Jazz bezeichnet wird, weil in ihm fast alle progressiven Musiker nach und nach versammelt wurden, war die Big Band von Earl Hines, die ihre heiße Phase im Frühjahr 1943 erlebte. Dizzy führte den Trompetensatz an, neben ihm saßen Benny Harris, Shorty McConnel und Gail Brockman, unter den Posaunen war Benny Green zu finden, was bedeutet, daß der Blechsatz fast vollständig in der Hand von modernen Bop-Spielern war. Der Saxophonsatz bestand aus einer Mischung von traditionellen und modernen Musikern. Charlie Parker spielte in dieser Band Tenorsaxophon. Vorher hatte er in der Jay McShann Band, einer typischen Kansas City Riff- and Bluesband, und in der recht kommerziellen Band von Sissle Noble gespielt. Mit Sissle, dessen Programm fast ausschließlich aus Broadway-Melodien bestand, kam Charlie überhaupt nicht klar: »Sissle haßte mich, und ich hatte nur eine Feature-Nummer im Programm.«[39]

Der Trompeter Benny Harris sorgte dafür, daß Charlie in die Band des früheren Louis Armstrong Pianisten Earl Hines einsteigen konnte. Auch hier fühlte er sich nicht sonderlich wohl. Als ihm der Saxophonist Scoops Carry sagte: »Bird, das hier ist immer noch die beste Band im ganzen Showgeschäft, und die modernste«, antwortete Charlie: »Sie ist ein Gefängnis.«[40]

Wie modern diese Band geklungen hat, läßt sich leider nicht nachvollziehen, da sie in dieser Zeit keine Schallplattenaufnahmen gemacht hatte. Für Earl Hines selber hat diese Band sicherlich nicht besonders modern geklungen, denn er gestand: »Ich habe nichts davon gemerkt, daß da Jazz neuer Art entstanden sein soll, auch wenn Parker ungefähr so spielte wie jetzt.«[41]

Wenn Charlie auch nicht durch seine Art zu spielen die besondere Aufmerksamkeit des Bandleaders erreichen konnte, so konnte er das zumindest durch sein auffälliges Benehmen. Der damalige Sänger der Band, Billy Eckstine, kann da einiges berichten: »Mit Bird passierten die komischsten Sachen, als wir bei Earl Hines in der Band waren. Er kam immer zu spät. Es war der reinste Zufall, wenn er mal pünktlich war. Wenn wir Bird suchten, konnten wir in fünfzig von hundert Fällen sicher sein, daß wir ihn nicht fanden. Er saß irgendwo in einer Ecke und schlief. Daher verpaßte er oft die erste Show, und Earl brummte ihm ohne Erbarmen – aber auch ohne Erfolg – die üblichen Konventionalstrafen auf. Auch wir beknieten ihn, denn wir waren mehr oder weniger eine verschworene Clique. Wir drangen ihn: ›Mensch, wenn du nicht erscheinst, klingt die ganze

24

Band nicht. Fünfstimmiger Saxophonsatz und nur vier Mann sitzen da oben. Wie stellst du dir das eigentlich vor?!‹ Wir wollten ihn beschämen und bei der Ehre packen. Da geschah es nun, daß wir einmal im Paradise Theatre in Detroit arbeiteten und Bird sagte: ›Ich lasse euch jetzt nicht wieder sitzen. Ich bleibe die ganze Nacht im Theater. Dann kann nichts passieren, und ich bin sicher morgen an meinem Platz.‹ Wir antworteten: ›In Ordnung. Wie du's machst, ist uns egal. Die Hauptsache, du bist pünktlich da.‹ Am nächsten Morgen kommen wir zur Arbeit, gehen aufs Podium – natürlich kein Bird zu sehen. Wie üblich. Denken wir. So ist das also! Große Versprechungen machen und dann doch nicht da sein! Wir spielten den ganzen Abend, die Show war zu Ende, der Vorhang fiel, wir packten unsere Instrumente zusammen, als wir ganz plötzlich ein lautes Geräusch hörten. Wir guckten unter das Podium, und da kommt auch schon Bird von unten hervorgekrochen. Er hatte während der ganzen Show da unten gelegen und geschlafen. Das ist die reine Wahrheit! Und noch eine komische Geschichte passierte damals im Paradise. Sehen Sie, Bird zog oft seine Schuhe aus, wenn er oben auf dem Podium saß, und stellte seine Füße auf die Schuhe. Beim Spielen trug er immer eine Sonnenbrille, und wenn in der Show die Varieté-Darbietungen an der Reihe waren, nickte er manchmal ein und verfiel in tiefen Schlaf. An diesem bewußten Abend nun war die Varieté-Einlage vorüber, und als nächstes kam eine Spezialnummer der Band. Da saß nun Bird, hatte nach wie vor sein Horn im Mund und tat sein Bestes, Earl an der Nase herumzuführen. Earl merkte nie etwas. Er schwor Stein und Bein, daß Bird wach war. Bird war der einzige Mann, den ich kenne, der mit aufgeblähten Backen schlafen konnte, so daß es aussah, als ob er spielte. Verstehen Sie? An diesem Abend also saß er an seinem Platz und war fest eingeschlafen. Da kam sein Solo. Scoops Carey, der neben ihm im Saxophonsatz saß, gab ihm einen Stoß und sagte: ›He, Bird, wach auf, du bist dran!‹ Und da rannte Bird in Strumpfsocken nach vorn ans Mikrophon. Sprang einfach auf und vergaß seine Schuhe, und rannte nach vorn und legte los. Ja, das waren herrliche Zeiten in den damaligen Bands, und so blieb es auch noch, als ich nach der Trennung von Earl Hines meine eigene Band leitete.«[47]

Billy Eckstine, der mittlerweile auch einige Soloplatten herausgebracht hatte, gründete 1944 seine eigene Band, für die er viele ehemalige Musiker der Earl Hines Band verpflichten konnte. Dizzy Gillespie wurde zum musikalischen Leiter ernannt. Charlie Parker führte den Saxophonsatz an, in dem neben ihm noch Robert Williams (genannt Junior), Leo Parker, Tommy Crump und Gene Ammons saßen. Da Crump zum Militärdienst eingezogen wurde, wurde er durch Lucky Thompson ersetzt. Im Trompetensatz saßen Gail Brockman, Buddy Anderson, Shorty McConnel und natürlich Dizzy. Als Posaunisten hatte man Benny Green, Howard Scott und Jerry Valentine verpflichten können. Die Rhythmusgruppe bestand aus John Malachy, Piano, Tommy Potter, Baß und Connie Wainwright, Gitarre. Der Schlagzeuger Art Blakey kam erst später dazu. Als der Trompeter Buddy Anderson an Tuberkulose erkrankt war, kam aushilfsweise der damals 18jährige Miles Davis in die Band. Die erste wirklich moderne Big Band des Bebop war geboren. Es entstanden die ersten modernen Arrangements für Big Band, so z. B. Dizzy Gillespie's »A Night In Tunesia«. Tadd Dameron, der sich zu der Zeit in Kansas City niedergelassen hatte, wurde nach anfänglicher sporadischer Mitarbeit als hauptberuflicher Arrangeur engagiert. Er schrieb für die Band Stücke wie »Cool Breeze« und »Lady Bird«. Die weitverbreitete Musikzeitschrift »Down Beat« bemerkte seinerzeit, diese Band sei so modern, daß sie einfach scheitern müsse. Doch vorerst hatte diese Band Erfolg und nahm Schallplatten für die Firma »Deluxe« auf. Im August 1944 stieg Charlie Parker aus und konnte auch durch eine angebotene Gagenerhöhung nicht von seinem Entschluß abgebracht werden. Ihn zog es nach New York in die 52. Straße, die mittlerweile zum neuen musikalischen Zentrum der Stadt geworden war.

52nd Street

Während des Krieges entwickelte sich die 52. Straße in New York mehr und mehr zu einem Vergnügungszentrum und lief den Harlemer Jazzlokalen den Rang ab. Fünf nennenswerte Jazzlokale traten in Konkurrenz zu »Minton's Playhouse«, »Monroe's« und den anderen Läden in Harlem: »Kelly's«, »The Onyx«, »Three Deuces«, der »Yacht Club«, auch »Famous Door« genannt, und das »Spotlight«. Anfangs waren diese Läden recht kommerziell orientiert, man spielte Dixieland, Swing und andere tanzbare Jazzmusik. Doch allmählich eroberten sich die neuen Strömungen aus Harlem auch die 52. Straße. Oscar Pettiford gründete 1944 die erste reguläre Bebop-Gruppe im »Onyx«. Oscar firmierte zusammen mit Dizzy Gillespie als Bandleader. Don Byas spielte Tenorsaxophon, George Wallington Piano und Max Roach Schlagzeug. Man verdiente zwischen 50 und 75 Dollar die Woche, was zu der Zeit nicht sonderlich viel war. Die muskalische Arbeit und die Weiterentwicklung der neuen Musik war den fünf Musikern wichtiger, obwohl man z. B. Don Byas nicht unbedingt als ausgesprochenen Bebop-Saxophonisten bezeichnen konnte.
Die neue Musik bekam relativ schnell feste Konturen in dieser Band, wichtige Kompositionen wie ›Max is making Wax‹, ›One Bass Hit‹ oder ›Salt Peanuts‹ entstanden. Neu war, daß immer mehr verbale Lautmalereien in diese Musik aufgenommen wurden. Eine dieser lautmalerischen Phrasen ist z. B. der Zweisilber »Be-Bop«. Diese Wortschöpfung sollte sich später als Bezeichnung dieser Musik durchsetzen. Dizzy's und Os-

26

car's Bebop-Gruppe sorgte für einigen Aufruhr in der Jazzszene, ähnlich wie es vor nicht allzu langer Zeit im Minton's gewesen war. Dave Tough, Mitglied des Woody Herman Orchesters, schildert seine Eindrücke: »Als wir hereinkamen, nahmen die Burschen da drin ihre Hörner und bliesen verrücktes Zeug. Auf einmal hörte einer ganz plötzlich auf, und ein anderer fing aus einem völlig unerfindlichen Grund an. Wir wußten nie, wann ein Solo anfing oder aufhörte. Schließlich hörten sie alle auf einmal auf und verschwanden vom Podium. Wir waren ziemlich erschrocken.«[43]

Die Gruppe verbreitete aber nicht nur Schrecken, sondern erhielt auch reichlich Zustimmung. Dizzy Gillespie: »Das Publikum war wirklich was. Es merkte, daß etwas Neues geschah. Das Lokal war immer voll. Eines Abends kam Jimmy Dorsey rein. Wir spielten großartig. Er konnte es nicht glauben. Am Abend darauf kam er wieder, und er betrank sich nicht. Er war nüchtern, und das passierte ihm nicht oft. Er war verdammt nüchtern! Nachher hatte er eine kleine Party in seinem Hotel, dem Astor Hotel, und er lud mich ein. Er umarmte mich, als wir die Straße runtergingen. Er sagte: ›Junge! Diese Scheiße, die ihr alle da spielt! Ich würde dich bestimmt gern in meiner Band engagieren. Aber du bist so schwarz.‹ Ich sagte: ›Nun, wenn ich nicht so wäre, könnte ich nicht so spielen.‹«[44]

So eine Band hatte die 52. Straße noch nicht erlebt, obwohl Charlie Parker schon zwei Jahre vorher an fast gleicher Stelle Aufmerksamkeit erregte. Tony Scott: »Ich glaube, es war 1942, als ›Die Straße‹ zum erstenmal Bird hörte. Es gab da einen Laden, der später ›Spotlight Club‹ genannt wurde. Er lag in der Nähe des ›Famous Door‹. Und Bird kam eines Abends vorbei und stieg bei Don Byas ein. Er blies ›Cherokee‹, und alle waren von den Socken. Das geschah wohl so ziemlich zum erstenmal in ›Der Straße‹.«[45]

Billy Taylor glaubte sogar, daß es schon 1943 eine Bebop-Gruppe in der 52. Straße gegeben hätte, und zwar mit Charlie Parker, Dizzy und Oscar Pettiford: »Die Straße wurde immer moderner. 1943 stellte Dizzy die erste ganz und gar moderne Gruppe vor – übrigens die erste Gruppe ohne Piano. Sie bestand aus Dizzy, Bird, Don Byas, Max Roach und Oscar Pettiford. Der Pianist sollte Bud Powell sein, aber Bud spielte in Cootie Williams' Band und war noch minderjährig. Cootie war sein Vormund und wollte ihn nicht gehen lassen. Also spielte die Band am Premierenabend ohne Piano. Ich arbeitete damals in der Straße zusammen mit Ben Webster, und in den Pausen zwischen den Serien ging ich rüber und stieg bei Dizzy's Band ein. Ich rannte so lange hin und her, bis es Alexander, meinem Chef in den ›Three Deuces‹ zu bunt wurde und er mich kurzerhand an die Luft setzte. Übrigens wurde George Wallington schließlich der Pianist bei Dizzy.«[46]

Diese Angaben sind allerdings von den beteiligten Musikern nie bestätigt worden, so daß wir uns an die nachweislich erste moderne Band von

27

Dizzy und Oscar, die 1944 im Onyx gegründet wurde, halten sollten. Diese Band nahm zusammen mit Coleman Hawkins auch die erste Bebop-Platte in der Geschichte auf, die für das neu gegründete ›Apollo Label‹ erschien. Ein Aufnahmeboykott der Musikergewerkschaft hatte bislang verhindert, daß diese Musik und ihre Entwicklung auf Schallplatten aufgenommen und somit der Nachwelt erhalten werden konnte. Don Byas verließ die Gruppe, um bei Duke Ellington mitzuspielen. An seine Stelle trat Budd Johnson. Diese neue Gruppe hielt aber nur drei Monate, dann trennten sich Dizzy und Oscar, und jeder machte seine eigene Gruppe auf. Oscar Pettiford blieb für weitere 16 Wochen im Onyx und arbeitete mit Johnny Hartzfield, Tenor, Joe Springer, Piano und Harold West am Schlagzeug. Dizzy hatte Max Roach und Budd Johnson in seine Gruppe übernommen, die nun ein Engagement im Yacht Club antrat, in dem auch Billy Eckstine gastierte. Es gab somit schon zwei moderne Jazzgruppen in der 52. Straße.

Billy Eckstine machte Dizzy das Angebot, musikalischer Leiter seiner neu zu gründenden Band – über die bereits berichtet wurde – zu werden. Das zur Bandgründung benötigte Geld stellte Eckstine's Plattenfirma zur Verfügung, nachdem es dem Manager Billy Shaw gelungen war, schon vor der Gründung der Band genügend Auftrittsmöglichkeiten zu besorgen. Innerhalb von sechs Monaten entwickelte sich diese Band zu der derzeit erfolgreichsten schwarzen Jazzband der USA, und das, obwohl sie so modern spielte, daß nicht wenige dieser Band keine oder nur geringe Zukunftschancen gaben. Eckstine's Band machte den Bebop, der zu der Zeit immer noch keinen Namen hatte, weit über die Grenzen New York's hinaus bekannt. Die Konzerte und Schallplattenveröffentlichungen dieser Band verhalfen der neuen Musik zu ihrem überregionalen Durchbruch. Doch die 52. Straße hatte damit noch nicht an Reiz verloren. Immer mehr moderne Gruppen etablierten sich in den dort bekannten Jazzläden. Einige Musiker, erst Charlie Parker, später dann auch Dizzy Gillespie, verließen die Eckstine-Band, um ihre Tätigkeit in der 52. Straße wieder aufzunehmen. Oscar Pettiford war mittlerweile ins Spotlight übergewechselt und spielte dort mit Little Benny, Budd Johnson, Clyde Hart und Stan Levey (1945). Aber auch andere, teilweise bis dahin unbekannte Musiker spielten zunehmend in der Straße.

Tony Scott: »Dann kam George Shearing nach New York und hatte einen Solojob in den ›Three Deuces‹. Niemand hörte ihm damals zu. Ich stieg oft bei ihm ein, und wir hatten unseren Spaß daran, wenn wir beim Musizieren kleine Fugen und ähnliche Sachen einflechten konnten. Wenn wir zusammen spielten, wechselte ich hin und wieder am Ende einer Phrase die Tonart, um George aufs Glatteis zu führen. Aber er ist so ein phantastischer Musiker. (...) Und dann kam Erroll Garner. Auch er imponierte mir, aber auf eine ganz andere Art. Er kam eigentlich aus Pittsburgh, und

28

nach dem, was ich gehört habe, hat er nie anders gespielt als jetzt. Er hatte schon seinen eigenen Stil, als er in seiner Heimatstadt anfing.«[47]

Billy Taylor: »1944 hatte der Geiger Stuff Smith ein Trio im Onyx Club. Es war eines der besten Trios, die ich je gehört habe. Jimmy Jones war am Piano, John Levy am Baß. Nur drei Mann und kein Schlagzeug! Und es war eines der rhythmischsten Trios, die ich je gehört habe.«[48]

Charlie Parker stellte 1945 sein erstes eigenes Quintett zusammen und gastierte damit im Three Deuces. Sein Trompeter wurde der noch recht junge Miles Davis, dessen Trompetenspiel zu dieser Zeit noch etwas unausgereift erschien. Miles erkannte sehr wohl seine Schwächen und trug sich mit dem Gedanken, wieder auszusteigen, doch Charlie Parker überredete ihn, zu bleiben. Miles erinnert sich: »Es war Bird, der mich zum Spielen ermunterte. Er wollte mich in die Band integrieren. Doch Nacht für Nacht machte ich einen Rückzieher; das Tempo war zu schnell und die Anforderungen zu hoch. Ich sagte zu ihm: ›Für was brauchst du mich?‹ Ich spielte fortwährend in seinem Schatten. Wenn Bird eine Melodie blies, spielte ich einfach hinterher und überließ ihm die Führung. (...) Meine einzige Funktion war die Verantwortung für größeren Sound.«[49]

Mit diesem Quintett nahm Charlie Parker auch seine ersten wirklichen Bebop-Stücke auf. 1944 hatte er schon mit dem Tiny Grimes Quintett seine ersten Aufnahmen in kleiner Besetzung gemacht, doch die Aufnahmen vom 26. November 1945 für das Plattenlabel ›Savoy‹ werden im allgemeinen als die Geburtsstunde des Bebop auf Schallplatte bezeichnet. Aufgenommen wurden u. a. die Titel ›Billie's Bounce‹, ›Now's The Time‹ und ›Thriving On A Riff‹. Miles spielte Trompete, Dizzy Gillespie Klavier(!), Curly Russell Baß und Max Roach Schlagzeug. Obwohl sich die neue Musik nun wirklich durchzusetzen schien, ging es mit der 52. Straße nach dem Krieg wieder bergab, auch wenn vorerst noch weitere neue Musiker angezogen wurden.

Tony Scott: »Ja, immer häufiger ließen sich die Modernisten in ›Der Straße‹ sehen. Um 1947 leitete J. J. Johnson eine Gruppe, und Bud Powell hatte angefangen. Zusammen mit Bird und Dizzy war Al Haig erschienen. Das war 1945. Ja, da spielten Bird und Dizzy zusammen! Und wie sie zusammen spielten! Es war märchenhaft! Schließlich gründete Dizzy eine Big Band – mit Kenny Clarke als Drummer –, doch als diese Big Band zum erstenmal auftrat, begann die Bedeutung ›Der Straße‹ für den Jazz schon ganz erheblich nachzulassen. (...) Das Leben in der Straße begann abzuflauen, als der Krieg beendet war. Doch nach der allgemeinen Entlassung gab es noch einmal eine kurze Blüte, jedenfalls ein Jahr lang. Es hatte in der Stadt schon immer ein böses Element gegeben, aber nach Kriegsschluß und gegen Ende der vierziger Jahre wurde es schlimmer und schlimmer. Die ganze Straße war eine einzige Brutstätte des Lasters, ein Paradies der Rauschgiftsüchtigen. Man nahm damals hauptsächlich Marihuana. Die bösen Elemente machten sich vor allem an die Leute aus der Provinz, an die Soldaten und an die Seeleute heran. Die Polizei begann, ein paar Verhaftungen vorzunehmen. Leuten wurde gekündigt, die Clubeigentümer wurden schärfer und schärfer kontrolliert, und alle naselang kam es zu irgendwelchen Zwischenfällen. Aber man fand immer noch einen Ort, wo man zwanglos Sessions abhalten konnte. Auch gab es immer noch Clubs, wo regelmäßig moderner Jazz zu hören war. Bei Minton's war immer was los. Da spielte vor allem der Nachwuchs – Musiker wie Fats Navarro, einer der ganz Großen.«[50]

Rauschgift war aber nicht nur ein Problem der entlassenen Soldaten, sondern auch ganz massiv ein Problem der Jazzmusiker. Während einige ihre Drogensucht einigermaßen unter Kontrolle bekamen und später »clean« wurden, verfielen andere so rettungslos dem Rauschgift, daß sie früh ihr Leben ließen. Charlie Parker und der noch jüngere Fats Navarro sind die wohl bekanntesten Beispiele aus der Bebop-Scene, die an den Drogen zugrunde gingen. Der zunehmende Erfolg dieser Musik führte bei der jungen Generation dazu, daß sie sich nicht nur die musikalisch-technischen Fähigkeiten der Musiker zum Vorbild nahm, sondern auch deren Lebensstil und somit den Drogenkonsum. Nicht wenige junge Musiker glaubten, nur durch den Genuß von Drogen in der Lage zu sein, so rasant, schnell und brillant zu spielen wie ihre Vorbilder. Auch die »Macher« dieser Musik, wie beispielsweise Parker, dachten lange Zeit, nur durch Drogen derart leistungsfähig und ideenreich zu sein. Viele Musiker erkannten dennoch frühzeitig, daß es Selbstbetrug war, wenn sie dachten, mit den Drogen ihre Probleme verdrängen zu können. Eine Auflistung der drogensüchtigen Musiker würde sich wie ein »Who is Who« in der Jazzmusik lesen; es gab kaum einen, der nicht mit diesem »Killer« in Berührung gekommen ist. Aber Drogen allein waren nicht der Grund für den Niedergang der 52. Straße. Auch ein ausgesprochenes Konkurrenzdenken unter den Jazzclubbesitzern und den Musikern trug dazu bei. Billy Taylor erinnert sich: »Es ging abwärts mit der Straße, nicht auf einmal, sondern nach und nach. Das hatte etwa Ende 1946, Anfang 1947 begonnen. Warum? Nun, eine große Anzahl undurchsichtiger Gestalten trieb sich da herum. Sie handelten mit allen Lastern und hatten reißenden Absatz. Sie boten unter anderem Rauschgift an und lauerten den Schulkindern und anderen Besuchern auf. Auf die Musiker selbst hatten sie es dabei übrigens weit weniger abgesehen. Und die Besitzer der Clubs trugen auch nicht gerade viel zur Besserung der Lage bei, weil sie so geldgierig waren und weil sie einen so sinnlosen Konkurrenzkampf führten. Wenn ich von ihrer Geldgier spreche, will ich damit sagen, daß es durch die niedrigen Tische und die hohen Preise viel böses Blut gab. Und dann fingen die Clubeigentümer an, sich um die Stars zu schlagen. Wenn Dizzy im Onyx arbeitete, hatten die Deuces Roy Eldridge und Charlie Shavers

30

verpflichtet. Oder wenn Bird in einem Club spielte, mußte der andere Club gleich alle übrigen verfügbaren Altisten haben – möglichst Pete Brown und noch weitere fünfzehn. Für die Zuhörer war das herrlich, aber der Musik wurde damit kaum geholfen. Es entspann sich ein regelrechter Kampf um die Stars.«[51]
Die Gagen für die Musiker, die ja mittlerweile schon als neue Stars gefeiert wurden, waren eher bescheiden. Manche Musiker vermochten es aber, ihren »Wert« innerhalb kurzer Zeit erheblich zu steigern. Als Dizzy Gillespie die Eckstine Band verlassen hatte, gründete er ein Quintett mit Charlie Parker, Al Haig, Curley Russell und Stan Levey und kassierte in der ersten Woche, die er im Deuces spielte, lediglich 100 Dollar für sich als Leiter und je 60 Dollar für seine Mitglieder. In der zweiten Woche konnte er den Preis schon auf 200 Dollar für sich und je 100 Dollar für die übrigen Musiker hochschrauben. 100 Dollar Wochengage waren aber – gemessen an dem, was musikalisch geboten wurde – für einen Musiker wie Charlie Parker eine glatte Unterbezahlung. Schließlich muß man auch bedenken, daß es durchaus auch Zeiten der Nichtbeschäftigung gab, so daß die Musiker quasi von der Hand in den Mund lebten. Die schlechten Bedingungen auf der 52. Straße veranlaßten Dizzy und Bird, New York vorerst zu verlassen und 1946 gemeinsam eine kleine Tour an der Westküste des Landes zu unternehmen. Die beiden Musiker blieben eine Zeitlang zusammen, dann brach Charlie Parker am 29.07.1946 während der legendären »Dial«-Aufnahmen – bedingt durch seine Drogensucht – zusammen und wurde in das Camarillo State Hospital eingeliefert. Nach seiner Entlassung kehrte er nach New York zurück und arbeitete weiter in der 52. Straße. Doch die Straße war nicht mehr die alte und hatte ihre Rolle als Pionierstätte des neuen Jazz schon längst eingebüßt. Bebop wurde jetzt überall gespielt. Viele Bands hatten diesen Musikstil übernommen, wenn auch teilweise nur durch die Verwendung einstudierter und plakativ wirkender Licks (Phrasen). Zu dieser Zeit hatte die neue Musik, die man mittlerweile Bebop nannte, ihre Entwicklung abgeschlossen.

Die Musik bekommt einen Namen

Wie diese neue Musik letztendlich zu ihrem Namen kam, läßt sich nicht genau rekonstruieren. Zuviele Legenden ranken sich um dieses Thema, zuviele vermeintliche »Erfinder« erheben den Anspruch, das Wort »Bebop« kreiert zu haben. Nicht wenige Beteiligte schreiben dem Schlagzeuger Kenny Clarke diese Wortschöpfung zu, da er rhythmische Phrasen spielte, die wie »Klock-a-mop« klangen.
Carmen McRae: »Kenny bekam den Namen ›Klook‹. Das müßte man

eigentlich wie ›Kloog‹ aussprechen, denn gewisse riffartige Sachen, die er trommelte, klangen wie Klook-a-mop.«[52]

Auch Teddy Hill, der musikalische Leiter des Minton's Playhouse, in dem alles angefangen hatte, bestätigte den Zusammenhang zwischen Kenny ›Klook‹ Clarke und der Bezeichnung der Musik: » (...) Ich fragte ihn: ›Was soll bloß dies Klook-a-mop-Zeug?‹ So klang es nämlich, und so nannten wir auch die Musik, die sie spielten. Später nannten wir sie Bebop.«[53]

Von »Klook-a-mop« zu »Bebop« ist es – phonetisch betrachtet – allerdings noch ein weiter Weg. So scheint eine andere Erklärung wesentlich plausibler. Die Bezeichnung Bebop ist eher aus der Verbalisierung und Lautmalerei von typischen, immer wiederkehrenden Phrasen dieser Musik entstanden. Mit einem kleinen, aus zwei staccato gespielten Noten bestehenden Motiv endeten nicht wenige der vorgetragenen Stücke. Sie klangen wie Bebop. Andere Phrasen bestanden aus einer oktavüberspringenden Triole, wie z. B. ›Salt Peanuts‹. Die mittlere Note lag eine Oktave über den beiden anderen Noten. Diese Triole – am Ende mit einer staccato-Betonung versehen – war in dieser Musik häufig zu hören. Man konnte sie mit den Worten »Bu-dee-daht« umschreiben. Bei der schon erwähnten Schallplattenaufnahme der ersten Bebop-Gruppe von Dizzy Gillespie und Oscar Pettiford mit Coleman Hawkins wurde ein Titel von Budd Johnson aufgenommen, der mit eben dieser Lautmalerei »Bu-dee-daht« bezeichnet wurde. Aus dieser Bezeichnung wurde häufig »Bu-re-bop«. Da die Betonung auf den letzten beiden Noten lag, wurde diese Bezeichnung schnell zu »Rebop« verkürzt. Und in der Tat schien sich diese Bezeichnung vorerst durchzusetzen. Die ersten Schallplatten dieser neuen Musik wurden unter dem Stichwort »Rebop« veröffentlicht.

Dennoch gibt es auch Musiker, die diese plausibel erscheinende Erklärung nicht gelten lassen wollen und die Erfindung des Wortes »Bop« einzelnen Personen zuschreiben. Zum Beispiel Oran »Hot Lips« Page, der erzählt: »Das Wort Bop hat kein anderer als unser alter Freund Fats Waller geprägt. Es kam zustande, als Fats mit einer kleinen Combo in Minton's spielte. Eines Abends kamen zu später Stunde noch ein paar Musiker der jüngeren Generation vorbei. Sie brachten ihre Instrumente mit, denn sie hofften, es würde sich eine Gelegenheit zum Jammen bieten. Waller gab einem von ihnen durch Zeichen zu verstehen, er sollte einsteigen und den nächsten Chorus machen. Der Musiker fing an, spielte und machte dann acht oder zwölf Takte Pause, um für einen seiner wahnsinnigen Bop-Läufe Kraft zu sammeln. Da rief Fats: ›Hör doch mit dem albernen Geboppe auf und spiel wie ein normaler Mensch.«[54]

Wie dem auch sei, das Wort »Bop« setzte sich durch, nur mit der Vorsilbe war man sich noch nicht einig. Es war in erster Linie die Presse, die diese Musikbezeichnung verbreitete und somit für seine Durchsetzung sorgte.

32

Lionel Hampton ließ sich beispielsweise von einer New Yorker Zeitung, die ihn als »Master of B-bop und Re-bop« bezeichnete, in einem Interview zu folgender »blödsinnigen« Bemerkung hinreißen: »Be-bop ist die Akkord-Struktur, Re-bop ist der Rhythmus. Wir kombinieren beides und nennen es die ›Neue Bewegung‹. Musik ist nichts anderes als Arithmetik – nichts anderes als Mathematik.«[55]

Es war schon immer ein besonderes Kennzeichen der Presse, die »falschen« Leute zu zitieren und diejenigen, die wirklich was zu sagen haben, zu ignorieren. Hier zählt nur die »Auffälligkeit« und somit die Verkaufsfähigkeit, d. h. Verwertbarkeit der Musiker. Lionel Hampton erregte die Aufmerksamkeit durch ein Musikalbum mit angeblichen Bebop-Stükken, die Untertitel wie ›Zoo-bop‹, ›oo-bop‹, ›re-bop‹ und ›ee-bop‹ trugen, ohne diese neue Musik wirklich erfaßt zu haben. Doch für die Medien – und vor allem für nicht gerade gut informierte Redakteure – war eine auffällige Bezeichnung wichtiger als der musikalische Inhalt. In einer amerikanischen Fernsehshow wurde beispielsweise Eddie Condon als »King of bebop« vorgestellt. Er hat sich wahrscheinlich nicht einmal dagegen gewehrt, sondern war eher froh, die Aufmerksamkeit auf sich gezogen zu haben. Dizzy Gillespie war der erste, der eine Schallplatte mit der Bezeichnung »Bebop« herausbrachte. Was letztendlich den Ausschlag gegeben hatte, die schon fast etablierte Bezeichnung »Re-bop« mit »Bebop« zu vertauschen, läßt sich kaum erforschen. Jedenfalls übernahm die gesamte Schallplattenindustrie diese Wortschöpfung, womit die Bezeichnung Bebop allgemeingültig wurde. Lange Zeit wurde Bebop schlicht als ›Moderner Jazz‹ bezeichnet. Dieser Begriff, der nicht nur den Bebop, sondern auch den Cool Jazz und den Hard-Bop umschreibt, hat sich bis heute gehalten, obwohl diese Musik aus heutiger Sicht gesehen gar nicht mehr so modern klingt wie früher. Nachfolgende Jazzstilrichtungen mußten somit auf Bezeichnungen ausweichen, die ausdrücken sollten, daß wiederum etwas Neues geschehen war, wie zum Beispiel New Jazz.

Revolution und Reaktion

Musikalische Veränderungen

Diese neue Musik, die sich völlig unbemerkt von der Öffentlichkeit entwickelt hatte, fegte Mitte der 40er Jahre gleich einem Sturm über das Land und schockierte bzw. verwirrte sowohl das Publikum als auch traditionelle Musiker, Musikkritiker und natürlich die Medien und Fachpresse. Ein Aufnahmeboykott der Musikergewerkschaft, deren Mitgliedschaft für Musiker zwingend notwendig war, da sie die lokalen Arbeitsgenehmigungen erteilte, verhinderte damals alle Schallplattenaufnahmen. Deshalb konnte das breite Publikum diese musikalische Entwicklung nicht verfolgen.

Dieser Musikerstreik – genannt Record Ban – war gegen die Schallplattenindustrie gerichtet, schadete aber letztendlich auch den Musikern selber, da die Schallplattenfirmen auf ein großes Reservoir von alten und teilweise extra »gelagerten« Aufnahmen zurückgreifen konnten und somit in der Lage waren, diesem Boykott lange standzuhalten.

Der Streit zwischen der Gewerkschaft und den Medienkonzernen entbrannte an der Frage der Verwendungsrechte für Schallplatten. Ein Großteil der produzierten Platten wurde für Jukeboxen verwendet, die man für die hohe Arbeitslosigkeit unter den Musikern verantwortlich machte. Diese Jukeboxen waren für viele Kneipenbesitzer preiswerter und effektiver als das Engagement einer Musikband. Auch die Rundfunksender griffen immer mehr zur Schallplatte und verzichteten auf die Übertragung von Live-Konzerten. Da sich der Musikerstreik schon lange vor seinem Beginn im August 1942 abzuzeichnen schien, hatten die Plattenfirmen Gelegenheit genug, vorzusorgen und »auf Halde« zu produzieren. Da Sänger und Sängerinnen nicht in der Musikergewerkschaft organisiert waren, konnten zusätzlich auch neue Vokalproduktionen aufgenommen werden. Zwar schien die Einheitsfront der Plattenfirmen schon Mitte 1943 zu bröckeln, so daß einige Firmen, die sich mit der Gewerkschaft einigten, ihre Produktion wieder aufnahmen, doch das endgültige Ende des Streiks kam erst im November 1944. Dieser 27monatige Aufnahmeboykott hatte verhindert, daß der Bebop überregional bekannt wurde. Erst 1945, als sich diese neue Musik schon voll ausgeformt hatte, wurden die ersten regulären Bebop-Aufnahmen veröffentlicht. Somit hatte die Hörerschaft nicht an der Entwicklung dieser Musik teilnehmen können und bekam also gleich eine Art »Endergebnis« vermittelt, was befremdende Reaktionen in der Öffentlichkeit auslöste.

1945 hatte Amerika einen gewonnenen Krieg und den zweifelhaften Erfolg eines Atombombenabwurfs zu feiern, und somit einen ungeheuren Bedarf an Unterhaltung und Zerstreuung. In dieser Situation kam die neue Musik, die kaum tanzbar und deshalb auch nicht unterhaltsam war, recht ungelegen. Die breite Masse des Publikums reagierte also ablehnend bzw. ignorierte diese Musik, was auf den ersten Blick durchaus verständlich erscheint.

Aus heutiger Sicht kann man sich kaum noch vorstellen, welche schockartigen Wirkungen dieser neue Jazzstil hervorrief. Eine Zadek-Inszenierung in Bayreuth oder die Entwicklung des »Free Jazz« führten nicht annähernd zu solch heftigen Reaktionen, wie sie der Bebop auslöste. In den letzten Jahren hat sich eine ganze Flut von neuen Klängen über die Zuhörer ergossen, so daß sich deren Sensibilität nachhaltig verändert hat. Selbst ungeschulte Ohren – d. h. Nicht-Jazz-Hörer – werden heutzutage den Bebop auch nicht annähernd so empfinden, wie es »eingefleischte« Jazzfans zur damaligen Zeit empfanden. Die damalige Wirkung des Bebop läßt sich vielleicht am ehesten durch eine »unfreiwillige« Teilnahme an einem Free Jazz-Konzert oder einem Konzert von John Cage nachvollziehen. (Womit keine negative Wertung über die benannte Musik ausgedrückt werden soll.)

Was aber waren die Gründe, die eine derart heftige Ablehnung von Seiten des Publikums, der Medien und selbst der Jazzkritiker hervorrief? Dafür dürften vor allem folgende, bis dahin kaum gehörte und somit ungewohnte Neuerungen verantwortlich gewesen sein:

– Das bisherige Melodiethema, das bislang vor allem für den ungeschulten Hörer eine Art Orientierungshilfe darstellte, wurde derart verändert, daß völlig neue und nicht mehr wiederzuerkennende Themen entstanden. Als Mittel dieser Veränderungen dienten ein ungewohnt schnelles Tempo, eine Verlagerung der rhythmischen Akzente und die Veränderung des harmonischen Gerüstes durch den Gebrauch von erweiterten Akkorden und sogenannten Stellvertretern.

– Rhythmische und harmonische Veränderungen beeinflußten natürlich auch die bis dahin übliche Improvisations- und Variationstechnik, so daß ganz neue Improvisationslinien entstanden. Bisher waren die Jazzimprovisationen für den Hörer leicht erkennbar und nachvollziehbar gewesen. Nicht wenige Soli bestanden fast ausschließlich aus immer wieder gleichen Phrasen, die bestenfalls neu kombiniert wurden. Das bislang beschränkte Tonmaterial – maximal drei verschiedene Tonarten – wurde erheblich erweitert, so daß nicht nur die Zuhörer, sondern auch ein Großteil der Musiker überfordert waren.

– Alte, bekannte Schlagermelodien wurden musikalisch so aufgearbeitet, daß sie – falls sie noch erkennbar waren – auf den Zuhörer nicht nur befremdend wirkten, sondern auch deren ablehnende Haltung herausforderte, da sie sich regelrecht »auf den Arm genommen« fühlten. Die Schlager wurden musikalisch auseinandergenommen, neue Phrasen eingeflochten und anschließend wieder neu zusammengesetzt. Hektisches Umspielen der alten Liedteile in Verbindung mit neuen Improvisationslinien irritierten den auf Unterhaltungsmusik eingestellten Zuhörer.

– Der durchgehende, bisweilen monotone Rhythmus der alten Jazzmusik wurde aufgelöst und durch einen neuen, polymetrischen Rhythmus ersetzt. Ein einfacher, nachvollziehbarer Rhythmus ist für das Publikum von entscheidender Bedeutung, denn der Rhythmus bietet die Grundlage für den Tanz und das nicht weniger beliebte Mitklatschen. Zuhörer, die weder tanzen noch mitklatschen können, fühlen sich von dieser Musik ausgeschlossen.

Gerade die nicht vorhandenen Tanzelemente machten dieser neuen Musik erheblich zu schaffen. Jazzbands dienten vornehmlich der Unterhaltung. Sie wurden – von kleinen Jazzclubs abgesehen – für Tanzveranstaltungen engagiert. Vor allem die Big Bands, die natürlich kostenintensiver als kleine Combos waren, wurden fast ausschließlich für große Tanzveranstaltungen gebucht. Dizzy Gillespie mußte mehr als einmal die Erfahrung machen, daß seine Big Band diesen Vorstellungen nicht gerecht wurde. Sein erstes Konzert in der Carnegie Hall war die reinste Pleite. »Sie wollten nur Dixieland hören, unsere Musik war ihnen verhaßt«, kommentierte Dizzy sein Debut in dieser Halle.[1]

Dizzy mußte seine Band mehrfach aufgrund des mangelnden kommerziellen Erfolges auflösen.

Dennoch konnte sich der Bebop später durchsetzen, es wurde sogar danach getanzt. Diese Musik war eben gewöhnungsbedürftig, die musikalischen Qualitäten wurden erst spät erkannt. Es ist aber erstaunlich, daß der anerkannte und bis dahin geachtete französische Jazzkritiker Hugues Panassié noch 1959 den Bebop energisch ablehnte. In seinem Buch ›Histoire du vrai jazz‹ schreibt er:

»Im Augenblick, da der Jazz endlich im Begriff war, weltberühmt und geschätzt zu werden, stieß ihm 1945 nach dem 2. Weltkrieg ein Mißgeschick zu, das alles wieder in Frage stellte. Kurz nach 1940 setzten einige schwarze Musiker wie Dizzy Gillespie, Charlie Parker, Thelonious Monk und einige andere, die bis dahin guten Jazz gespielt hatten, sich in den Kopf, in ihre Spielweise der klassischen und modernen europäischen

36

Musik entliehene harmonische Effekte aufzunehmen. Sie opferten, vom instrumentalen Tempo und harmonischer Vielfalt besessen, den ›swing‹, den ausdrucksvollen Wohlklang, ihrer unjazzmäßigen Leidenschaft auf. (...) Nur durch Unkenntnis dessen, was tatsächlich Jazz ist, kann man den ›Bebop‹ für Jazz halten.«[2]

Für seine in der »Geschichte des wahren Jazz« aufgestellte Behauptung, daß der Bebop kein Jazz mehr sei, nennt Panassié fünf Gründe:

1. Eine fehlende vokale Tongebung, die im Bop instrumental und »weiß« sei.
2. Die Zerstörung des Gleichmaßes des ›swing‹ durch die Rhythmusgruppe.
3. Der Schlagzeuger schlägt Rhythmen, die nicht dem Jazz entstammen, sondern der kubanischen und lateinamerikanischen Musik.
4. Der Pianist zerhackt den gleichmäßigen Pulsschlag.
5. Der Bop verwendet Akkorde und Intervalle, die der modernen europäischen Musik entlehnt sind, und die das »harmonische Klima« des Jazz zerstören.

Somit wären wir bei einem ganz heiklen Thema angekommen, das da heißt: Die Definition des Jazz.

Panassié macht es sich recht einfach, denn er verfährt nach dem Motto: Musikformen, die sich nicht in die Erklärungsmechanismen der vorhergegangenen Musikstile einpassen lassen, werden abgelehnt, anstatt diese Erklärungsmechanismen einer erneuten Überprüfung und somit zwangsläufigen Modifizierung zu unterziehen.

Auch heute noch sind in der gängigen Literatur sogenannte »Definitionen des Jazz« zu finden, in denen krampfhaft versucht wird, eine Musik auf ausgesuchte Elemente hin zu binden und verbal zu erfassen. Viele dieser Beschreibungen lassen auch heute kaum eine Einbeziehung des Bebop und schon gar nicht des Free Jazz zu. Man sollte auf eine Definition ganz verzichten und nicht versuchen, kreative musikalische Prozesse in ein starres Schema zu pressen.

Charlie Parker dazu: »Ich würde mich freuen, wenn das, was ich spiele, einfach Musik genannt würde.«[3] Und weiter: »Musik ist, was du selbst erfahren hast, was du selbst denkst und was nur du weißt. Wenn du es nicht lebst, kommt es nicht aus deinem Horn. Sie wollen dir weismachen, das Reich der Kunst sei von einer Grenze umgeben, aber, Menschenskind, die Kunst hat keine Grenzen.«[4]

Es ist verständlich, daß sich kreative Musiker gegen eine Festlegung ihrer Musik und ihrer individuellen Freiheit wehren. Dave Brubeck: »Wenn der Solist nicht seine völlig Freiheit hat, hört es auf, Jazz zu sein. Der Jazz ist so ziemlich die einzige heute existierende Kunstform, in der es die Freiheit des Individuums gibt, ohne das dabei das Gemeinschaftsgefühl verloren geht.«[5]

Jo Jones: »Ich kann es nicht besser sagen, als mit folgenden Worten: Jazz ist, wenn du spielst, was du fühlst. (...) Die Musik ist etwas, was in uns steckt.«[6]

Wenn man die beschriebenen musikalischen Veränderungen und die Reaktion der renommierten Jazzkritiker aus heutiger Sicht betrachtet, kann man diese Reaktionen kaum nachvollziehen. Auch von einer musikalischen Revolution ist nichts mehr zu spüren. Wie heftig diese Musik aber damals bei den traditionellen Musikern oder bei den einflußreichen Medien einschlug und später eine wirkliche revolutionäre Umwälzung des musikalischen Geschehens verursachte, läßt sich erst anhand der folgenden Kapitel ersehen.

Die Reaktion der Musiker

Die Musiker, die traditionellen oder ›swing‹-Jazz spielten, reagierten auf den Bebop ähnlich verwirrt oder ablehnend wie das breite Jazzpublikum. Die Musiker schienen darüber hinaus vor dieser neuen Musik regelrecht Angst zu haben. Sie glaubten zwar nicht, daß ihnen hier eine kommerzielle Konkurrenz erwuchs, d. h. sie fürchteten keine finanziellen Einbußen. Sie fürchteten aber die musikalische Auseinandersetzung, da sie diesen jungen Musikern in technischer und musiktheoretischer Hinsicht weit unterlegen waren. Rein musikalisch, und damit meinten sie ihr »Feeling«, fühlten sie sich ihnen allerdings überlegen.
Louis Armstrong, der damals bekannteste und erfolgreichste Jazztrompeter, wurde recht häufig um eine Stellungnahme zum Bebop gebeten, so daß von ihm eine ganze Reihe von Aussagen zu dieser Musik überliefert sind. Louis wurde von den jungen Musikern als Trompeter durchaus anerkannt, aber aufgrund seines unkritischen Verhaltens gegenüber dem weißen Publikum von den Bop-Fans geschmäht. Er schien den Weißen schmeicheln zu wollen, sich ihnen regelrecht anzubieten. Das aber war mit dem schwarzen Selbstbewußtsein der jungen Musiker nicht zu vereinbaren. Armstrongs Verhalten wurde als »tomming« bezeichnet, in Anlehnung an den »braven« schwarzen Diener »Onkel Tom«. Armstrongs Urteil über den Bebop war genau besehen nicht musikalisch, sondern eher persönlich geprägt. Anfangs fielen Armstrongs Stellungnahmen noch relativ milde aus:
»Ich spiele, was ich fühle, was in mir ist. Ich erwarte nicht, irgend jemanden zufriedenzustellen. Wissen sie, viele von den neuen Cats sagen: ›Armstrong, der spielt zu viele lange Töne.‹ Sie wollen, daß ich mich ärgere, aber warum sollte ich mich ärgern, nur um ein paar Cats einen Gefallen zu tun, die sich sowieso selbst weit voraus sind? Ich höre mir an, was

ich spiele, und wenn es mir gefällt, ist es gut. Ich bin mein eigenes bestes Publikum. Ich würde niemals diesen Bebop spielen, weil ich ihn nicht mag. Verstehen Sie mich nicht falsch; ich bin der Meinung, daß einige der Cats, die ihn spielen, wirklich gut sind, besonders Dizzy. Aber Bebop ist die leichte Art sich zu drücken. Anstatt Töne in der Art zu halten, wie sie gehalten werden sollen, spielen sie einfach viele kurze Töne. Sie suchen sich die leichteste Lösung. Sie werden nicht viele unter diesen Cats finden, die einen anständigen Chorus blasen können. Sie haben es niemals richtig gelernt. Es ist nichts Solides. Es kommt nicht aus dem Herzen, wie es echte Musik sollte.«[7]

Armstrong hatte diese neue Musik wohl kaum begriffen, geschweige denn sich mit ihr wirklich auseinandergesetzt, denn sonst hätte er – im Gegensatz zum traditionellen Jazz – den Bebop nicht als »leichte Art sich zu drücken« bezeichnet. Armstrong hatte an sich reichlich Gelegenheit, sich mit dieser Musik näher zu befassen und sie zu verstehen, denn es verband ihn – trotz aller Gegensätze – eine dauerhafte Freundschaft mit Dizzy Gillespie. Wie dem auch sei, es gibt Aussagen von Louis, in denen er mit dem Bebop und seinen Interpreten regelrecht abrechnet: »Sie wollen jeden ausstechen, denn sie sind voller Bosheit und immer darauf aus, einen zu blamieren. Jede miese Methode ist ihnen gut genug, solange sie nur anders ist, als das Übliche.«[8]

In einem Interview mit der Musikzeitschrift ›Down Beat‹ sagte Armstrong: »Alles, was sie machen wollen, ist nichts weiter als eine krankhafte Sucht, sich selbst zur Schau zu stellen. Und jeder alte Trick ist ihnen gut genug, wenn es nur etwas anderes ist als das, was ihr bis jetzt gespielt habt. So kramen sie all diese verrückten Akkorde aus, die nichts bedeuten, und am Anfang sind die Leute bloß deshalb neugierig, weil es sich um etwas Neues handelt, aber bald werden sie es leid, weil es keine wirklich gute Neuheit ist. Da gibt es überhaupt keine Melodie, die sich einprägen könnte, und keinen regelmäßigen Rhythmus, auf den man tanzen könnte. Und so werden sie schließlich wieder arm, und es gibt für niemanden mehr Arbeit, und das hat euch dann diese moderne Bosheit eingebracht.«[9]

Armstrong nennt hier die bereits bekannten Argumente wie fehlende Melodie, kein durchgängiger Rhythmus und den nicht vorhandenen Unterhaltungscharakter. Daß der Jazz immer weniger dem Tanz und der Unterhaltung diente, kann er allerdings nicht dem Bebop anlasten, denn traditioneller Jazz konnte sich neben dem Bebop nicht nur behaupten, er wurde aus einer Revivalbewegung heraus sogar verstärkt gefördert. Als Tanzmusik wurde der Jazz in den 50er Jahren vielmehr durch den Rhythm'n'Blues und den daraus folgenden Rock'n'Roll abgelöst, eine Entwicklung, die nun wirklich nicht in einem direkten Zusammenhang mit dem Bebop zu sehen ist. Dem Bebop kommt dagegen das Verdienst zu, Jazzmusik zu einer Art Konzertmusik, zu einer Kunstmusik entwikkelt zu haben. So hat der Bebop, um an Armstrong anzuknüpfen, keine Arbeitslosigkeit unter Musikern hervorgerufen, sondern neue Betätigungsfelder eröffnet – die Konzertsäle.

Im Vergleich zu Aussagen von anderen Musikern, sind die Stellungnahmen Armstrongs noch in gewisser Weise als konstruktiv zu bezeichnen. Tommy Dorsey dagegen behauptet, daß der Bebop die Musikentwicklung um zwanzig Jahre zurückgeworfen hätte. Für Jimmy Cannon klang Bebop wie ein Eisenwarenladen während eines Erdbebens, und für John Hammond war Bebop gar eine Kollektion von übelerregenden Klischees, die sich unendlich wiederholen. George Frazier sagte: »Das Zeug ist zu unglaublich, um von einem erwachsenen Menschen erzeugt zu werden.«[10]

Für Eddie Condon, Gitarrist und während der 30er Jahre auf der 52. Straße tätig, hatte Bebop ebensowenig mit Musik zu tun wie eine Mandelentzündung, wie er öffentlich erklärte. Zwischen den Bebop-Musikern und den traditionell orientierten Kollegen entbrannte ein regelrechter Streit, der nicht selten zu direkten Auseinandersetzungen führte. Für die Old-Time-Musiker und deren Fans hatten Bop-Anhänger ein Schimpfwort parat, das deren veralteten Geschmack verdeutlichen sollte: »moldy figs« – verschimmelte Feigen. Nach der Meinung von Dizzy Gillespie ist der anhaltende Streit zwischen den Boppern und den Traditionalisten nur deshalb entstanden, weil die »moldy figs« nicht aufhörten, die neue Musik zu attackieren und runterzumachen. Dizzy vermutet, daß sie diese Musik nur deswegen angriffen, weil sie den höheren Anforderungen des Bebop nicht gewachsen waren. Aber dennoch gab es traditionelle Musiker, die trotz anfänglicher Ablehnung dem Bebop entnommene Riffs in ihre Musik einflochten, wie zum Beispiel Henry »Red« Allen, ein ehemaliger New Orleans-Trompeter.

Doch zwischen den meisten Musikern dieser unterschiedlichen Stilrichtungen kam es zu direkten Auseinandersetzungen, wie Dizzy beschreibt: »Sie sagten: ›Das ist ja nicht einmal Scheiße, was ihr da spielt.‹ – Das sagten sie wirklich.«[11] – Und weiter: »Dave Tough spielte einmal unten im Village, und ich ging hinunter, um ihn zu besuchen, denn er und seine Frau waren gute alte Freunde von mir. Als Dave aufschaute und mich sah, sagte er: ›Na, du traust dich etwas!‹ ›Was meinst du?‹ sagte ich. ›Du Motherfucker, sie werden dich gleich lynchen hier!‹ Das fand ich sehr komisch, ich lachte mir fast den Arsch ab. Eddie Condon's und Nick's im Village waren die Hochburgen des Dixieland-Jazz.«[12] Dave Tough war einer der wenigen bedeutenden weißen Schlagzeuger der ersten Jazzgeneration.

Der Klarinettist Mezz Mezzrow ließ sich, als er nach seinem Auftritt beim Jazz Festival in Nizza 1948 für längere Zeit in Frankreich weilte, mächtig über den Bebop aus: »Das ist ein Haufen Mist. Die wissen überhaupt

40

nicht, was sie tun, diese Boys, sie dudeln einfach herum, oder? Warum soll man versuchen, mit zwei Noten etwas zu sagen, wenn's mit hundert auch geht?«[13]

Für die Presse durfte sich Dizzy später an Mezz »rächen«; man fotografierte ihn mit einem Messer in der Hand, – den Kopf von Mezz unter den Arm geklemmt –, so daß es den Anschein hatte, als ob Dizzy den Klarinettisten köpfen wollte. Diese Fotomontage wurde dann mit der Bildunterschrift »Dizzy köpft Mezz Mezzrow« veröffentlicht.

Die Medien

Die Medien, insbesondere die Presse, waren an der Verketzerung des Bebop nicht ganz unbeteiligt. Sie boten den rivalisierenden Musikern die Plattform, ihren Streit öffentlich auszutragen. Die Medien standen der neuen Jazzmusik eher ablehnend als wohlwollend gegenüber. Von einer ernsthaften, sachlichen Kritik kann kaum gesprochen werden. Im Gegenteil: Fast jeder Artikel in der Presse verriet die Inkompetenz der Kritiker. Als Beispiel mag hier ein Artikel des renommierten ›Time-Magazin‹ vom 25. März 1946 dienen, in dem es unter anderem hieß: »Es begann, wie bei solchen Dingen üblich, auf der 52. Straße in Manhattan. Ein Bandleader namens John ›Dizzy‹ Gillespie suchte nach einer Möglichkeit, die besonders schönen Noten des Swing hervorzuheben und erklärte: ›Wenn du es summst, dann sagst du ganz natürlich, bebop-de-bebop.‹ (...) Der große Häuptling des Bebop ist heute Harry ›The Hipster‹ Gibson, der in Momenten überwältigender pianistischer Ekstase seine Füße auf die Tasten wirft. Der Mann Nummer zwei ist Bulee ›Slim‹ Gaillard, ein baumlanger, geckhaft gekleideter Negergitarrist. Gibson und Gaillard haben so ›hippe‹ Nummern wie ›Cement Mixer‹, wovon allein in Los Angeles 20 000 Platten verkauft wurden, ›Yeproc Heresey‹, ›Dreisix-Cent‹ und ›Who Put The Benzedrine In Mrs. Murphy's Ovomaltine?‹ aufgenommen. (...) Der Bebop besteht aus überhitztem Hot Jazz mit übertriebenen, unzüchtigen Texten, voll von Anspielungen auf Rauschgift und Zweideutigkeiten.« Weiterhin wurde ausführlich über das Leben in den Nachtclubs berichtet, die voll von Teenagern seien, die unbedingt »bebebopt« werden wollten.

Dieser Artikel ging völlig an der Sache vorbei. Die genannten Musiker, Dizzy ausgenommen, haben nicht das Geringste mit Bebop zu tun. Das gilt auch für die genannten Musiktitel. Der einzige bis dahin veröffentlichte Text in einer Bebop-Aufnahme lautete: ›Salt Peanuts, Salt Peanuts‹. Es bedurfte schon einer ausufernden Phantasie, in diesem Text eine Anspielung auf Rauschgift und Zweideutigkeiten zu entdecken. In ›Down Beat‹, neben ›Metronome‹ die wichtigste Musikzeitschrift in den USA, wurde

41

folgende Schallplattenkritik zu Charlie Parker's ›Billie's Bounce‹ und ›Now's The Time‹ am 22. April 1946 veröffentlicht: »Diese beiden Seiten zeugen von schlechtem Geschmack und irregeleitetem Fanatismus. (...) Das ist die Sorte von Zeug, die zahllose, leicht beeindruckbare junge Musiker aus der Bahn geworfen und vielen von ihnen unheilbaren Schaden zugefügt hat. Dies kann sich für den Jazz ebenso schädlich auswirken, wie Sammy Kaye.« Sammy Kaye leitete damals ein erfolgreiches Tanzorchester, dessen Repertoire aus »total verwässerter« Swingmusik bestand.

1948 veröffentlichte das ›Time-Magazine‹ erneut einen ablehnenden Artikel mit der Überschrift: »Wie taub könnt ihr werden?« Mittlerweile gab es aber schon Leser, die mit dieser negativen Berichterstattung nicht einverstanden waren. Ein Leserbrief vom 6. April 1948: »Sehr geehrter Herr! Sie sollten den Bebop nicht so leichtfertig herabsetzen. Immerhin ist der Jazz der einzige originale Beitrag zur zeitgenössischen Musik, dessen Amerika sich rühmen kann. Unsere Jazzmusiker sind die besten der Welt, und das ist etwas, was ich über unsere ›ernsten Komponisten‹ nicht so ohne weiteres sagen kann. Der Bebop ist eine ungeheure Sache. Er muß mit dem Gehirn gehört und mit der Seele gefühlt werden, und er enthält soviel emotionale Intensität wie jede Symphonie. Wenn Sie darin keine Elemente der Schönheit oder des Genius entdecken können, dann versäumen Sie, wie ich fürchte, eines der aufregendsten Dinge, die sich in der Musikwelt seit vielen Jahren ereignet haben.«

Ein paar Monate später veröffentlichte ›Life‹ einen Fotobericht über Bebop, der wiederum verdeutlichte, wie wenig sich die Presse bemühte, sich wirklich mit dem Thema auseinanderzusetzen, und wie arrogant sie sich gegenüber den beteiligten Musikern verhielt. Charlie Parker wurde beispielsweise überhaupt nicht erwähnt. Im übrigen zeichneten die Fotos ein Bild der Bopper, das dem gängigen Klischee des »wildgewordenen Negermusikers« entsprach: mit Baskenmütze, dunkler Brille, Unterlippenbärtchen. Nicht fehlen durfte der Hinweis auf die Zugehörigkeit zum Islam. Dizzy Gillespie ließ sich dazu überreden, sich auf einem Foto mit gen Mekka ausgestreckten Armen ablichten zu lassen, obwohl er nicht zum Islam übergetreten war. Dizzy dazu: »Das war ein gemeiner Trick, und das ist eines der ganz wenigen Dinge in meiner ganzen Karriere, für die ich mich schäme. Ich war kein Moslem. Sie brachten mich dazu, ein Sakrileg zu begehen. Die Leute von den Zeitungen dachten, wenn der König des Bebop konvertieren würde, würden Tausende Bebopper das gleiche tun, und ich hatte keine Ruhe mehr vor Reportern, die fragten, ob es wirklich meine Absicht sei, das Christentum zu verlassen.«[14]

Sigmund Späth, ein vielgelesener Musikkritiker in den Staaten, schrieb damals: »Die graduelle Entwicklung der Zerstörung des Jazz bis zu den künstlichen Absurditäten des sogenannten Bebopstils muß sogar einem oberflächlichem Hörer auffallen.«[15]

Wenn sich ein Musikkritiker überhaupt bemühte, eine zumindest ernstge-
meinte Kritik zu schreiben, so war sie doch recht oberflächlich und offen-
barte die mangelnden musikalischen Kenntnisse der Verfasser, sonst wäre
eine Kritik wie die folgende kaum möglich gewesen: »Parkers Version des
Bebop unterscheidet sich von der Dizzys dadurch, daß er auf- und ab-
wärtslaufende chromatische Skalen in allen Tonarten spielt.«[16]
Parker forderte daraufhin in seinen folgenden Konzerten die anwesenden
Kritiker auf, besonders auf seine »verschiedenen« chromatischen Skalen
zu achten.
Es gab auch aufgeschlossene Kritiker, die es allerdings schwer hatten,
diese neue Musik zu bewerten. Während Bob Locke 1942 in ›Down Beat‹
in einer Kritik über Charlie Parker von dem Gebrauch eines Minimums
an Tönen in einem fließenden Stil sprach, schrieb Barry Ulanov zur gleichen Zeit in der Zeitschrift ›Metronome‹ das Gegenteil, Parker hätte die
Tendenz, zu viel zu spielen. Eine bemerkenswerte Kritik fand man 1944 in
›Down Beat‹, geschrieben von John Sipple: »Die treibende Kraft hinter
dem Saxophon ist Charlie Parker. Der Schreiber dieser Zeilen hat sechs
Shows im ›Regal‹ miterlebt, und nicht ein einziges Mal hat Parker in den
vielen Chorussen die er spielte, auch nur eine Idee wiederholt.«
Im März 1946 verfügte der Radiosender CMPC ein Sendeverbot für Be-
bop-Platten, da diese Musik einen »degenerierenden Einfluß auf die Jugend« habe. Andere Sender folgten diesem Beispiel und unterstützten
statt dessen die sogenannte »Revivalbewegung«, die den traditionellen
Jazz verstärkt förderte und damit ein musikalisch-kulturelles Gegenge-
wicht zur neuen Jazzmusik bildete.

Das Revival

Der Musikkritiker Rudi Blesh, der den Bebop ganz offen bekämpfte,
leitete eine Radiosendung mit dem Titel ›Das ist Jazz‹, in der ausschließlich traditioneller Jazz vorgestellt wurde. Er hatte viele »alte« Musiker
um sich versammelt und nahm mit ihnen Schallplatten für das Label
›Circle‹ auf. Im Jahre 1939 erschien ein Buch mit dem Titel ›Jazzmen‹ von
William Russel und Frederick Ramsey, welches auf einige inzwischen ver-
gessene Veteranen des Oldtime Jazz aufmerksam machte. Diese Publikation und Rudi Blesh's Radiosendung waren die Ursache für eine Wieder-
belebung des New Orleans Jazz und des Dixieland. Viele Jazz-Veteranen
erschienen wieder in der Öffentlichkeit; man schien die Altenheime regelrecht durchzukämmen, auf der Suche nach ehemaligen Oldtime-Jazzern.
Dem 1879 geborenen und schon fast vergessenen New-Orleans-Trompeter
Bunk Johnson, dem 1931 bei einer Schießerei die Trompete samt einiger Zähne aus dem Mund geschossen wurde, kaufte man eine neue Zahn-

prothese, um ihm ein Comeback zu ermöglichen. Johnson war der erste, der wieder aus der Versenkung auftauchte. Auch der Gitarrist Eddie Condon war wieder da und wurde zur Galionsfigur des Dixieland-Revivals.

Orson Welles, der 1944 ebenfalls eine Radiosendung leitete, tat ein übriges und stellte seinem Publikum den völlig zurückgezogen lebenden Storyville-Posaunisten Kid Ory vor, der in den folgenden Jahren erneut Berühmtheit erlangte. Ebenfalls wieder zu hören waren Musiker wie Oscar »Papa« Celestin, George Lewis, Lu Watters, Turk Murphy, Bob Scobey und der schon erwähnte Eddie Condon, der ein eigenes Lokal in Greenwich Village eröffnete und dort allabendlich die Fahne des Dixieland hochhielt. Dixieland wurde als der »echte« und »wahre« Jazz gefeiert, und sein Revival wurde letztendlich zu einer Art musikalischen Gegenbewegung zum Bebop.

Die Initiatoren dieses Revivals waren – wie auch der überwiegende Teil des Publikums – weiße Jazzfans. Viele junge Leute, die hauptsächlich der weißen Mittelklasse entstammten, waren so begeistert von dieser Musik, daß sie selbst aktiv wurden und eigene – fast ausschließlich mit Weißen besetzte Dixielandgruppen gründeten. Dixieland wurde zu einer neuen Modeerscheinung, die auch bald auf Europa übergriff und dort ebenfalls zur Bildung von zahlreichen Amateurgruppen führte. Das galt auch für das Deutschland der Nachkriegszeit, das aufgrund des Jazz-Verbots während der Nazizeit an der Weiterentwicklung des Jazz nicht hatte teilnehmen können. Mit Bebop konnte man hier recht wenig anfangen, denn selbst der traditionelle Jazz klang vielen noch befremdlich und wurde teilweise weiterhin als »Negermusik« abqualifiziert.

In den 50er Jahren brach in der Bundesrepublik allerdings das reinste Jazzfieber – oder besser gesagt Dixiefieber – aus. Dixieland wurde vor und neben dem Rock'n'Roll zur absoluten Mode. Es gab kaum einen Unterhaltungsfilm, in dem nicht irgendwann eine Jazzkapelle zu hören war. Es schien, als ob jede Pennäler-Band in kurzen Hosen in der Lage sei, »astreinen« Jazz zu spielen. Damit aber so ein Film auch wirklich ein Erfolg werden konnte, engagierte man zumindest einen schwarzen Gastmusiker – zumeist den beliebten Louis Armstrong –, der in einer kurzen Sequenz auftauchte und ein bekanntes Stück zum besten gab. Dies hat möglicherweise u. a. dazu geführt, daß in der Bundesrepublik unter Jazzmusik hauptsächlich Dixieland und Old-Time-Jazz verstanden wird und die nachfolgende Weiterentwicklung dieser Musik kaum beachtet wurde und somit nur einem speziell interessierten Publikum vorbehalten blieb.

44

Das politisch-soziale Umfeld

Jazzmusik als Protestmusik?

Der Bebop löste aber nicht nur eine Revolution in der Jazzmusik aus, sondern schien auch mit einem politischen Anspruch verbunden zu sein. Die nicht selten vertretene Auffassung, die beteiligten Musiker hätten durch ihre Spielweise ganz bewußt auf konkrete gesellschaftliche Mißstände aufmerksam machen wollen, läßt sich aber nicht ohne weiteres belegen. Diese Ansicht stützte sich eher auf Spekulationen und auf Interpretationen bestimmter musikalischer Aussagen als auf konkrete Bekenntnisse und Aktionen der Musiker. Politische und gesellschaftliche Mißstände, seien sie auch noch so offensichtlich, lassen sich musikalisch allenfalls widerspiegeln, aber auf keinen Fall beeinflussen oder gar beheben. Es gibt aber Musikformen, die in gewisser Weise zur Veränderung des politischen Bewußtseins beitragen können. Inwieweit der Bebop als gesellschaftspolitisch relevante Musikform zu verstehen ist, soll dieses Kapitel vermitteln.

Der Jazzmusik als solcher wird zwar generell ein gewisses politisches Engagement nachgesagt. Es sind aber weniger die Musiker, die ihre Musik so verstanden wissen wollen, als vielmehr die Musikkritiker. So schreibt Robert Goffin beispielsweise in seinem 1944 herausgegebenen Buch über Jazzmusik: »Jazz hat bislang eine bedeutende Rolle im Kampf um die menschliche Freiheit gespielt. Es ist die Musik der Freiheit, Freiheit der Individualisten und der Rassen. Es ist die große Kunst der Demokratie, unvereinbar mit der Philosophie der Diktatoren.«[1]

Goffin dürfte hier sicher auch an die Tatsache gedacht haben, daß Jazzmusik während des Naziregimes in Deutschland verboten war. Die Ablehnung oder gar das Verbot einer künstlerischen Stilrichtung durch ein politisches System ist allerdings noch kein Beweis dafür, daß die damit verbundene künstlerische Aussage zwangsläufig als politische Stellungnahme gegen das System aufzufassen ist. Häufig wird eine Kunst erst im nachhinein politisiert. Jazzmusik wird wohl eher deshalb als eine »nach Freiheit strebende Musik« bezeichnet, weil die »Erfinder« dieser Musik, die schwarze Bevölkerung Nordamerikas, die sich bis heute nicht voll-

45

ständig von ihrem Sklavenstatus befreien konnte, ihre jeweils aktuelle Verfassung natürlich auch in ihrem Liedgut – und anderen Künsten – ausdrückte.

Charles Nanry: »Jazz hat seine Wurzeln in dem Ausdruck von unterdrückten Menschen.«[2]

Spirituals, Gospels und Worksongs der schwarzen Sklaven weisen natürlich auch gesellschaftspolitische Inhalte auf, die in den Texten aber teilweise recht verdeckt sind. Diese Lieder sind direkte Vorläufer der Jazzmusik, doch kann man an der reinen Musikform als solcher keine politische Aussage festmachen, denn die Schwarzen in Amerika hätten auch eine andere Musikform als ausgerechnet die improvisierte Jazzmusik hervorbringen können. Ein politischer Anspruch läßt sich also nicht von der Musikform bzw. von einem bestimmten Musikstil herleiten, sondern allein von der Lebensweise und Ausdrucksform seiner Interpreten, Komponisten und eventuell seines Publikums. Während die Worksongs die harte Arbeit auf dem Feld erleichtern sollten, hatte der Jazz von Anfang an reinen Unterhaltungscharakter. Er wurde in Kneipen, Tanzschuppen und sogenannten Ballrooms gespielt. Jazzmusik war eine Freizeitmusik und wurde zu Beginn der Entwicklung ausschließlich von Hobbymusikern gespielt. Selbst zur Blütezeit des Jazz in New Orleans gab es kaum Profis, die allein von ihrer Musik leben konnten. Joe Oliver, vor Louis Armstrong der bedeutendste Trompeter des Jazz, mußte zeitweilig seinen Lebensunterhalt als Butler bestreiten. Johnny Dodds arbeitete in einer Reismühle, und Louis Armstrong verdiente zu Beginn seiner Karriere sein Geld als Kohlenhändler. Auf diese Tätigkeit griff er immer wieder zurück, da gut bezahlte Engagements eher die Ausnahme als die Regel waren. Die Lebensbedingungen der Musiker waren allerdings wesentlich besser als die der normalen Arbeiter. Bandleader von Spitzengruppen konnten zeitweilig in den Tanzhallen von Storyville bis zu 75 Dollar pro Woche verdienen. Auch die Eigner der Mississippi-Dampfer, die regelmäßig Vergnügungsfahrten veranstalteten, zahlten hohe Gagen, so daß sich allmählich doch ein Profitum der Musiker herausbilden konnte. Die wachsende Professionalität der Musiker führte jedoch zu einer Kommerzialisierung der Jazzmusik, die ihren vorläufigen Höhepunkt in den 30er Jahren mit der überaus erfolgreichen Swingmusik erreichte. Wollte man an der grundsätzlichen Interpretation der Jazzmusik als Protestmusik festhalten, so muß man sich fragen lassen: Wo ist in den soften Songs der swinging Big Bands, in den frühen Schlagern eines Frank Sinatra, in den schmetternden Klängen der Armee-Big-Band von Glenn Miller und überhaupt in der Musik der vielen anderen weißen und schwarzen Bands eine politische Botschaft versteckt? Die Suche danach wäre ein schwieriges, wenn nicht gar sinnloses Unterfangen. Duke Ellingtons Bekenntnis hat sicherlich stellvertretenden Charakter: »Wir waren nicht darauf aus,

46

die Welt musikalisch zu verändern, wir wollten nur gut leben und soviel Selbstbestätigung, wie nur eben möglich, aus unserer Arbeit herausholen.«[3]

Die aufkommende Beliebtheit des Jazz, oder besser gesagt, des Swing gab den schwarzen Musikern erstmals Gelegenheit, auch von einem weißen Publikum anerkannt zu werden. Doch damit ist diese Musik genauso wenig als politisch zu bezeichnen, wie der amerikanische Boxsport, durch den sich die schwarzen Sportler eine ähnliche Anerkennung erhoffen.

Die Kommerzialisierung der Jazzmusik führte unweigerlich zu einem dem weißen Publikum angepaßten Verhalten der schwarzen Musiker. Man versuchte, sich auch äußerlich anzupassen, indem man beispielsweise die Haarkrause mittels verschiedener Fette und Öle zu glätten versuchte, sich heller schminkte oder den »verräterischen« Slang ablegte. Billie Holliday wurde eine Zeitlang – da sie relativ hellhäutig war – als weiße Jazzsängerin »verkauft«. Die schwarzen Musiker wurden dadurch noch lange nicht zu gleichberechtigten Bürgern; sie mußten weiterhin die Hintereingänge zur Bühne benutzen, um ja nicht in direkten Kontakt mit dem weißen Pulikum zu geraten. Daß sie überhaupt vor einem weißen Publikum auftreten durften, empfanden viele Musiker schon als Fortschritt.

Dieses Verhalten, sich persönlich wie auch musikalisch dem Geschmack der Weißen anzupassen, stieß bei den jüngeren, nachwachsenden Musikern immer mehr auf Ablehnung. Sie nannten den süßlichen, kommerziellen Jazz »Onkel Tom's Musik«; das Verhalten der angepaßten Musiker wurde als »tomming« bezeichnet. Die neue Musikergeneration spielte also bewußt unkommerziell und griff ganz bewußt auf afrikanische Elemente, wie zum Beispiel den polymetrischen Rhythmus, zurück. So gesehen kann man beim Bebop durchaus von einer musikalisch-gesellschaftlichen Revolution sprechen. Der farbige Pianist John Lewis sagte zu dieser Entwicklung: »Diese Revolution, oder wie immer ihr sie nennen wollt, geschah in den 40er Jahren aus vielen Gründen. (...) Für die jüngeren Musiker war das eine Möglichkeit, auf das Verhalten zu reagieren, daß die Neger annahmen, um die Leute zu unterhalten. Die neue Haltung dieser jungen Schwarzen war: ›Entweder ihr hört mir zu auf der Basis, was ich wirklich mache, oder ihr könnt es vergessen.«[4]

Auch Ross Russel sieht es ähnlich: »Bebop ist eine Musik der Revolte: eine Revolte gegen Big Bands, Arrangeure, flache Harmonien, leichte Rhythmen, unaktive Orchesterleiter, Tin Pan Alley – gegen grundsätzlich jede Form der kommerziellen Musik.«[5]

Dieser Protest äußerte sich nicht nur durch tiefgreifende musikalische Veränderungen in bezug auf Harmonien, Rhythmus, Tempo und Improvisationsformen, sondern auch durch ein provozierendes Verhalten der Musiker. Sie bezeugten dem Publikum keinen »Respekt« mehr, es schien ihnen egal zu sein. Und so kehrten die Musiker dem Publikum demon-

47

strativ den Rücken zu, wenn sie ihre Soli bliesen. Der Spruch »Wir spielen nur für Musiker« war daher nicht selten zu hören. Im Grunde genommen traten die neuen Musiker recht arrogant auf und reagierten letztendlich damit auch auf die ablehnende Haltung, die das Publikum aufgrund der ihm ungewohnten Musik einnahm.

Innerhalb der Jazzmusik gab es aber immer wieder einmal Titel, die den Protest der schwarzen Bevölkerung gegen ihre unerträgliche Situation mehr oder weniger verdeutlichten. Der Bluessänger Big Bill Broonzy schrieb 1939 den Titel ›Black, Brown and White‹, der erst 1959 in Frankreich aufgenommen werden konnte. Billie Holiday's ›Strange Fruit‹ von 1939 ist als Anklage gegen die Lynchjustiz im Süden der Staaten, die vor allem Schwarze betraf, zu verstehen. Leadbelly schrieb beispielsweise den ›Jim Crow Blues‹; Jim Crow, die schwarze Krähe, war ein gängiges Symbol für die Situation der schwarzen Bevölkerung. Selbst Duke Ellington, der sein Publikum in erster Linie unterhalten wollte, führte 1943 in der Carnegie Hall eine Suite mit dem Titel ›Black, Brown and Beige‹ auf und bekannte sich somit zur Situation der amerikanischen Schwarzen.

Wenn man die Masse der Jazzveröffentlichungen betrachtet, so sind bis in die 50er Jahre hinein die Veröffentlichungen mit symbolischen oder direkten Aussagen zur gesellschaftlichen Situation der Schwarzen selten zu finden. Und dennoch lassen sich Kritiker wie z. B. H. Paechter in der Deutschen Zeitung (Nr. 20, 1954 »Der klassische Jazz«) zu folgenden Aussagen hinreißen: »Jazz wird zur Kriegserklärung an die Respektabilität, zum Signal der Frauenemanzipation, der Sexualrevolution, der Absage an das Bürgerliche, zum Fanal aller, die außerhalb der Gesetze, der guten Gesellschaft und der sittlichen Ordnung standen oder stehen wollten: Freudianer und Gangster, Marxisten und Zuhälter, Studenten und Halbwelt, Bohémiens und Unterwelt scheinen im Jazzkult eine neue Rückkehr zur Natur zu proklamieren, der abgestandenen gesellschaftlichen Konvention des 19. Jahrhunderts eine ironisch-obszöne Absage zu erteilen.«

Welch tiefgreifende Erschütterung muß die Jazzmusik in diesem Manne ausgelöst haben.

Bebop als neue Musik des Protestes

Vielleicht war es eher Zufall, daß die Entwicklung eines revolutionären Musikstils mit einer tiefgreifenden, durch den Kriegseintritt der USA bedingten Veränderung der sozialen Lage der schwarzen Bevölkerung zeitlich zusammenfiel. Anzunehmen ist jedoch, daß diese Veränderungen die neue musikalische Entwicklung zumindest beeinflußt haben. Das dadurch begünstigte Erstarken eines schwarzen Selbstbewußtseins und der

Zorn der Jugend spiegelte sich in einer ebenso zornigen und schwarzen Musik wider: im Bebop!

Es hatte lange Zeit so ausgesehen, als ob sich die schwarze Bevölkerung mit ihrer Situation abfinden und vor den unüberwindlich erscheinenden Rassenschranken kapitulieren würde. Es schien keinen Weg zu geben, der aus dem Ghetto führte, die Gleichberechtigung der Schwarzen schien in weiter Ferne zu liegen. Benachteiligt waren sie auf allen Gebieten: Beschäftigung, Einkommen, Bildung, soziale Versorgung. Der Zweite Weltkrieg bot den Schwarzen die zweifelhafte Möglichkeit, sich als »Amerikaner« unter Beweis zu stellen, indem sie als Soldaten für das Vaterland in den Krieg zogen. Es waren überproportional viele schwarze Soldaten in der US-Armee tätig, wenn auch – und das schien fast selbstverständlich zu sein – nahezu ausschließlich in den unteren Mannschaftsrängen.

Da dieser Krieg als Feldzug gegen Unrecht und zur Wahrung der demokratischen Rechte auf der Welt proklamiert wurde, hegten viele Schwarze die Hoffnung, daß auch ihnen die bislang vorenthaltenen Rechte gewährt würden. Durch die Einführung von Wahlsteuern konnten viele Schwarze bislang nicht ihr in der Verfassung garantiertes Wahlrecht wahrnehmen. So wurden beispielsweise im Staate Mississipie 1946 nur 0,9 Prozent der schwarzen Bürger als Wähler registriert. Unter Führung des schwarzen Gewerkschaftlers A. Philip Randolph entstand während des Krieges unter dem Schlagwort »Double V Campain« eine große schwarze Bewegung, die sich offen gegen die Rassendiskriminierung wandte und unter anderem einen großangelegten Marsch auf Washington organisierte. »Double V« stand für »double victory« und meinte damit den doppelten Sieg: über den Faschismus draußen und den Rassismus zu Hause. Diese Forderungen scheinen ganz natürlich zu sein, denn wie konnte man aus Überzeugung einen Krieg gegen einen menschenverachtenden Staat führen, wenn im eigenen Land auch nicht allen Bürgern die gleichen Menschenrechte zugestanden wurden.

Der Bedarf an Arbeitskräften während des Krieges steigerte die soziale Stellung der Schwarzen – und damit deren Bewußtsein – erheblich, ohne natürlich auch nur annähernd eine Gleichstellung mit den Weißen zu erreichen. Immerhin war den Schwarzen in dieser Situation klar, daß auf sie nicht mehr verzichtet werden konnte. Jetzt galt es, um Gleichberechtigung zu kämpfen, ohne die eigene Identität zu leugnen. Nicht nur die alltäglich erfahrene Diskriminierung als Folge der strikten Rassentrennung in den USA, sondern auch direkte Bedrohungen und Übergriffe von Seiten weißer Bürger und fanatischer Organisationen wie dem Klu-Klux-Klan führten zu aufgestauten Agressionen, die sich erstmals 1943 in Form von blutigen Aufständen in den schwarzen Ghettos von Philadelphia, Harlem und Detroit entluden. Der Versuch, durch Gesetzesinitiativen eine Besserung der Lage herbeizuführen, scheiterte. Zwischen 1933 und 1945 wurden allein 149 Gesetze eingebracht, um der in den Südstaaten praktizierten Lynchjustiz, von der ausschließlich schwarze Bürger betroffen waren, Einhalt zu gebieten. Keines dieser Gesetze wurde verabschiedet. Allein im Juli und August 1946 wurden sechs schwarze Armeeveteranen gelyncht.

Die Ausschreitungen zwischen weißen und schwarzen Bürgern brachte der farbige Dichter Langston Hughes in einem seiner Werke in einem direkten Zusammenhang mit der neuen Musik, indem er folgenden Dialog niederschrieb:

»Du hast also keine Ahnung, wo Bop herkommt, sagte Simple, erstaunt über meine Unwissenheit. Ich weiß nicht, sagte ich, woher? Von der Polizei, sagte Simple. Was meinst Du: Von der Polizei? Von der Polizei, die auf Negerköpfe schlägt, sagte Simple. Jedesmal, wenn ein Bulle einen Neger mit dem Gummiknüppel schlägt, dann macht der alte Knüppel: Bop! Bop! Bebop! Mob! Bop. Und der Neger schreit: Ooooool-ya-koo, ooo-ooo. Der alte Bulle schlägt weiter drauf. Mob! Mob! Be-bop! Mob! Da kommt Bebop her. Aus irgendeines Negers Kopf direkt in die Hörner und Saxophone und Klaviertasten hineingeprügelt.«[6]

Die US-Regierung bemühte sich – wohl mehr aus Angst vor Revolten und dem negativen Erscheinungsbild im Ausland – die Rassendiskriminierung einzuschränken und richtete unter anderem das »Komitee zur Durchsetzung fairer Einstellungspraktiken« (FEPC) ein, daß die Rassenschranken auf dem Arbeitsmarkt eindämmen sollte. Außerdem wurde nach dem Krieg ein Gesetz erlassen, das Kriegsveteranen ein kostenloses Studium ermöglichte. Davon machten natürlich auch viele Schwarze Gebrauch, die unter normalen Umständen nie hätten studieren können. Somit veränderten die Kriegs- und direkten Nachkriegsereignisse schon die sozialen Lebensbedingungen der schwarzen Bevölkerung, wenn in der direkten Nachkriegszeit auch noch wenig davon zu spüren war. Nach dem Krieg standen erst einmal Zigtausende von heimgekehrten GIs und nicht mehr benötigte Rüstungsarbeiter auf der Straße, was den schwelenden Konflikt natürlich verstärkte.

Das neue schwarze Selbstbewußtsein, das sich in dieser Zeit herausbildete, entspricht genau der selbstbewußten Darstellung des Bebop und ihrer Interpreten.

LeRoi Jones schrieb: »Die Musiker der vierziger Jahre begriffen jedoch die Frustration, die die amerikanische Gesellschaft für den Neger bereithielt, daß nämlich die einzige Assimilation, die die Gesellschaft vorsah, zum Verschwinden der wichtigsten Dinge führte, die der Schwarze besaß, wobei er nicht einmal, wie der weiße Amerikaner, politisch und ökonomisch entschädigt wurde. (...) Es war mehr als nur zufällig, daß die Negermusik, die sich in den vierziger Jahren entwickelte, soziale Umwälzung implizierte.«[7]

Die Musiker selbst brachten den Bebop nicht in direkten Zusammenhang mit dem Kampf gegen Rassendiskriminierung, wie folgender Interviewausschnitt mit Kenny Clarke und Dizzy Gillespie beweist:
Frage: »Unter den Musikern, die den neuen Stil kreierten, hast du, Kenny, den Ruf, einer der militantesten gewesen zu sein.«
Dizzy: »Das Wort ist marktschreierisch!«
Frage: »Aber hast du damals irgendwelche Statements in dieser Richtung abgegeben?«
Kenny: »Ja, in gewisser Weise. Die Idee war, wacht auf, schaut euch um, es gibt etwas zu tun. Und das war ein Teil, ein integrierender Bestandteil des kulturellen Aspektes, verstehst du; jemanden zu respektieren, der etwas tut. Und dann sagte jemand: ›Ja, dieser Dizzy hat uns dieses Wort gegeben.‹«
Frage: »Welches Wort?«
Kenny: »Wake up.«
Frage: »Bebop wurde später als ein Kampfwort apostrophiert. War das eine Musik des Kampfes?«
Kenny: »Nein, um Gottes willen, nein!«
Dizzy: »Es war eine Musik der Liebe.«[8]
Auch der Pianist Thelonious Monk sieht keinerlei Verbindung zwischen seiner Musik und den gesellschaftlichen Veränderungen seiner Zeit: »Meine Musik ist kein sozialer Kommentar zur Diskriminierung, Armut oder ähnliches. Ich hätte in der gleichen Art und Weise komponiert, wenn ich kein Neger gewesen wäre.«[9]
Und dennoch wurde laufend versucht, einen Zusammenhang zwischen dieser Musik und der gesellschaftlichen Bewegung herzustellen. Indirekt ist er auch vorhanden, doch diente die Offenlegung dieser Zusammenhänge häufig auch der Diskriminierung dieser Musik, die man mit Beginn des Kalten Krieges sogar als kommunistisch apostrophierte. So der Kulturkritiker Weldon Kees 1948: »In Paris (...) wo die Intellektuellen in stärkerem Maße als in jeder anderen Stadt der Welt auf zynische Weise dem Stalinismus zugetan sind, wird der Bebop besonders bewundert.«[10]
Stalinismus mit einer derart nach Freiheit strebenden Musik zu verbinden, zeugt von einem großen Unverständnis gegenüber dieser Musik. Engagierte Bop-Musiker, die mit der kommunistischen Partei in Verbindung standen, hat es zweifellos gegeben. Nicht wenige Schwarze erwarteten von der Durchsetzung sozialistischer Ideen eine Besserung ihrer Lage, da der größte demokratische Staat der westlichen Welt seinen schwarzen Bürgern nach wie vor die in seiner Verfassung garantierten Rechte vorenthielt.
Dizzy Gillespie: »Es gab sehr viele Musiker, die der kommunistischen Partei nahestanden und die sich immer sehr engagierten, wenn es um die

Arbeiter ging. Ich selbst war politisch nie so sehr involviert. Ich erinnere mich, daß ich mich zweimal, als ich es für notwendig hielt, als Streikposten zur Verfügung gestellt habe.«[11]

Zu dem damals erhobenen Vorwurf, die Bop-Musiker tendierten zu einem unpatriotischen Verhalten, äußerte sich Dizzy später: »Das ist verdammt richtig: Wir weigerten uns, Rassismus, Armut oder wirtschaftliche Ausbeutung zu akzeptieren und ein unkreatives, eintöniges Leben zu führen; aber daran war nichts Unpatriotisches. Wenn Amerika sich nicht an das hielt, was in seiner Verfassung steht, und uns nicht als Menschen respektierte, dann war der ›american way of life‹ für uns eine einzige Scheiße. Und sie stellten es beinahe als unamerikanisch hin, unsere Musik zu mögen.«[12]

Wenn man auch über den gesellschaftspolitischen Aspekt dieser Musik streiten kann, so läßt sich diese Musik eines nicht nehmen: den Rassenstolz. Nachdem sich die schwarzen Jazzmusiker immer mehr den kommerziellen und damit auch weißen Bedürfnissen – oder besser gesagt – Erwartungen angepaßt hatten, fanden die jungen Musiker zu den schwarzen Elementen dieser Musik zurück. Gleichzeitig versuchte man, sich gegenüber den weißen Jazzmusiker deutlich abzuheben und diese Musik für sich zu behalten. Weiße Musiker hatten es bislang erfolgreich verstanden, die Musik der Schwarzen zu kopieren und in kommerzielle Erfolge umzusetzen, wie z. B. die Chicagoans und die weißen Big Bands von Glenn Miller, Benny Goodman u. a. Weiße Musiker, wie der Trompeter Johnny Carisi, die versuchten, an der neuen Entwicklung teilzuhaben, konnten sich schwer durchsetzen. Carisi, der als erster Weißer damals im Minton's einstieg, wurde eines Abends von Joe Guy angemacht: »Ihr Ofays (Schimpfwort für Weiße) kommt hier herauf und stehlt uns unsere Musik!«[13]

Die Entdeckung afrikanischer – und somit rein schwarzer – Elemente, ist nicht nur musikalisch, sondern vor allem für das erstarkende Selbstbewußtsein der neuen Generation von nicht zu unterschätzender Bedeutung.

Dizzy Gillespie: ». . . aber hier drüben nahmen sie uns unsere Trommeln weg. Der einzige Grund dafür war Selbstschutz. Sie waren dahintergekommen, daß diese Typen mit den Trommeln über eine Entfernung von mehreren Meilen kommunizieren konnten. Sie nahmen uns unsere Sprache weg und zwangen uns, englisch zu sprechen. Wenn sie damals in der Zeit der Sklaverei drauf kamen, daß zwei Sklaven dieselbe afrikanische Sprache drauf hatten, dann verkauften sie einen.«[14]

Mit der Neuentdeckung der polyrhythmischen Musik wurde quasi eine alte Sprache neu entdeckt, die Sprache der Vorfahren. Diese rhythmischen Entdeckungen kamen eigentlich über einen Umweg zustande, über Lateinamerika, insbesondere über kubanische Percussionisten, mit denen

einige Bebop-Titel aufgenommen wurden. Dizzy und Charlie Parker arbeiteten aber auch mit afrikanischen Musikern und Tänzern zusammen, die in den USA ansässig waren, so z. B. Asadata Dafora. Sie gaben auch ein Konzert für die ›African Academy of Arts and Research‹ in New York, wo die beiden und Max Roach mit afrikanischen und kubanischen Trommlern zusammenspielten. Bei diesem Konzert entdeckte Dizzy nach eigenem Bekunden erstmals den Zusammenhang zwischen afrikanischen und afrokubanischen Rhythmen. Bebop schuf musikalische Verbindungen, die nicht nur alle folgenden Entwicklungen beeinflußte, sondern das »afrikanische Erbe« innerhalb der Jazzmusik erstmals wirklich entdecken ließ. Die bisherige Jazzmusik trug wesentlich mehr Elemente der Marschmusik und der weißen Folklore in sich als wirklich schwarze Elemente, wenn auch manche Publikationen den Eindruck erwecken, als sei die Jazzmusik direkt vom Urwald in die Kneipen der schwarzen Wohnviertel Amerikas hineinkatapultiert worden. Es gibt genügend Jazzkritiker, die sich nicht mit rein musikalischen Aussagen begnügen möchten und somit bemüht sind, konkrete politische Aussagen in den Bebop-Kompositionen ausfindig zu machen. So wird Charlie Parkers Titel ›Now's The Time‹ interpretiert als: »Jetzt ist die Zeit gekommen, Rassismus, Unterdrückung und Jim Crow abzuschaffen.«[15]
Diese Interpretation ist ebenso unhaltbar wie die von J. E. Berendt, der in Dizzy Gillespie's ›Things To Come‹ von 1945 eine Vorahnung auf den Abwurf der Atombombe entdeckt haben will. 1935 gab es bereits einen Film mit dem gleichnamigen Titel, in dem der Zweite Weltkrieg und der Einsatz von Atombomben vorhergesagt wurde. Trotz unterschiedlichster Interpretationen läßt sich feststellen, daß es vor der Zeit des Bebop keinen Jazzstil gegeben hat, dessen Verbindung zum politischen Geschehen so eng war. Diese unkommerzielle, aufrührerische schwarze Musik spiegelt so ziemlich genau das wider, was die Schwarzen zu ihrem Aufbegehren veranlaßte.

Bekenntnis zum Islam

1932 wurde im schwarzen Ghetto von Detroit eine religiöse Sekte mit dem Namen »The Nation of Islam« gegründet, die als Black-Muslim-Bewegung bekannt werden sollte. Für das kulturelle, religiöse und soziale Selbstverständnis der Schwarzen war diese Bewegung bis in die 60er Jahre hinein von erheblicher Bedeutung und letztendlich ein Vorläufer der Black-Power-Bewegung. Die von Farrad Mohammad gegründete und vom »Propheten« Elijah Muhamad weitergeführte Sekte war nicht rein religiös, sondern durchaus auch rassistisch motiviert; alles »Weiße« wurde konsequent abgelehnt. Man begründete nicht nur eine »schwarze«

53

Religion – im Gegensatz zum »weißen« Christentum –, sondern berief sich auch auf eine eigenständige schwarze Kultur und Geschichte. Die Black-Muslim-Bewegung verstand sich als Reaktion auf die fortdauernde Bevormundung und Unterdrückung der Schwarzen in den USA. Die politischen Ziele waren: »... den Fuß des weißen Mannes von unserem Genick, seine Hand aus unserer Tasche, seinen Wanst von unserem Rücken zu bekommen; ohne Angst in unserem eigenen Bett zu schlafen und ihm gerade in seine kalten blauen Augen zu sehen und ihn einen Lügner zu nennen, wann immer er die Lippen öffnet.«[16]

Hatten die Schwarzen bislang immer versucht, durch Anpassung als gleichberechtigt anerkannt zu werden, so ging es jetzt umgekehrt darum, sich die eigene Identität zu erhalten. Es lag daher nahe, daß sich auch einige aktive Bop-Musiker der Black-Muslim-Bewegung anschlossen. Äußeres Zeichen der Zugehörigkeit war die Änderung seines Namens, d. h. man nahm statt seines amerikanischen Sklavennamens einen afrikanischen bzw. arabischen Namen an. Einige Musiker haben diesen neuen Namen bis heute konsequent beibehalten, andere wie z. B. Art Blakey, der sich Abdullah Ibn Buhaina nannte, legten ihn wieder ab.

Die Black Muslims rekrutierten sich aus allen sozialen Schichten, waren also keineswegs auf Intellektuelle und Künstler beschränkt. Nicht alle Mitglieder wurden durch ihren Beitritt zu überzeugten Muslims. Einige traten aus rein politischen Motiven bei, andere eher deshalb, weil es gerade in Mode war.

Bei sehr vielen Schwarzen gaben aber rein praktische Erwägungen den Ausschlag. Auf der amerikanischen Identitätskarte gab es eine Spalte, in der die Rassenzugehörigkeit eingetragen war: »W« für weiß und »C« (coloured) für farbig. Moslems galten als Araber und erhielten ein »W« eingetragen, so daß sich jeder Schwarze auf diese Weise »zu einem Weißen machen konnte«. Mit dieser Möglichkeit wurde auch massiv zum Beitritt zu den Black Muslims geworben: »›Mann, wenn Du den moslemischen Glauben annimmst, dann bist Du nicht mehr farbig, dann wirst Du als Weißer behandelt‹, sagten sie. ›Du bekommst einen neuen Namen, und Du brauchst kein Nigger mehr zu sein.‹«[17]

Mit dem propagierten neuen schwarzen Selbstbewußtsein war diese Argumentation wohl kaum in Einklang zu bringen. Dizzy Gillespie dazu: »Alles, was sie wollten, war, dem Stigma, farbig zu sein, zu entgehen. Als diese Typen mitbekamen, daß Idrees Sulieman, der damals gerade Moslem geworden war, in weiße Restaurants gehen und den anderen Sandwiches herausbringen konnte, weil er eben nicht als Farbiger galt, obwohl er aussah wie das Innere eines Schornsteins, da kamen sie in Scharen, um Moslems zu werden. Es gab immer mehr schwarze Musiker, die auf ihren Identitätskarten in der Spalte Rasse ein W stehen hatten für weiß. Kenny Clarke kam eines Tages zu mir und sagte: ›Schau einmal, Nigger, ich bin kein spook mehr, ich bin ein Weißer!‹ Auf seiner Karte stand W. Er hatte seinen Namen in Liqat Ali Salaam geändert. Oliver Mesheux, mein ehemaliger Zimmerkollege in Laurinburg, geriet unten in Delaware in einen Wortwechsel über Rasse. Er ging in ein Restaurant, und sie sagten ihm, hier würden Farbige nicht bedient. Darauf erwiderte er: ›Ich nehme ihnen das gar nicht übel, aber mich betrifft das nicht, denn mein Name ist Mustafa Dalil.‹ Daraufhin gab es keine Fragen mehr. ›Schönen guten Tag, Sir‹, sagte der Kellner.«[18]

Diese Schilderung verdeutlicht die Diskrepanz zwischen dem gesellschaftspolitischen Anspruch der Bewegung und dem Verhalten seiner Mitglieder. Dennoch ist die Black-Muslim-Bewegung in den 40er Jahren die politische Organisation in den Ghettos gewesen, die die gesellschaftspolitischen Forderungen der schwarzen Bevölkerung am radikalsten vertrat.

Zwischen dem Erstarken dieser Bewegung und der Entwicklung des Bebop gibt es aber keine derart engen Verbindungen, daß man sagen könnte, das eine habe das andere beeinflußt. Doch beide Entwicklungen stehen in enger Beziehung zur gesellschaftlichen Veränderung, zum neuen Selbstbewußtsein der Schwarzen. Musik und Religion sind in diesem Fall die kulturellen Träger einer »neuen« schwarzen Gesellschaft. Kultur ist ein Spiegel und zugleich ein Motor der Gesellschaft, so daß es kein Zufall ist, daß der Bebop, das Bekenntnis zum Islam und die Forderung nach kultureller und politischer Selbstbestimmung zeitlich zusammenfallen. Und somit ist es sicherlich auch kein Zufall, daß unter den organisierten schwarzen Künstlern in erster Linie Interpreten der modernen Jazzmusik – Bebop und folgende Stile – zu finden sind.

Der Bebop-Kult

Während ein Großteil der Musikkonsumenten und der traditionell orientierten Musiker den neuen Musikstil ablehnten und teilweise sogar recht aggressiv darauf reagierten, gab es natürlich auch eine Schar von eingefleischten Bebop-Fans. Wenn man im Zusammenhang mit dem Bebop von einem Kult spricht, so könnte man meinen, daß er von den Fans getragen oder zumindestens ausgelöst wurde. An einem Musikkult – oder wie immer man es nennen mag – sind aber bis heute immer Kräfte beteiligt, die an dieser Musik und der Vermarktung der dazugehörigen Informationen kräftig verdienen. An erster Stelle sind da die Schallplattenindustrie, die Zeitschriften und die kommerziellen Radiosender zu nennen.

Der Bebop-Kult ist nichts anderes als eine Modewelle, von der jede populäre Musik erfaßt werden kann. Man denke nur an den ›Rock'n'Roll‹, die Beatles oder auch an den Dixieland. Der Bebop-Kult ist dagegen eher als eine Minderheitenmode zu bezeichnen, die allerdings von außerordentlichem öffentlichen Interesse zu sein schien. Die Berichterstattung über den Bebop in den Medien der 40er Jahre läßt sich in gewisser Weise mit derjenigen über die Punkbewegung Anfang der 80er Jahre vergleichen. Auch die Punker, zahlenmäßig eine Minderheit, sorgten immer mal wieder für Schlagzeilen – und sei es nur zur Bestätigung der eigenen Vorurteile.

Genau besehen wurde der Bebop-Kult von Leuten ausgelöst, die dieser Musik im Grunde genommen ablehnend gegenüberstanden, wie zum Beispiel die Redakteure von ›Time‹ und ›Life‹. Nicht musikalisches Interesse war die Triebfeder ihrer journalistischen Arbeit, sondern reine Sensationslust. Das Umfeld dieser Musik ließ allerlei Laster erahnen, vorrangig natürlich Sex und Drogen. So berichtete das ›Time‹-Magazin im März 1946 von geckenhaft gekleideten Negermusikern, die in Ekstase geraten, und von unzüchtigen Texten, die voll von Anspielungen auf Drogen und Sex seien, sowie über Teennager, die sich Nacht für Nacht in den Nightclubs rumtreiben und sich »beboppen« lassen. Das ›Life‹-Magazin veröffentlichte eine Serie von Fotos, auf denen Schwarze zu sehen waren, die Baskenmützen, dunkle Brillen und kleine Bärtchen trugen. Dizzy Gillespie ließ sich für diesen Bericht sogar überreden, sich gen Mekka zu verbeugen. Somit war durch die Presse das äußere Erscheinungsbild der Bopper festgelegt: Kinnbärtchen, dunkle randlose Brille, Baskenmütze, Zigarrettenspitze und Bekenntnis zum Islam.

Es dauerte nicht lange, bis die wachsende Fangemeinde sich diesem Erscheinungsbild anpaßte. Wie so häufig bei Minderheitenmoden, wollten sich deren Anhänger äußerlich von der Masse unterscheiden. Diese selbstgewählte Isolation führte zwangsläufig zu einem angepaßten Verhalten untereinander, insbesondere bezüglich Kleidung, Sprache und Gestik. Der Kreis der Bop-Fans erhielt regen Zulauf durch die sogenannten »Hipsters«. Diese Leute hielten sich für »hip«, d. h. für unkonformistisch, und glaubten, immer auf dem laufenden zu sein und alle »Geheimnisse« zu kennen. Alle übrigen, in ihren Augen borniert, bürgerliche Konformisten, bezeichneten sie als »Squares«.

Die neue Modebewegung nahm schließlich solche Ausmaße an, daß man sich im Kaufhaus einen »Bebop-Kit« kaufen konnte, einen kompletten Verkleidungsset, bestehend aus Baskenmütze, Brille und künstlichem Kinnbärtchen zum Ankleben. Als Vorbild diente das äußere Erscheinungsbild von Dizzy Gillespie, der kaum daran gedacht hatte, eine neue Mode zu kreieren. Dizzy war ein ganz normaler Hipster und trug anfangs Hüte. Weil er diese aber laufend irgendwo liegen ließ, kaufte er sich eine Baskenmütze, da er sie bequem in die Tasche stecken konnte. Manchmal benutzte Dizzy sie auch als Schalldämpfer für die Trompete. Als er zur führenden Person des Bebop wurde, übernahmen auch andere diese damals in den USA ungewöhnliche Kopfbedeckung. Auch die Barttracht hatte bei Dizzy keine besondere Bedeutung, ebenso die dunkle Brille. Das Tragen einer dunklen Brille signalisierte aber so etwas wie Intellekt, und in »hippen« Kreisen gab man sich gerne intellektuell gebildet. Die Bebop-Musiker trugen zu dem intellektuellen Outfit wesentlich bei. Man beschäftigte sich nicht nur mit klassischer Musik, sondern auch mit Philosophie, Soziologie u. a. und betitelte Bop-Kompositionen auch gerne mit wissenschaftlichen oder pseudowissenschaftlichen Begriffen wie z. B. Anthropology, Conception, Episthrophy, Pithecanthropus Erectus, Tonsillectomy, Ornithology usw.

Der Fan-Gemeinde wird auch die Schaffung einer »neuen« Sprache, eines Slangs, nachgesagt. Hierbei handelte es sich aber um die ganz normale Umgangssprache, die in den schwarzen Ghettos gesprochen wurde. Dieser Slang ist durchsetzt von sogenannten »pig-latin«-Wörtern, die schon lange vor der Zeit des Bebop im Sprachschatz der schwarzen Bevölkerung vorhanden waren. Zusätzlich dazu gab es natürlich noch eine Reihe von Modebegriffen, die eine gewisse Aussage »auf den Punkt bringen« sollten. Solche Modewörter werden immer wieder für einen begrenzten Zeitraum aufgegriffen wie beispielsweise »cool« oder das vor nicht allzu langer Zeit gebräuchliche »ätzend«. Die Bop-Sprache, boptalk genannt, erregte deshalb Aufsehen, weil sie nunmehr auch von weißen Jugendlichen übernommen wurde. Diese Redewendungen hielten sich recht lange in den Kreisen weißer ›Hipsters‹. Sie suchten auf diese Weise Anerkennung bei den Schwarzen und sahen sich gern als eine Art »weißer Neger«.

Neben dem äußeren Erscheinungsbild war das Verhalten der Bopper für die Medien von besonderem Interesse. Die Presse stürzte sich förmlich auf die skandalträchtigen Youngsters und auf Musiker, die in irgendeiner Weise Aufmerksamkeit erregen konnten. Es war kein Geheimnis, daß im Dunstkreis der Jazzclubs mit Drogen gedealt wurde und daß einige Musiker ernsthaft drogensüchtig waren. Nicht wenige Fans griffen ebenfalls zu Drogen. Sie glaubten, nur dadurch ein besonderes musikalisches Feeling entwickeln zu können. Für die Öffentlichkeit schien somit klar zu sein, daß jeder Bopper, ob Musiker oder Fan, an der Nadel hängt, Marihuana raucht oder zumindest ein ausgemachter Säufer ist. Die Medien trugen auch zu der Vorstellung bei, daß die Bopper ein ungezügeltes Verhältnis zum Sex hätten und unterstellten ihnen, daß sie Partner anderer Rassen bevorzugten, was unweigerlich den Eindruck hinterließ, daß schwarze Männer alle hinter weißen Frauen her wären. Mit solchen Behauptungen wurde unterschwellig der bestehende Konflikt zwischen Schwarzen und Weißen weiter angeheizt, denn was kann einen weißen Leser mehr erzürnen als die Annahme, hinter seiner Frau wäre ein Neger her.

In der Presse wurde auch fälschlicherweise behauptet, die Bopper wären allesamt Moslems. Die Black-Muslim-Bewegung wurde dadurch zu einer reinen Modeerscheinung heruntergespielt, ohne ihre gesellschaftspolitische Wirkung auch nur annähernd zu erfassen. Das Bekenntnis zum Islam wurde als rein exzentrisches Verhalten gewertet, das recht gut zum Ausgeflipptsein der Bopper und Hipster zu passen schien.

Der Bebop-Kult war also ein Außenseiterkult, der von der Presse reichlich genährt wurde und dem sich viele ausgeflippte Leute anschlossen, die glaubten, damit etwas besonderes darzustellen. Wenn man sich aber mit den ernstzunehmenden Bop-Musikern dieser Zeit näher befaßt, so wird man etwas enttäuscht sein, denn sie passen nicht unbedingt alle mit der Vorstellung eines Boppers überein. Charlie Parker z. B. war äußerlich betrachtet gar nicht hip; er lief in recht unscheinbarer, teilweise sogar heruntergekommener Kleidung umher. Sein Verhalten hingegen war schon »crazy«, nicht nur was seinen Drogen- und Alkoholkonsum und sein Sexualleben anging. Ekkehard Jost beschreibt in seiner ›Sozialgeschichte des Jazz‹ folgendes Beispiel:

»Parker wurde von seinem Pianisten Duke Jordan zwischen zwei Auftritten im Hinterhof des Onyx auf einer umgekippten Mülltonne ausgestreckt und hin und her rollend angetroffen. Parker erläuterte: ›Wenn du zwischen zwei Sets etwas ganz und gar Ausgefallenes machst und danach weiterspielst, dann denkst du in ganz anderen Bahnen, und das wird in deinem Spiel zum Ausdruck kommen.‹«

Der von der Presse geschürte Bebop-Kult ließ natürlich auch die Musikindustrie aufhorchen, versprach der Bebop doch neue Absatzmärkte. Der Kreis der ernsthaften Bop-Fans war relativ klein, die Hipster-Gemeinde dagegen recht groß, so daß auf authentische Musikproduktionen kein Wert gelegt werden mußte. So boten die großen Plattenfirmen fast ausschließlich verwässerten Bebop an. Schlager und Bluesnummern wurden nun mit Texten, die von Sex und Drogen handelten, versehen, in die Musik wurden ein paar vermeintliche Bop-Phrasen eingearbeitet. Diese Imitationen mit den Bop-Akzenten fanden reißenden Absatz und wurden laufend in den kommerziellen Radiosendungen – von Werbung unterbrochen – gespielt. Diese Aufnahmen zeichneten sich durch einen sehr einfach gehaltenen Rhythmus aus, so daß man danach gut tanzen konnte. Neben der rein kommerziellen Musikproduktion gab es auch gewissenhafte Produzenten, die nach wie vor original Bebop aufnahmen.

Der Bebop-Kult ging fließend in die Denk- und Verhaltensweise der Beat-Generation der 50er Jahre über, die aus der Hipster-Bewegung entstanden ist. Die »Beatniks« waren fast ausschließlich weiße Jugendliche, die Rassendiskriminierung und Aufrüstung ablehnten und sich als Gegenbewegung zum Spießbürgertum verstanden. Ihre Aktionen waren meist unpolitisch, ihr Protest nahm allenfalls literarische Formen an. Die Helden der Beat-Generation waren der früh verstorbene Dichter Dylan Thomas und der Saxophonist Charlie Parker. Die Jazzmusik deklarierten sie zur Subkultur, ihre Interpreten waren für sie Außenseiter.

Die Musiker allerdings hielten sich von dieser ausgeflippten Fangruppe fern, sie wollten nicht mit ihnen in einen Topf geworfen werden. Die Begleiterscheinungen dieser Musik, insbesondere der Drogenmißbrauch und das Postulat der freien sexuellen Entfaltung, hatten einen zu negativen Einfluß auf die öffentliche Anerkennung dieser Musik. Bebop sollte den Jazz zu einer Kunstmusik reifen lassen und nicht zu einer skandalträchtigen Außenseitermusik. Die Hipsters, die Beatniks oder wie immer die frühen Hippies auch genannt wurden, waren in der Öffentlichkcit recht unbeliebt, so daß die Bebopmusiker nicht gerade glücklich darüber waren, ihre Musik laufend im Zusammenhang mit diesen Bewegungen in den Medien zu finden.

Wenn auch viele der äußeren Erscheinungen des Bebop-Kults eher harmlos waren und nur von der Presse aufgebauscht wurden, so war eine Begleiterscheinung allerdings sehr ernst zu nehmen: die Drogensucht! Ihre Ursachen liegen allerdings nicht im modischen Kult um diese Musik, sondern hat tiefgreifendere Wurzeln.

59

Drogen

Der Gebrauch von Drogen war in der Jazzszene nichts Neues, doch in den 40er und 50er Jahren nahm die Zahl der Drogensüchtigen stark zu. Der erhöhte Rauschgiftkonsum stand allerdings nicht in einem unmittelbaren Zusammenhang mit der neuen Jazzmusik, sondern hatte ganz andere Ursachen. Ein gewichtiger Punkt ist, daß zu dieser Zeit verstärkt Heroin angeboten wurde. Diese gefährliche Droge, die unweigerlich zur Abhängigkeit und nicht selten zum Tod führt, schlug in der Szene wie eine Bombe ein; nicht wenige bekannte Jazzmusiker wurden von dieser Droge abhängig. Rauschgift drang fast zwangsläufig in die Jazzszene ein. Jazzmusik war in erster Linie Unterhaltungsmusik und wurde in Tanz- und Vergnügungslokalen gespielt, die auch von Prostituierten und Zuhältern aufgesucht wurden. In diesem Milieu siedelte sich jede Art von Kleinkriminalität an, so unter anderem auch Rauschgiftdealer, die hier ihre bevorzugte Kundschaft fanden.

Besonders in den schwarzen Ghettos war ein überdurchschnittlich hoher Rauschgiftkonsum festzustellen. Die Ursachen dieser Auffälligkeit liegen in der besonderen sozialen Struktur dieser Ghettos, die durch hohe Arbeitslosigkeit, weit verbreitete Armut und einer dadurch bedingten Zunahme der Kriminalität gekennzeichnet waren. Vor allem die Jugend, die wenig Zukunftsaussichten besaß, wurde durch das Rauschgift zunehmend gefährdet. In Harlem wurden in den Jahren 1949–1952 mehr als zehn Prozent aller männlichen Jugendlichen wegen Drogenmißbrauch registriert. Die Dunkelziffer dürfte weitaus höher gewesen sein. In Chicago wurden zur gleichen Zeit mehr als 16 Prozent aller schwarzen Jugendlichen aufgrund von Rauschgiftdelikten polizeilich registriert. Ein besonderes Gewicht erhalten diese Zahlen, wenn man bedenkt, daß im gleichen Zeitraum im Stadtgebiet von New York in den meisten Bezirken – ausgenommen Harlem – kein einziger Jugendlicher im Zusammenhang mit Drogen erfaßt wurde. Man muß allerdings bedenken, daß die Polizei in den schwarzen Wohngebieten äußerst angestrengt tätig wurde und in von Weißen bevorzugten Gegenden wesentlich weniger Kontrollen durchführte. Zusätzlich ist zu berücksichtigen, daß sich die Vergnügungslokale vorwiegend in schwarzen Vierteln angesiedelt hatten. Viele der schwarzen Bop-Musiker sind in den Ghettos und im Dunstkreis des Nachtlebens groß geworden und hatten schon lange, bevor sie sich als Musiker einen Namen machten, reichlich Drogenerfahrungen. Charlie Parker soll mit 16 Jahren bereits regelmäßig Rauschgift konsumiert haben. In der Nachkriegszeit verstärkte sich das Drogenproblem, da die wirtschaftliche Umrüstung von Kriegs- auf Verbrauchsgüter viele Arbeitskräfte freisetzte, darunter auch eine große Anzahl von entlassenen Soldaten. Die schwarze Bevölkerung wurde von diesen Umständen besonders hart getroffen. Auch unter den Musikern nahm die Arbeitslosigkeit zu, was nicht unerheblich dazu beitrug, Zuflucht im Alkohol oder in Drogen zu suchen.

Marihuana war eine gängige Droge, die unter Musikern als gesellschaftsfähig galt und deren Gebrauch nicht als Sucht verstanden wurde. Selbst unter den traditionellen Musikern war der Genuß von »Pot«, wie Marihuana auch genannt wurde, eine Selbstverständlichkeit. Der Saxophonist Budd Johnson dazu:

»Nun, ich muß Dir sagen, Reefers (Joints) zu rauchen finde ich nicht so schlimm. Ich meine, ich glaube nicht, daß man darauf süchtig werden kann, denn ich habe es selbst getan. Der erste Musiker, von dem wir hörten, daß er das tat, war Louis Armstrong. Als wir jung waren, hieß es: ›Mann, Louis Armstrong raucht sich ein, und dann spielt er, und spielt, und spielt.‹ Und so versuchten wir natürlich, das gleiche zu tun.«[1]

Dizzy Gillespie erinnert sich an seine erste Begegnung mit Pot: »Als ich 1937 nach New York kam, trank ich weder Alkohol, noch rauchte ich Marihuana. Charlie Shavers sagte zu mir: ›Du willst wohl immer ein Square bleiben, du Motherfucker!‹ Er brachte mich dazu, auch Pot zu rauchen. Nun waren wir da ganz sicher nicht die einzigen: Beinahe alle Jazzmusiker, die ich kannte, egal ob alt oder jung, rauchten Pot, manche taten das schon 40 oder 50 Jahre lang, aber ich würde das nicht als Drogenmißbrauch bezeichnen.«[2]

Marihuana war also keine Droge, die nur unter den jungen Bop-Musikern verbreitet war. Der Klarinettist Mezz Mezzrow, ein Vertreter des traditionellen Chicago-Stils, wurde in der Jazzszene nur noch »Pot« gerufen, da er immer das beste Marihuana in der Tasche hatte.

Neben dem Pot spielte auch der Alkohol von jeher eine große Rolle im Unterhaltungsgeschäft, so daß viele Musiker zu Alkoholikern wurden. Zur Zeit der Prohibition gab es eine Menge von Kneipen mit illegalem Alkoholausschank, in denen auch regelmäßig Jazzgruppen engagiert waren, so daß die Musiker nie ernsthafte Versorgungsprobleme hatten. Auch zur Zeit des Bebop wurde – neben allen anderen Drogen – noch mächtig getrunken. Charlie Parker soll vor seinen Auftritten mindestens eine Flasche Gin getrunken haben. Auch Thelonious Monk war als Trinker bekannt. Der Trompeter Johnny Carisi, seinerzeit häufig im Minton's Playhouse zu Gast, erzählt:

»Im Minton's wurde immer sehr viel getrunken. Tatsächlich war es Monk, der mich das Trinken gelehrt hat. Wenn ein Set zu Ende war, sagte er immer: ›Komm mit an die Bar!‹ Und wenn ich sagte, ich wolle nichts trinken, dann ließ er sich davon nicht abhalten. Er sagte: ›Was, du willst ein Jazzmusiker sein?‹ – und schon trank ich mehrere doppelte Gins. Das war sehr komisch.«[3] Alkohol war nach Abschaffung der Prohibition wieder zu einer gesellschaftlich anerkannten Droge geworden und erregte somit kein besonderes öffentliches Aufsehen mehr.

Aufputschmittel waren ebenfalls sehr beliebt und ohne Risiko zu erstehen. Sie wurden häufig zur Ersatzdroge, wenn das dringend benötigte Heroin nicht zu beschaffen war, um die schmerzhaften Entzugserscheinungen zu mildern. Benzedrin, ein Aufputschmittel wie Pervitin oder Captagon, war das gängigste Mittel, das einem »aus Spaß« auch mal heimlich in den Kaffee gegossen wurde, wie Dizzy zu erzählen weiß:

»Wir pflegten damals die Benzedrin-Inhalatoren aufzubrechen und das Zeug in Kaffee oder Coca-Cola hineinzugeben. Es war auf diese Art ziemlich aufputschend. Während einer Pause bei den Plattenaufnahmen gab Charlie (Parker) etwas in ›Rubberlegs‹ Kaffee hinein. ›Rubberlegs‹ trank weder Alkohol, noch rauchte er irgend etwas, und er bemerkte nichts davon. Als wir die Aufnahmen dann fortsetzten, begann er während des Singens zu stöhnen und zu weinen. Du solltest dir diese Platten wirklich anhören.«[4] Mit dem Bluessänger »Rubberlegs« Williams machten Dizzy und Charlie Parker damals Aufnahmen für das ›Continental-Label‹.

Mitte der 40er Jahre kam Heroin auf den Markt und verdrängte in relativ kurzer Zeit alle bislang gängigen Drogen. Die Dealer hatten es recht schnell geschafft, die Szene für diese harte Droge zu interessieren, deren einmaliger Genuß unter Umständen schon zu einer dauerhaften Abhängigkeit führen kann. Damals war es üblich, daß Heroin zum Einstieg umsonst oder auf Pump angeboten wurde. Der Trompeter Howard McGhee – wegen Drogenabhängigkeit lange Zeit von der Jazzszene verschwunden – erzählt:

»Wenn die Leute ausgingen, um sich zu amüsieren, dann gingen auch die Dealer aus. Und sie sagten dann zu einem: ›Laß uns beide, du und ich, mal zusammen etwas probieren. Du kannst es mir später bezahlen, wenn du deine Gage bekommst.‹ Und so geht es los. Die rechnen damit, daß, wenn sie dich erst einmal dazu gebracht haben, an ihrem Zeug Gefallen zu finden, du früher oder später selbst dahinter her sein wirst.«[5]

Die ersten Heroinsüchtigen wurden innerhalb der Jazzszene noch isoliert. Man wollte mit ihnen nicht viel zu tun haben, denn man wußte sehr schnell, was es bedeutete, »an der Nadel zu hängen«. In den späten 40er Jahren wurde Heroin zum massiven Problem der Bebop-Szene, immer

62

mehr Musiker machten von der Nadel Gebrauch. Die Polizei führte verstärkt Razzien durch, so daß es bald hieß: »Die beste Band findest Du in Kentucky«, da sich dort das staatliche Gefängnis befand, in das alle ›Junkies‹ zur zwangsweisen Entwöhnung gebracht wurden.

Alle Musiker in New York benötigten für die Annahme eines regulären Jobs die »New York Cabaret Employee's Identification Card«, kurz Police-Card genannt, die von der Polizeibehörde ausgegeben wurde und mit Paßfoto und Fingerabdruck versehen war. Diese Arbeitserlaubnis konnte jedem Musiker, der von der Polizei festgenommen oder auch nur verhört wurde, auf unbestimmte Zeit abgenommen werden. Diese Maßnahme wurde recht willkürlich und im negativen Sinne »großzügig« gehandhabt, so daß viele drogensüchtige Musiker in ihrer Existenz erheblich gefährdet waren. Musiker, die wegen Drogendelikten im Gefängnis gesessen hatten, wurden eine Zeitlang gesperrt, d. h. ihnen wurde die Lizenz trotz verbüßter Strafe vorenthalten, was einem zeitweisen Berufsverbot gleichkam.

Es dauerte nicht lange, bis das Heroin seine ersten Opfer in den Reihen der Musiker fand. Der junge Trompeter Fats Navarro war einer der ersten, der dieser Droge erlag. Fats, auch »Fat Girl« genannt, war ein Supertalent, der Dizzy Gillespie nicht nachstand. Er verstarb 1950 im Alter von knapp 27 Jahren in New York. Joe Newman und Carmen McRae erinnern sich an ihn. Joe: »Auch Fats Navarro war süchtig. Er hatte alles, was ein Trompeter braucht: Seele, einen guten Ansatz, Ausdauer und einen schönen Ton – so einen Butterton, wissen Sie! Er hatte alles. Jemand, der so ausgerüstet war wie er, hätte es unbedingt zu etwas bringen müssen, wenn er vernünftig geblieben wäre und die Finger von dem Zeug gelassen hätte.«[6]

Carmen McRae: »Ich lernte ›Fat Girl‹ kennen, als er bei Billy Eckstine war. Er war ein dicker Bursche, den jeder gern hatte, spielte ganz wundervoll Trompete, übte immer und strebte immer vorwärts. Er und ich saßen oft lange zusammen und sprachen über die Typen, die das Zeug nahmen, und er sagte, er würde es nie tun. Fats war ein Prachtkerl – ehe er mit dem Rauschgift anfing, meine ich. Er war freundlich zu allen Leuten und lachte immer. Sie nannten ihn ›Fat Girl‹, weil er wie eine Art Engel aussah, mit dicken runden Backen und einem gewaltigen Bauch. Und er war so jung! Er war noch in den Zwanzigern, als er starb. Ich hörte, er soll nur noch irgendwas zwischen hundertzwei und hundertzehn Pfund gewogen haben, und vorher wog er mindestens hundertsiebzig bis hundertfünfundsiebzig. Und er war nicht groß, nur dick, wissen Sie. Er hatte Tb, woran er auch starb, und er fiel immer mehr in sich zusammen.«[7]

Auch ohne Tb hätte ihn das Rauschgift ins Grab gebracht, es sei denn, er hätte die gleiche Willenskraft bewiesen, wie Miles Davis, der 1954, nachdem ihn das Heroin vollkommen runtergebracht hatte, von dieser Sucht durch eine selbstauferlegte Entziehungskur loskam. Diese knallharte Entziehung, die Miles durchmachte, nennt man in Insiderkreisen »Cold

Turkey«. Turkey bezeichnet die üblichen Entzugserscheinungen. Miles Davis erinnert sich noch recht gut daran:

»Es ging mir schlecht, und ich war dieses Zeug leid geworden. Wißt ihr, man kann alles satt kriegen, auch das Angsthaben. Ich legte mich aufs Bett und fing an, zwölf Tage hintereinander die Decke anzustarren. In dieser Zeit fluchte ich auf alle, die ich nicht leiden mochte. (...) Es war wie eine schwere Form von Grippe, nur etwas schlimmer. Ich mußte alles erbrechen, und ich stank, als ob ich in Hühnerbrühe getaucht gewesen wäre. Dann hörte es auf.«[8]

Der bekannteste Bebop-Musiker, der seiner Drogensucht zum Opfer fiel, ist Charlie Parker. Die Drogen hatten ihn mehrmals aus der Musikerlaufbahn geworfen. Gefängnis- und Krankenhausaufenthalte waren für ihn nichts ungewöhnliches. Seine Spielfähigkeit war des öfteren stark beeinträchtigt, obwohl er selber lange Zeit glaubte, unter Drogeneinfluß besser spielen zu können. Charlie mußte aber später einsehen, daß genau das Gegenteil der Fall war.

Charlie Parker: »Jeder Musiker, der sagt, daß er besser spielt, wenn er Marihuana raucht, Morphium spritzt oder säuft, ist ein ganz gemeiner Lügner. Wenn ich zuviel getrunken habe, kann ich nicht einmal die Finger richtig bewegen, geschweige denn, vernünftige Ideen spielen. Und zu der Zeit, als ich dem Zeug verfallen war, hatte ich vielleicht geglaubt, ich spielte besser. Aber wenn ich mir jetzt Platten von damals anhöre, weiß ich, daß ich schlechter gespielt habe. Es gibt unter den jungen Musikern ein paar Überschlaue, die glauben, man könne nur dann guten Jazz spielen, wenn man total voll ist. Sie sind glatt verrückt. Es ist nicht wahr. Ich weiß es, glaubt mir. Denn es gab eine Zeit, als es mich erwischt hatte. Ich weiß selbst nicht, wie es gekommen war. Ich war das Opfer der Umstände. So kann man die wichtigsten Jahre seines Lebens verpassen, die Jahre, in denen man sich möglicherweise schöpferisch entfaltet hätte. Ich weiß nicht, wie ich diese Jahre durchgestanden habe. Ich wurde bitter, hart, kalt. Ich war immer in Panikstimmung. Konnte mir nichts anzuziehen kaufen und keine ordentliche Wohnung leisten. An der Westküste wußte ich schließlich nicht mehr, wo ich unterkommen sollte, bis jemand mir eine umgebaute Garage zur Verfügung stellte. Der seelische Druck wurde von Tag zu Tag stärker. Das allerschlimmste war jedoch, daß niemand da drüben an der Westküste unsere Musik verstand. Ich kann gar nicht sagen, wie sehr ich mich nach New York zurücksehnte. Schließlich brach ich zusammen.«[9]

Trotz dieser Erkenntnis, daß das Rauschgift ihm die besten Jahre seines Lebens genommen habe, ist Charlie nie davon losgekommen. Er konsumierte alles, was eine »Dröhnung« versprach; er kippte, schluckte und spritzte alles wahllos in sich hinein.

Bob Redcross, ein enger Freund Parkers und damals ebenfalls drogen-

64

süchtig: »Ich habe das Gefühl, daß Bird in seinem tiefsten Inneren genau wußte, daß das, was er so gerne tat, schließlich zu seinem Tode führen würde. Er machte immer den Eindruck auf mich, als hätte er keine Illusionen über ein langes Leben. (...) Es ist wie ein Todeswunsch, wenn du es so ausdrücken willst. Wenn du etwas tust, von dem du genau weißt, daß es dich zerstört, und wenn du dann aber nicht aufhörst, sondern immer weiter und weiter machst, dann ist ein Todeswunsch in dir. Und so muß es bei Bird gewesen sein, obwohl er ein phantastischer Mensch war.«[10]

Trotz aller Fehlschläge, die er erlitt, war Charlie Parker immer ein Star und ein Vorbild der jungen Musiker und der Fans. Und so ist die Vermutung von Budd Johnson richtig: »Ich glaube, Charlie Parker hat da viele Musiker beeinflußt, junge und auch ältere, was das betrifft. Viele sagten: ›Was, dieser Typ kann so spielen, da muß doch an dem Zeug, das er nimmt, etwas dran sein!‹ Und obwohl sie noch nie etwas genommen hatten, setzten sie sich dann vor ihrem nächsten Auftritt einen Schuß, um zu sehen, was passierte.«[11]

Red Rodney, ein junger Trompeter, der 1949 Miles Davis im Quintett von Charlie Parker ablöste, wurde drogensüchtig, weil er seinem Vorbild nahekommen wollte. Red erklärt: »Weil ich musikalisch wie Bird sein wollte, dachte ich, wenn ich mich seiner Lebensweise anpassen würde, könnte ich davon nur profitieren.«[12] Als Charlie von Red gebeten wurde, ihm auch etwas zu besorgen, lehnte dieser ab und sagte ihm recht deutlich, daß er davon die Finger lassen sollte. Parker sah sich selbst als schlechtes Beispiel für den Nachwuchs und wollte Red da heraushalten. Als Red sich dann auf eigene Faust etwas besorgt und auch getestet hatte, bekam er mit Charlie solchen Ärger, daß eine weitere Zusammenarbeit dieser Musiker stark gefährdet schien.

Wie Parker selber sagte, sah er sich persönlich als Opfer der Gesellschaft. Max Roach erzählt: »Bird betonte immer die Verantwortlichkeit der Regierung für die schwarze Bevölkerung. Er ging durch die Straßen von Harlem und sagte: ›Warum, glaubst du, gibt es hier in jeder Straße zwei Bars? Warum können wir uns jederzeit Rauschgift verschaffen, wenn wir wollen? Du kannst Rauschgift und Whiskey leichter kaufen als Milch!‹ Das war seine politische und gesellschaftliche Wahrnehmung der Dinge, die vorgingen.«[13]

Die Meinung, daß das Rauschgiftproblem von der weißen Obrigkeit bewußt in die schwarzen Gettos hineingepflanzt worden wäre, um der schwarzen Bevölkerung Schaden zuzufügen, war und ist unter den betroffenen schwarzen Musikern weit verbreitet. Im September 1954 wurde Charlie Parker nach einem Zusammenbruch aufgrund von Drogengenuß in ein Krankenhaus zur psychiatrischen Behandlung eingewiesen. Nach einem gescheiterten Selbstmordversuch schien er nunmehr auf dem Weg der Besserung zu sein, brach im März 1955 aber erneut zusammen und verstarb im Alter von knapp 35 Jahre. Dizzy Gillespie hatte ihn kurz vor seinem Tode noch einmal auf der 52. Straße getroffen:

»... er entdeckte mich und kam zu mir herüber und wir redeten. Er sah schrecklich aus, ganz aufgedunsen, und auf einmal sagte er zu mir: ›Diz, warum rettest du mich nicht?‹ Ich sah den Ausdruck auf seinem Gesicht. Es war ein schmerzlicher, gequälter Ausdruck und ich wußte im Augenblick nicht, was ich sagen sollte. Schließlich sagte ich: ›Was könnte ich denn für dich tun?‹ ›Ich weiß nicht‹, sagte er, ›aber rette mich, rette mich‹.«[14]

Auch andere, damals berühmte Jazzstars, mußten aufgrund ihrer Drogensucht ihre Karriere abbrechen; so zum Beispiel Mary Ann McCall: »Rauschgift hilft dir nicht; es wirft dich nur aus deiner Bahn. Nimm es nicht! Nimm lieber einen Revolver und schieß dich tot! 1950 war ich im Downbeat-, Metronome- und Esquire-Poll zur besten Sängerin des Jahres gewählt worden. Seht mich jetzt an! Ich hatte eine Achtzehnhundert-Dollar-Wohnung, und sie gehört mir nicht mehr. Ich habe in der Woche vier- bis fünfhundert Dollar für das Zeug ausgegeben.«[15]

Auch Gerry Mulligan, der führende Mann auf dem Baritonsaxophon wurde süchtig: »Wir begannen uns alle wie Kriminelle zu fühlen, und wir mußten unsere Sucht verstecken. Nach einer Weile wurde unser ganzes Leben durch unsere Abhängigkeit bestimmt, und wir waren gezwungen, uns mit Leuten einzulassen, denen wir normalerweise aus dem Weg gegangen wären. Statt dessen mußten wir sie uns zu Freunden machen.«[16]

Stan Getz, mit 16 Jahren schon so etwas wie ein Star auf dem Tenorsaxophon, verfiel ebenfalls recht früh dem Rauschgift. Das Geld, das er mit seiner Musik verdiente, reichte nicht aus, um seinen Bedarf zu decken. 1954 beging er einen Raubüberfall auf einen Drugstore in Seattle und landete im Gefängnis. Stan schrieb aus dem Gefängnis einen Brief an ›Downbeat‹:

»Was in Seattle geschah, war unvermeidlich. Ich war am Ende. Ich hätte nicht versuchen sollen, mir während eines Engagements und auf einer Tournee das Rauschgift abzugewöhnen. Ich hatte gedacht, mit Hilfe von Schlafmitteln würde es mir gelingen. Seattle war der achte Tag der Tournee, und ich konnte es einfach nicht mehr aushalten. (...) Ich ging also in den Drugstore und verlangte Rauschgift. Ich sagte, ich hätte einen Revolver. – Stimmte aber nicht. – Die Dame hinter dem Ladentisch glaubte offenbar nicht, daß ich eine Waffe bei mir hätte und machte daher einen anderen Kunden auf mich aufmerksam. Der Mann kam näher, lachte, sah mich an und sagte: ›Fräulein, der will sie nur auf den Arm nehmen, der hat gar keinen Revolver.‹ Ich glaube, ich sah nicht so aus. Es war das erste Mal gewesen, daß ich so was machte, und es ist schief gegangen. Ich verließ das Geschäft und ging in mein Hotel. Als ich in meinem Zimmer war, entschloß ich mich, den Drugstore anzurufen und mich zu entschuldigen.

66

Während ich das tat, wurde ermittelt, von wo aus ich angerufen hatte, und anschließend wurde ich verhaftet. Die ›Rauschgiftvergiftung‹, von der die Presse soviel schrieb, waren sechzig Gran eines langsam wirkenden Schlafmittels, die ich auf dem Wege zum Gefängnis geschluckt hatte. Ich hatte genug von mir und meinen Schmerzen! Als ich drei Tage später aus der Betäubung erwachte und man mir so einen Beatmungsapparat in die Luftröhre eingeführt hatte, merkte ich, daß die Ärzte im Kreiskrankenhaus von Habor Havon andere Pläne mit mir hatten. Gott wollte mich nicht töten. Das war seine Warnung gewesen. Ich bin sicher, daß er mich das nächste Mal nicht am Leben lassen wird.«[17]

Neben den schon erwähnten Musikern fielen auch der Pianist Bud Powell, der Saxophonist Leo Parker, der Baritonist Serge Chaloff, der Trompeter Sonny Berman und der Baritonsaxophonist Bob Gordon ihrer Drogensucht zum Opfer.

Nach diesem Kapitel könnte man vielleicht glauben, daß alle Jazzmusiker drogensüchtig oder zumindestens überaus trinkfreudig gewesen seien. Zur Ehrenrettung dieses Berufsstandes möchte ich zum Schluß den Klarinettisten Buster Bailey zitieren:

»Die Leute machen immer so viel davon her, wenn Jazzmusiker mit Rauschgift in Verbindung gebracht werden. Sie haben unrecht, wenn sie glauben, daß die meisten Musiker süchtig sind. Man findet mehr Süchtige unter den Nichtmusikern als unter den Musikern. Natürlich gibt es welche, die so sind, aber man will immer alles den Musikern in die Schuhe schieben. Man tut so, als ob ein Musiker gar nichts sei. Ähnlich ist es mit dem Trinken. Musiker sind nicht die einzigen Leute, die trinken. Und ich kenne hundert Musiker, die weder trinken noch rauchen. Aber von Musikern wird immer nur schlecht gesprochen. Sind es etwa die Musiker, die man besoffen in der Gosse liegen sieht? Sie nehmen sich zusammen und halten auf sich.«[18]

Ein Musikstil setzt sich durch

Dem modernen Jazz wurde es in seiner Anfangszeit nicht leicht gemacht, sich als anerkannter Jazzstil zu etablieren. Die Schar der Kritiker und die ablehnende Haltung der Masse der Zuhörer ließ sogar vermuten, daß dieser Musikstil genauso schnell wieder verschwinden würde, wie er in den 40er Jahren in der Öffentlichkeit auftauchte. Doch der moderne Jazz, der Bebop als Keimzelle aller neuen Stilrichtungen hat sich durchgesetzt, keine Frage! Die Namen der bekannten Interpreten des Bebop sind jedem Jazzfan geläufig, allen voran Dizzy Gillespie und Charlie Parker. Die Schallplatten dieser Musiker sind heute noch – momentan sogar im verstärkten Maße – in jedem gut sortierten Plattenladen zu finden, und nicht zuletzt zeugt auch dieses Buch davon, daß diese Musik es geschafft hat, nach wie vor sein Publikum zu gewinnen.

Dieser Erfolg setzte nicht erst zu Zeiten ein, in denen die aktiven Pioniere des Bebop ihre Laufbahn schon beendet hatten. Er baute sich kontinuierlich auf und erreichte Anfang der 50er Jahre einen vorläufigen Höhepunkt. Diese Bemerkung scheint mir angebracht zu sein, weil es im Musikgeschäft kein Geheimnis ist, daß manche Interpreten erst nach ihrem Tode absolute Berühmtheit erlangen und von den Plattenfirmen entsprechend ausgebeutet werden. Der frühe Tod eines Künstlers scheint häufig die Grundlage bester Geschäfte zu sein.

Betrachtet man Charlie Parker, so treffen beide Aussagen zu. Als Musiker war er zu Lebzeiten voll anerkannt, das Geschäft – und damit meine ich natürlich auch Gewinne – machten andere. Parker hatte kein Vermögen hinterlassen, für ein anständiges Begräbnis sorgten die Einnahmen eines eigens dafür organisierten Benefizkonzertes.

Parker fand schon recht früh die Anerkennung der Jazzkritiker und des Publikums, obwohl diese Musik ganz zu Anfang auf heftige Ablehnung stieß, und er nicht selten frustriert war, weil keiner seine Musik zu verstehen schien. Bereits 1948 wurde Charlie Parker von Sidney Finkelstein in seinem Buch ›Jazz – a Peoples Musik‹ folgendermaßen gewürdigt:

»Etwas über den Stil Parkers zu sagen, ist besonders schwer, denn was er spielt, ist untrennbar verbunden mit dem, wie er spielt. Wir haben es hier mit einem Künstler zu tun, der eine außergewöhnliche schöpferische Leistung vollbrachte, ruht er doch wie die New-Orleans-Musiker nicht in einer reichen Tradition. Mit den jungen Musikern der 40er Jahre schuf er einen Stil, der einen Vorstoß in neue harmonische Bereiche darstellt. Zugleich ist er der ideale Interpret dieser Musik. Sein Spiel auf dem Alt-Saxophon ist durch die Stärke des Tones – des einzelnen Tones – eine der beglückendsten Tatsachen, die es uns ermöglichen, Zugang zu finden zu der so stark vom Rationalen her mitgeschaffenen Sprache des ›Modernen Jazz‹.«

Die Anerkennung, die die Bop-Musiker schließlich beim Publikum fanden, läßt sich am besten anhand der Leserumfragen der großen Musikmagazine ersehen, die jedes Jahr eine Liste der beliebtesten Interpreten veröffentlichten. Die Leser des ›Metronome‹ wählten Charlie Parker in den Jahren 1948 bis einschließlich 1953 zu dem jeweils besten Interpreten auf dem Altsaxophon. Danach wurde Charlie durch Lee Konitz und Paul Desmond in der Lesergunst abgelöst. Der »Poll Winner« – so nennt sich der Jahressieger – auf dem Tenorsaxophon war in dieser Zeit Stan Getz, auf dem Baritonsaxophon Serge Chaloff und später Gerry Mulligan. Dizzy Gillespie wurde schon 1947 zum besten Trompeter gewählt, konnte sich aber nur bis 1950 halten und wurde dann von Miles Davis abgelöst, der drei Jahre später seinen Titel an Chet Baker abgab. Zum besten Posaunenspieler wurde in diesen Jahren Bill Harris gewählt. Das Aufsteigen der modernen Musiker in der Publikumsgunst läßt sich auch in all den anderen Sparten des »Polls« feststellen. Die Leser des ›Down Beat‹ wählten nicht viel anders, hier stand beispielsweise Charlie Parker in den Jahren 1950 bis 1954 an erster Stelle.

Man darf aber nicht glauben, daß das Ergebnis dieser Leserumfragen auch nur annähernd etwas über den kommerziellen Erfolg dieser Musik aussagen würden. Ganz im Gegenteil, die finanziellen Einnahmen der Musiker standen im krassen Gegensatz zu ihrer künstlerischen Anerkennung. Auch heute noch wird auf dem Musikmarkt mit »Eintagsfliegen« im Bereich der Popmusik, die morgen keiner mehr kennt und die beliebig austauschbar sind, weitaus mehr verdient als mit Jazztiteln. Die erfolgreichste Band des Bebop war die Big Band von Billy Eckstine, die er in den Jahren 1944 bis 1947 leitete. In dieser Band waren – nach und nach – alle Bop-Größen vereint: Dizzy Gillespie, Fats Navarro, Miles Davis, Kenny Dorham, Gene Ammons, Dexter Gordon, Lucky Thompson, Charlie Parker, Leo Parker, Art Blakey, Tommy Potter u. a. Neben Billy Eckstine trat auch die junge Sarah Vaughan als Sängerin auf. Es war größtenteils das Verdienst dieser Band, daß der moderne Jazz auch über die Grenzen von New York hinaus bekannt wurde. Bemerkenswert ist, daß der kommerzielle Höhepunkt, was den finanziellen Erfolg des original Bebop anging, schon längst erreicht war, als diese Musik anfang der 50er Jahre einem breiten Publikum bekannt wurde. Bebop war immer eine Minderheitenmusik, obwohl sein Einfluß selbst innerhalb der banalen Schlagermusik dieser Zeit spürbar wurde.

An den Erfolg der Eckstine-Band konnte selbst Dizzy Gillespie nicht anknüpfen. Seine erste Big Band mußte er relativ schnell auflösen, seine zweite existierte immerhin von 1946 bis 1950. Mit ihr trat er 1948 sogar in Skandinavien auf, mußte sie aus wirtschaftlichen Gründen aber dennoch aufgeben. Dizzy: »Es brach mir fast das Herz, als ich diese Band auflösen mußte. Aber es gab einfach nicht genug Arbeit für uns. Jeder will nur Tanzmusik, und was die Leute darunter verstehen, ist das alltägliche musikalische Einerlei.«[1]

Während die reinen Bebop Big Bands wirtschaftlich erfolglos blieben, waren es die traditionellen Big Bands, in denen der Einfluß des Bebop am deutlichsten spürbar wurde. Woody Herman, der zwischen 1945 und 1946 mit seiner Big Band wohl zu den beliebtesten Orchestern zählte, bildete 1947 eine neue Big Band und gab ihr einen eindeutigen Bebop-Charakter. Auch Benny Goodman, der »King of Swing«, konnte sich dieser neuen Musik nicht verschließen, so daß auch sein Orchester bald unter dem Einfluß des Bebop stand. Neben seiner Big Band, in der die Bop-orientierten Musiker Wardell Gray, Tenorsaxophon, und Fats Navarro, Trompete, saßen, leitete Benny auch eine kleine Combo, in der der Gitarrist Charlie Christian fest engagiert war. Christian war einer der führenden Leute im ›Minton's Playhouse‹ gewesen, so daß Benny Goodman selber des öfteren vorbeischaute und an den frühen Bebop Sessions teilnahm.

Weitaus gravierender ist der Einfluß gewesen, den die führenden Musiker auf den Nachwuchs hatten. Ganze Generationen von Trompetern orientieren sich an der Spielweise Dizzy Gillespies oder Miles Davis'. Den größten Einfluß übte – und übt heute immer noch – Charlie Parker aus. Er hatte auf dem Altsaxophon keinen ernsthaften Konkurrenten. Es gab lediglich Tenorsaxophonisten, die ihrerseits auch wieder von Charlie beeinflußt waren oder ein gemeinsames musikalisches Vorbild hatten: den Tenoristen Lester Young. Die Tenorsaxophonisten, die sich eindeutig an Parkers Spielweise orientiert haben, sind Wardell Gray, Dexter Gordon, James Moody und der später bekannt gewordene Sonny Rollins. Die nachfolgende Altsaxophonisten-Generation ist mit Ausnahme von Paul Desmond ebenfalls eindeutig an Parker orientiert: Art Pepper, Lennie Niehaus, Charlie Mariano, Cannonball Adderley und natürlich Phil Woods, der lange Zeit als *der* Nachfolger Parkers gehandelt wurde und dessen Nachfolgeschaft soweit ging, daß er sogar Parkers Witwe heiratete. Erstaunlich ist, daß Charlie Parker im Grunde genommen jedes Melodieinstrument beeinflußt hat. Nicht nur Saxophonisten versuchten seinen Stil zu kopieren, sondern jeder Musiker, der sich am Bebop versuchte. Parker wurde von so vielen Musikern imitiert, daß es mittlerweile auch Imitationen von Parker-Imitationen gibt und sich dieser Einfluß immer weiter fortpflanzt. Doch nicht nur Parkers Technik, seine rhythmischen Phrasierungen, sein Tempo etc. wurden kopiert, sondern komplette Kompositionen und Ideen. Der Pianist und Komponist Lennie Tristano sagte dazu recht treffend:

»Wollte sich Charlie auf das Urheberrecht berufen, so könnte er fast jeden verklagen, der in den letzten zehn Jahren eine Schallplatte aufgenommen hat.«[2]

Charlie Mingus dazu: »Wenn Charlie Parker heut' noch leben würde, würd' er denken, er wäre in einem Haus voller Spiegel.«[3]

Ende 1948 war der Bebop schon soweit gesellschaftsfähig geworden, daß er sich auf dem Broadway etablieren konnte. ›Royal Roost‹ hieß der Laden, in dem man laufend Bop hören konnte. Er war so erfolgreich, daß man ihn auch das ›Metropolitan Bopera House‹ nannte. Der Laden wurde bald zu klein, und man zog auf die andere Seite des Broadway ins ›Bop City‹, in dem gut tausend Gäste Platz hatten. 1949 wurde das bis dahin größte Jazzlokal der Staaten in New York eröffnet und zu Ehren Charlie Parkers ›Birdland‹ genannt.

Großen Anteil an der Verbreitung der neuen Musik hatte Norman Granz, der alle damals bekannten Jazzgrößen in jeweils wechselnder Besetzung unter dem Motto »Jazz at the Philharmonic« durchs Land schickte. Ab 1952 vermittelte er seine Projekte auch nach Europa und nach Asien, so daß der Bebop auch über die Staaten hinaus bekannt wurde. Charlie Parker war schon 1950 nach Europa gekommen. Neben Skandinavien wurde Frankreich zur europäischen Hochburg des modernen Jazz. In Paris ließen sich nicht wenige Musiker für längere Zeit nieder. Der Bebop wurde soweit bekannt, daß er sogar im Film Einzug erhielt. William Alexander nahm mit Dizzy Gillespie und seiner Band den Film ›Jivin In Bebop‹ auf, und Norman Granz produzierte 1950 einen Film mit Charlie Parker über das JATP-Projekt (Jazz at the Philharmonic).

Der Bebop hatte kaum seinen Höhepunkt erreicht, da tauchte schon ein neuer Jazzstil auf: »Cool Jazz«. Cool ist eine Weiterentwicklung des Bebop und wird ebenfalls unter dem Oberbegriff Modern Jazz eingeordnet. Im Grunde genommen ist Cool Jazz eine relaxte Spielweise des Bebop mit einer nichtdynamischen legatomäßigen Schlagzeugbegleitung. Schon 1947 schrieb Lennie Tristano in der Zeitschrift ›Metronome‹: »Bebop ist cool.« Dieser Begriff bezeichnete ursprünglich die Spielweise Lester Youngs, die vielen Bebop-Musikern lange Zeit als Vorbild galt. Der führende Musiker dieser dem Bebop eng verwandten Spielart war Miles Davis, der im Charlie Parker Quintett an Format gewann. Die große Zeit des Cool Jazz sind die Jahre zwischen 1949 und 1955 gewesen, so daß sich diese beiden Stilrichtungen nach anfänglicher Überschneidung fließend ablösten. Die formelle Trennung von Cool und Bebop ist erst im nachhinein erfolgt, als sich diese Entwicklung schon soweit herauskristallisiert

71

hatte, daß eine Beruhigung der Spielweise nicht mehr zu überhören war.

Kaum daß Cool zum Begriff geworden war, hatte sich ein weiterer Stil entwickelt: »Hard Bop«. Nach der ruhigen Variante des Bebop wurde der Rhythmus wieder intensiviert. Die Verwendung ungerader Taktarten kam in Mode, was die Improvisation innerhalb eines Chorus nicht unerheblich erschwerte, da man sein »inneres« Zeitgefühl umstellen mußte. Hard Bop wird auch häufig als East Coast Jazz bezeichnet, da er im Gegensatz zum coolen Jazz der Westküste stand. Überragende Interpreten dieser Musik waren sowohl »alte« Bebop-Musiker wie Max Roach, Art Blakey und Jay Jay Johnson, als auch die neue Generation wie John Coltrane, Cannonball Adderley, Horace Silver und Sonny Rollins. Die heiße Phase des Hard Bop war in der Zeit von 1955 bis 1960, dann wurde dieser Stil von der Entwicklung des »Free Jazz« überrannt. Führender Musiker dieses neuen Stils war der ehemalige Hard-Bop-Saxophonist John Coltrane. Der Free Jazz hat sich, ungeachtet neu aufkommender Stile wie z. B. »Jazz Rock«, konsequent bis in die 80er Jahre hinein weiterentwickelt und findet heute, nachdem er sich von jeder Tradition gelöst zu haben schien, wieder zu seinen Wurzeln zurück. Der Trompeter Lester Bowie versteht es, innerhalb eines Stückes die gesamte Jazzgeschichte vom Spiritual bis zum Free vorbeiziehen zu lassen, und der kompromißlose deutsche Free-Jazz-Saxophonist Peter Brötzmann hat mittlerweile die Melodie für sich entdeckt. Neben der bedeutenden Entwicklung des Free Jazz, der keine Beziehungen zum Bebop mehr zu haben schien, gab es parallel dazu aber immer wieder Neuauflagen des Modern Jazz, gleich ob man ihn New Jazz, Neo-Bop oder sonst wie nannte.

Der Einfluß des Bebop ist bis heute präsent geblieben. Jeder Instrumentalschüler, der sich mit Jazz beschäftigt, übt sich an den Kompositionen und überlieferten »Licks« und »Pattern« (immer wiederkehrende rhythmische und melodische Figuren und Muster) des Bebop. In den Jazzkneipen haben die Bop-Combos viele Dixielandgruppen mittlerweile ablösen können. Bebop ist zur alltäglichen Jazzmusik geworden, von einer musikalischen Revolution ist nichts mehr zu spüren. Die Harmoniefolgen und der polymetrische Rhythmus sind zur Selbstverständlichkeit geworden. Jeder angehende Jazzer verfügt heute über größere musiktheoretische Kenntnisse und hat mehr Skalen in den Fingern als so mancher Jazzprofi in den 30er Jahren.

Coda

Bislang hat fast jeder Jazzkritiker – von wenigen Ausnahmen abgesehen – versucht, Jazzmusik zu definieren. Daß diese Versuche alle gescheitert sind, da der Jazz in seiner raschen und unvorhersehbaren Entwicklung immer wieder in Bereiche eindringt, die laut Definition nicht vorgesehen sind, wurde im Kapitel »Revolution und Reaktion« am Beispiel des Bebop bereits aufgezeigt. In ähnlicher Weise hat man natürlich auch versucht, einzelne Jazzstile fest zu umreißen. Das führt dazu, daß fließende Entwicklungen formal auseinandergerissen werden. So werden Bebop, Cool und Hard Bop häufig als getrennte Stilrichtungen behandelt, obwohl sie in einem sehr direkten Zusammenhang stehen und Cool bzw. Hard Bop ohne die vorherige Entwicklung des Bebop kaum denkbar sind. Dieser Erkenntnis folgend wird sich der Sachteil dieses Buches nicht nur mit den reinen Elementen des Bebop beschäftigen, sondern mit dem modernen Jazz im allgemeinen, wobei die Entwicklung des Bebop natürlich besondere Beachtung findet.

Die Musiker waren an einer Festlegung ihrer Musik nicht sonderlich interessiert. Dizzy Gillespie antwortete auf die Frage, was Bebop sei: »It's just the way my friends and I feel Jazz.«[1] Diese Aussage beinhaltet bereits alle Möglichkeiten des Fortschreitens dieser Musik, denn das »Jazzfeeling« ist keine Konstante, sondern unterliegt laufenden Schwankungen.

Charlie Parker antwortete auf die gleiche Frage: »Nennen wir es Musik. Die Leute hatten sich schon jahrelang daran gewöhnt, Jazz zu hören, bis schließlich jemand sagte: ›Laßt uns etwas anderes machen‹, und einige neue Ideen begannen sich zu entwickeln. Die Leute brandmarkten es ›bebop‹ und versuchten es zu zerstören.«[2]

Daß sich der Bebop wirklich einmal zu einem populären Jazzstil, der von vielen imitiert wird, entwickeln würde, daran hatte keiner geglaubt. Thelonious Monk sagte anfangs noch: »Wir werden etwas schaffen, was sie nicht stehlen können, weil sie es nicht spielen können«[3], und hatte sich geirrt.

Die beteiligten Musiker nahmen das Publikum gar nicht ernst und versuchten nicht, den Zuhörern diese Musik nahezubringen. Oscar Pettiford: »Die Kapelle spielte Fünfundvierzig-Minuten-Nummern, wobei ein

73

oder zwei Musiker Solos improvisierten, während die anderen das Podium verließen. Niemand scherte sich um das Publikum.«[4]

Miles Davis gestand sogar: »Manchmal habe ich bewußt falsch gespielt und die Leute haben dennoch geklatscht. In Europa kann man alles machen.«[5]

In den Staaten war man es nicht gewöhnt, ein großes Publikum zu haben und versuchte daher, es zu provozieren, was allerdings kaum gelang. Nur diejenigen, die diese Musik von vorneherein ablehnten, konnten sich durch dieses Verhalten bestätigt fühlen. Während Dizzy Gillespie des öfteren gesagt haben soll, daß er nur für Musiker spiele, war es für Miles Davis schon zuviel, anderen Musikern überhaupt zuzuhören: »Ich mag die Musik anderer Musiker nicht hören. Ich schätze meine eigene.«[6]

Es scheint jedenfalls nicht verwunderlich, daß diese Musik es anfangs so schwer hatte, sich durchzusetzen. Andererseits wurde dieses »coole« Verhalten der Musiker aber auch als besonders »hip« eingeschätzt, so daß aus diesem Grunde nicht wenige Freeks bzw. Hipster, wie sie sich nannten, auf diese Musik standen.

Die Selbsteinschätzung der Bop-Musiker läßt sich am besten durch ein Zitat von Charlie Parker verdeutlichen: »Das Leben ist schon immer grausam zu Musikern gewesen – genau wie heute. Ich habe gehört, daß Beethoven, als er auf dem Totenbett lag, die Faust gegen die Welt schüttelte, weil sie ihn nicht verstand. Niemand hat in Beethovens Zeit wirklich verstanden, was er schrieb. Aber das ist Musik. (...) das Schlimmste war, daß niemand meine Musik verstand!«[7]

Der Sturm um diese Musik hat sich längst gelegt. Die heutige Generation der Neobopper sieht sich nicht mehr in der Rolle des künstlerischen Außenseiters. Selbst diejenigen Musiker, die ernsthaft versuchen, neue Wege zu gehen und mit neuen Klängen experimentieren, befinden sich nicht in einer vergleichbaren Rolle. Der subventionierte öffentliche Kunstbetrieb macht es neuen Ideen leichter, sich nach außen hin darzustellen. Vergleicht man aber die öffentlichen Subventionen für traditionelle Künste mit denen für neue Entwicklungsformen, so kann man sich des Gefühls nicht erwehren, daß an einer musikalischen Weiterentwicklung – gleich welcher Art – niemand ernsthaft interessiert zu sein scheint. So bleibt es nach wie vor dem persönlichen Engagement der Künstler und ihrem Durchhaltevermögen überlassen, neue Wege zu finden – bis ein erneuter Aufschrei durch die Presse geht, weil sich wieder mal etwas ganz Unmögliches ereignet hat.

Und das war schon damals für Woody Herman nichts Neues: »In jeder Ära hatten wir so was wie Swing, Boogie Woogie und so weiter gehabt, und jedesmal hat es deswegen denselben Aufruhr gegeben wie jetzt. Gott sei Dank wird das alles vorübergehen. Aber die Musik, die wird bleiben.«[8]

Teil II

Die Interpreten des Bebop

Die Geschichte des Jazz ist auch immer eine Geschichte voller persönlicher Schicksale gewesen, denn keine andere Musik wird so stark durch individuelle Erlebnisse, Empfindungen etc. geprägt wie die improvisierten Formen der Jazzmusik. Je anspruchsvoller die Grundelemente der einzelnen Stilrichtungen sind, desto mehr wird die Persönlichkeit des Musikers gefordert. Die Geschichte des Bebop ist unweigerlich mit den einzelnen Geschichten seiner Interpreten verbunden, auch wenn der amerikanische Jazzkritiker und Kenner der Szene Leonard Feather der durchaus akzeptablen Meinung ist, daß sich der Bebop unabhängig von seinen bekannten Interpreten so oder ähnlich entwickelt hätte.

An der Entwicklung des Bebop sind so viele Musiker mehr oder weniger beteiligt gewesen, daß eine Aufnahme aller Interpreten mit ihren biographischen Daten den gesetzten Rahmen dieses Buches sprengen würde. Eine Auswahl der Musiker nach Kriterien wie Anteilnahme, Einfluß und Fortführung der musikalischen Entwicklung ist auch immer durch die subjektive Einschätzung des Autors geprägt. Daher sei mir eine kurze Erläuterung gestattet, warum ich die nachgenannten Musiker in den biographischen Teil aufgenommen und andere wiederum ausgelassen habe. Dizzy Gillespie und Charlie Parker sind bzw. waren derart herausragende Größen, daß eine jeweils ausführliche Biographie selbstverständlich erscheint. Von der Idee, für jedes wichtige Instrument zwei herausragende Interpreten aufzuführen, bin ich in zwei Fällen abgewichen: Weder auf dem Saxophon, noch auf der Gitarre gab es in der Entwicklungszeit des Bebop nennenswerte Alternativen zu Charlie Parker und Charlie Christian. Während sich in der Zeit des Cool Jazz schon einige bemerkenswerte Saxophonisten auf der Szene etabliert hatten, sollte es bei den Gitarristen noch eine Zeitlang dauern, bis sie sich durchsetzen konnten. Einen zweiten Trompeter zu benennen, ist dagegen schon leichter gewesen, die Auswahl war allerdings schwerer als erwartet. Der Trompeter, der Dizzy ebenbürtig zu sein schien, war Fats Navarro. Fats verstarb aber schon 1950 im Alter von knapp 27 Jahren, so daß er nur eine begrenzte Zeit als Bebop-Trompeter in Erscheinung treten konnte. Der weiße Trompeter Red Rodney, der 1949–1950 mit Charlie Parker und später

77

mit Oscar Pettiford arbeitete, wechselte 1960 zur Unterhaltungsmusik über. Die Wahl fiel auf Miles Davis, der relativ früh in den Kreis der Bop-Musiker aufgenommen wurde und nach einem Aushilfejob im Billy Eckstine-Orchester von Charlie Parker engagiert wurde. Miles hat die weitere Entwicklung des modernen Jazz (Cool Jazz) entscheidend mitgeprägt und befand sich seitdem – bis heute – immer in Trendsetter-Position. Daß Kenny Clarke hier benannt wird, ist aufgrund seiner führenden Rolle in der Entwicklungsgeschichte des Bebop selbstverständlich. Er war der erste, der konsequent an der rhythmischen Erneuerung der Jazzmusik festgehalten hat, die nicht unwesentlich durch seine Ideen zustande kam. Ihm zur Seite steht sein Schüler Max Roach, der recht früh in der Bop-Szene aufgenommen wird. Art Blakey mußte in diesem Teil des Buches zu Max' Gunsten vernachlässigt werden. Der Pianist, der zweifelsohne den größten Anteil an der neuen Musik hatte, war Thelonious Monk. Hinter ihm steht sein »Schüler« Bud Powell, der aufgrund des Verbotes seines Vormunds erst später mit den Bop-Musikern direkten Kontakt aufnehmen konnte.

»Unser Mann war Oscar Pettiford«, sagte Dizzy Gillespie und brachte damit gleichzeitig zum Ausdruck, daß es kaum nennenswerte Bop-Bassisten in der Anfangsphase gegeben hatte. Charles Mingus stieß erst in der Endphase des Bebop dazu, organisierte aber die letzten großen Sessions. Seine weitere Arbeit steht in der Tradition des modernen Jazz; er hat ähnlich wie Miles Davis unüberhörbare Zeichen gesetzt.

Charlie Parker

Charles Christopher Parker wurde am 29. August 1920 in der kleinen Vorortstadt Kansas City im Staate Kansas geboren. Kurze Zeit später siedelte seine Familie in das schwarze Ghetto der gleichnamigen Großstadt über, die auf der anderen Seite des Flusses im Bundesstaat Missouri lag. Charlies Vater, Charles Parker sen., war ein erfolgloser Varietésänger und Tänzer, der seine Familie schon in Charlies frühester Kindheit verlassen hatte. Charlies Mutter Addie Parker hielt ihre Familie mit gelegentlichen Putzjobs über Wasser.

Während andere Musiker schon in frühester Jugend vom Elternhaus musikalisch gefördert wurden, konnte Charlie seine ersten Kontakte mit der Musik erst während des Besuchs der Lincoln Highschool knüpfen. Als Dreizehnjähriger trat er ohne jegliche Vorbildung in die Schulband ein, die sich ›The Deans of Swing‹ nannte, und machte seine ersten musikalischen Gehversuche auf dem Baritonsaxophon, was aufgrund seiner Schwerfälligkeit nicht unbedingt das geeignetste Instrument für Anfänger ist. Charlies Interesse an der Musik wurde durch diese Band soweit geweckt, daß er ein Jahr später seine Mutter bekniete, ihm ein Altsaxophon zu kaufen. Addie Parker, die ihren Sohn verwöhnte, soweit es nur irgendwie ging, konnte sich die Anschaffung eines solchen Instrumentes im Grunde genommen nicht leisten. Doch nach langem Drängen ihres Sohnes erstand sie 1935 ein preiswertes gebrauchtes Saxophon in einem Pfandleihhaus. Unterrichtsstunden konnte ihr Sohn allerdings nicht bekommen. So mußte Charlie Parker sein Instrument auf einem heutzutage kaum denkbaren, aber damals üblichen Weg erlernen: Während seine Mutter nachts die Büroräume putzte, um ihre Familie zu ernähren, schlich sich Charlie zu den Jazzclubs der Stadt, um dort den Saxophonisten zuzuhören und sich von ihnen die notwendigen Grundlagen für sein Selbststudium »abzugucken« oder besser »abzuhören«. Da er als Fünfzehnjähriger nicht so ohne weiteres in jeden Jazzclub hineinkam, mußte er häufig mit der Straße, den Hinterräumen oder den Dachböden der Lokale vorliebnehmen. So konnte er die Musiker zwar nicht immer sehen; er konnte sie aber hören.

Charlie versuchte, die gehörten Phrasen und Klangbilder in seinem Gedächtnis zu speichern, um sie am nächsten Morgen auf seinem Instrument nachzuspielen. Auf diese Weise trainierte er sich nicht nur ein gutes Gehör, sondern darüber hinaus auch ein phänomenales Gedächtnis an. Seine großen Vorbilder wurden die Tenorsaxophonisten Lester Young und Buster Smith, die regelmäßig in Kansas City gastierten. Lester Young war der damalige Trendsetter auf dem Tenor, er hatte den modernsten Sound. Charlie Parker ist durch Lester Youngs Spielweise stark beeinflußt worden. Während seiner Schulzeit hatte Charlie mit seinem Bariton neben den von Laurence Keyes geleiteten ›Deans of Swing‹ auch schon in Oliver Todd's ›Hot'n Tot Orchestra‹ praktische Erfahrung sammeln können. Bereits 1934 wurde er reguläres Mitglied bei den ›Deans‹.

Seine eigentliche Schule aber blieben die nächtlichen Besuche in den Jazzclubs. Charlie: »Wie ich anfing? Ich wuchs in Kansas City auf, als die Kneipen von neun Uhr abends bis fünf Uhr morgens auf Hochtouren liefen. Die übliche Bezahlung war ein Dollar fünfundzwanzig die Nacht, obgleich Leute, die was Besonderes waren, wie zum Beispiel Basie, einen Dollar fünfzig fordern konnten. Es gab etwa fünfzehn Bands in der Stadt, und die Combo von Pete Johnson im Sunset Café gehörte zu den populärsten. Harlan Leonard war damals in der Stadt, dazu kamen George Lee und Bus Moten mit ihren kleinen Bands. Die besten Pianisten, die damals in Kansas City lebten, waren Roselle Claxton, Mary Lou Williams, Edith Williams und Basie.«[1]

Es sollte nicht mehr lange dauern, dann versuchte auch Charlie dort mitzumischen. Seine erste Sessionteilnahme schildert er so: »Ich erinnere mich noch an die Zeit, als ich gerade anfing zu lernen und zum ersten

79

Mal versuchte, bei einer Jam Session mitzumachen. Es war im ›High Hat‹, einem Lokal in Kansas City. Ich kannte gerade eben ›Lazy River‹ und ›Honeysuckle Rose‹ und spielte, so gut ich konnte. Es war nicht schwer, die Harmonien herauszuhören, denn die Stücke waren leicht, und die Saxophonisten spielten hinten nur dann ihre Riffs, wenn ein Trompeter oder Posaunist Chorus machte, nie, wenn ein Saxophonist vorne war. Ich hielt mich ganz gut, bis ich versuchte, ›Body and Soul‹ im doppelten Tempo zu spielen. Alle fielen vor Lachen fast vom Stuhl. Ich ging nach Hause und weinte und spielte drei Monate lang keinen Ton.«[2]

Die Hausband des ›High Hat‹ wurde vom Tenorsaxophonisten Jimmy Keith geleitet, in der auch zwei ehemalige ›Deans of Swing‹-Mitglieder saßen, James Ross, Trompete, und Lawrence Keyes, Piano. Der Drummer war Li'l Phil. Ein ähnliches Desaster erlebte Charlie später noch einmal, als er bei Count Basie einsteigen wollte. Niemand schien mit der Art, wie er spielte, klar zu kommen. Der Schlagzeuger Jo Jones protestierte lautstark und schmiß wütend eines seiner Becken quer durch den Raum in Parkers Richtung. Dieser verließ daraufhin abermals weinend den Laden. Basie war für ihn ein Idol, und er hatte versagt.

1936 heiratete Charlie mit knapp 16 Jahren Rebecca Ruffin, und beschloß, von nun an sein Geld als Profimusiker zu verdienen. Charlie war aber ein eher mittelmäßiger Saxophonist, dessen Spiel noch mit einigen Mängeln behaftet war. So mußte ihn der Pianist Lawrence Keyes, in dessen Amateurband Charlie tätig war, erst über die verschiedenen Tonarten aufklären. Da Charlie mittlerweile kaum mehr zur Schule ging – er wurde bald darauf von der Schule verwiesen –, hatte er auch den dort angebotenen Musikunterricht verpaßt. Charlie glaubte, daß alle Musik irgendwie in einer einheitlichen Tonart gespielt werden würde. Nachdem er von Keyes erfahren hatte, daß es zwölf Tonarten gab, war er überzeugt davon, auch alle Tonarten üben zu müssen. Keyes hatte ihn nicht darüber aufgeklärt, daß sich die meisten Jazzmusiker nur in drei oder maximal vier Tonarten auskannten und somit auch ein Großteil der Jazzkompositionen in diesen gängigen Tonarten geschrieben wurden. Parker übte in chromatischer Reihenfolge alle Skalen, bis er sie in- und auswendig konnte und war somit schnell vielen Musikern voraus. Nach dem gleichen Muster übte er auch das Bluesschema und die Harmoniefolge von ›I Got Rhythm‹, die als Grundlage vieler Kompositionen diente, in allen Tonarten, bis er auch diese Folgen perfekt beherrschte. Auch sein Ton bedurfte der Verbesserung, denn nicht selten hatte er mit »Aussetzern« und »Quietschern« zu kämpfen. Als Charlie hörte, daß Lester Young harte Blätter benutzte, stieg auch er von den weichen Blättern auf die harten um. Dadurch erhielt er einen vollen, kräftigen Ton. Aber Charlie kopierte nicht einfach die Spielweise und Technik anderer, sondern entwikkelte seinen eigenen Sound, obwohl er anfangs immer ein wenig wie Lester Young klang, weswegen er auch damals die Leute von ›Minton's Play-house‹ auf sich aufmerksam machte.

Charlie sagte aber: »Ich stand sehr auf Lester. Er spielte so sauber und schön. Aber ich bin von Lester nicht beeinflußt worden. Ich wollte auf ganz was anderes hinaus als er.«[3]

Als Sechzehnjähriger stieg er 1936 in die ›George Lee Band‹ ein und spielte für 1 $ 25 die Nacht in einem drittklassigen Tanzlokal. Er arbeitete weiterhin mit Lawrence Keyes und den Jungs von den ›Deans of Swing‹ zusammen. Bei einem Autounfall, an dem die Jungs beteiligt waren, wurde Charlie ernsthaft verletzt. Der Bassist George Wilkerson, der ebenfalls im Auto saß, starb an den Folgen seiner Verletzungen. 1937 konnte Charlie in der Band von Jay Mcshann mitmachen und kam somit einen Schritt weiter. Der Bassist Gene Ramey erinnerte sich:

»Aus dem lächerlichen Kerl, der er war, hatte sich Charlie in einen hö-renswerten Saxophonisten verwandelt. Jetzt hatte er nicht mehr seinen süßlichen Klang. Er hatte einen eigenen Sound, klar und ohne Vibrato. Seine Ideen waren zwar noch grillenhaft – solche Sachen wie Tempover-doppelung und gewisse verschrobene Modulationen außerhalb der Ton-art hatten jetzt aber einen Sinn. Er kannte alle Soli von Lester Young auswendig. Er blies fast wie Lester Young, wie ein Lester, der Altsaxo-phon spielte, aber man merkte etwas Eigenes. Und dieses Etwas machte einen großen Unterschied aus.«[4]

1938 spielte Charlie auch mit den lokalen Größen Harlan Leonard und Buster Smith zusammen.

Im gleichen Jahr verließ er seine Frau, die mittlerweile ein Kind von ihm hatte und fuhr wie ein Landstreicher mit dem Güterzug nach Chicago. Sein altes Saxophon, daß er laufend mit Gummibändern, Drähten und ähnlichem zusammenflicken mußte, damit es einigermaßen bespielbar war, ließ er zu Hause.

Der Sänger und spätere Bandleader Billy Eckstine erinnert sich an Char-lies Ankunft in Chicago: »... lassen Sie mich bitte von Bird erzählen und von dem Tag, an dem ich ihn zum erstenmal gehört habe. Das Ganze passierte überhaupt nur deshalb, weil ich nach Chicago gegangen war. Vor dem Krieg war es große Mode, daß jeder Club in Chicago einmal die Woche am frühen Morgen einen sogenannten ›Breakfast dance‹ veran-staltete. Da gab es dann auch eine Bühnenshow, die um halb sieben an-fing. Die Sache war mehr oder weniger eine Jam Session, denn nach der Show kamen alle möglichen Musiker vorbei, um einzusteigen. Ein sol-cher ›Breakfast dance‹ fand nun eines Morgens auch im Club 65 statt. In dem Laden hatten sie eine kleine Combo mit King Kolax als Trompeter engagiert. Dazu kam Goon Gardner, der ein sehr swingendes Alt spielte. John Simmons machte Baß, und Kansas Fields saß am Schlagzeug. An diesem Morgen stehen wir nun so herum, da auf einmal taucht einer auf, als ob er gerade eben von einem Güterzug abgesprungen ist. So schäbig und zerlumpt waren seine Sachen. Und er geht hin und fragt Goon: ›Sag mal, Chef, kann ich raufkommen und auf deinem Horn mal einen mitblasen?‹ Nun, Goon war immer ein ziemlich fauler Bursche. Solange er nur an die Bar gehen und mit den Mädchen poussieren konnte, war ihm jeder recht, der aufs Podium kam und einsteigen wollte. Daher sagte er: ›In Ordnung, Mann. Komm rauf.‹ Und dieser Typ geht aufs Podium und spielt, daß uns allen die Luft wegblieb. Es war Charlie Parker, der gerade mit einem Güterzug aus Kansas City angekommen war. Ich glaube, Bird war zu der Zeit nicht älter als achtzehn, aber schon damals spielte er Sachen, die man noch nie vorher auf dem Alt gehört hatte. Und das war noch, ehe er zu Jay McShann in die Band ging. Er legte so gewaltig los, daß alle im Lokal völlig die Fassung verloren, und Goon nahm ihn mit nach Hause, gab ihm was anzuziehen und besorgte ihm ein paar kleine Jobs. Bird hatte natürlich kein Horn, also lieh Goon ihm eine Klarinette, damit er überhaupt zur Arbeit gehen konnte. Goon erzählte mir dann später, wie er sich eines Tages nach Bird umgesehen hatte – und Bird, die Klarinette und alles war verschwunden, war wieder irgendwo im Hinterland untergetaucht. Danach habe ich Charlie wohl an die drei Jahre nicht gesehen, bis er mit dem McShann-Orchester nach New York kam.«[5]

Zu diesem Bericht ist anzumerken, daß Charlie Parker, entgegen Eckstines Darstellung, zweimal bei Jay McShann spielte, einmal 1937 – also vor dieser geschilderten Begegnung – und dann wieder 1940/41. Charlie blieb nicht lange in Chicago und kam zwischendurch kurz nach Kansas City zurück und begegnete dort im Booker T Hotel zum erstenmal Dizzy Gillespie. Von besonderer musikalischer Bedeutung war diese Begegnung im Jahre 1939 allerdings nicht. Charlies nächste Station hieß New York. Er folgte dem Kansas City Lokalmatador Buster Smith und meldete sich bei ihm, sobald er in New York eingetroffen war. Buster erzählt:

»Er sah wirklich schrecklich aus, als er zu mir kam. Er hatte seine Schuhe so lange anbehalten, daß die Beine geschwollen waren. Dann hat er recht lange bei mir zu Hause gewohnt. (...) Tagsüber arbeitete meine Frau, ich war unterwegs und beschäftigt und ließ ihn zu Hause in meinem Bett schlafen. Danach ging er aus, spielte irgendwo die ganze Nacht und kam anschließend wieder, um in meinem Bett zu schlafen. Ich sorgte dafür, daß er nachmittags wegging, bevor meine Frau zurückkam. Es gefiel ihr nicht, daß er in unserem Bett schlief, weil er sich nicht auszog, bevor er sich hinlegte. Er ging ins Monroe's und spielte die ganze Nacht. Die Jungens fingen an, ihm aufmerksam zuzuhören.«[6]

Seine wirkliche Stunde im Monroe's und die Entdeckung für die Sessionsrunde im Minton's Playhouse fand erst später statt. Vorläufig mußte Charlie sein Geld als Tellerwäscher in einem Restaurant namens ›Jimmy's Chicken Shack‹ verdienen. Für die Unterhaltung in diesem Laden sorgte der Pianist Art Tatum. Charlie konnte keinen regulären Job als Musiker bekommen, da er nicht der New Yorker Musikergewerkschaft angehörte. Diese Mitgliedschaft war die Grundvoraussetzung für eine Arbeitsgenehmigung im Musikgeschäft. Dennoch nahm er regelmäßig an den nächtlichen Jam Sessions im ›Monroe's Uptown House‹ teil. Charlie Parker: »Als ich zum ersten Mal in New York war, spielte ich in Monroe's Uptown House. Da achtete zunächst niemand besonders auf mich, nur Bobby Moore, ein Trompeter aus dem Basie-Orchester, wurde auf mich aufmerksam. Ich gefiel ihm. Alle anderen versuchten, aus mir einen zweiten Benny Carter zu machen. Es gab keine feste Gage in Monroe's Laden. Manchmal kriegte ich vierzig oder fünfzig Cent die Nacht. Wenn das Geschäft gut lief, kriegte ich vielleicht bis zu sechs Dollar.«[7]

Nachdem er eine Arbeitsgenehmigung erhalten hatte, bekam er einen Job in der Band des ›Parisian Ballroom‹, einem Tanzlokal am Times Square, in dem man für einen Tanz sogenannte »Taxi-Girls« mieten konnte. Ende 1939, Anfang 1940 – die Angaben variieren – ging er zurück nach Kansas City und schloß sich erneut der Jay McShann Band an, mit der er abermals nach New York zurückkehrte. Hier traf er zum zweitenmal mit Dizzy Gillespie zusammen, der für ein Konzert im Savoy Ballroom Gast der Band war. Mit der Riff- and Bluesband von McShann nahm Charlie 1940 seine erste Platte auf: ›Confession The Blues‹. 1942 folgten weitere Aufnahmen der Band, für deren Repertoire Charlie seine ersten Stücke schrieb. In dieser Zeit machte Charlie auch seine ersten Entdeckungen bezüglich des Gebrauchs erweiterter Harmonien und alterierter Akkorde. Er experimentierte mit den Harmonien von ›Cherokee‹, ersann zusammen mit dem Gitarristen Biddy Fleet neue Akkordwechsel und machte sich mit dem Einsatz der verminderten Quinte vertraut. Während der Zeit bei Jay McShann konnte Charlie seinen Stil voll ausbilden. Charlie: »Aber da waren auch noch andere Leute in McShann's Band, die neue Ideen entwickelt hatten, besonders Johnny Jackson, der andere Alt-Spieler, und Jimmy Forrest auf dem Tenor.«[8]

Jay McShann berichtete über Charlie: »Er lebte 24 Stunden pro Tag für seine Musik. Er hatte den Kopf voller Ideen und Melodien. Er holte sein Instrument hervor und fing im Hotel und im Ankleideraum an zu spielen. Um Soli zu blasen und seine Ideen auszudrücken, wartete er nicht erst den Beginn der Arbeit ab.«[9]

Dennoch verlief Charlies Engagement nicht ohne Probleme. So mußte sein Gastspiel bei McShann um 22 Tage unterbrochen werden, da er aufgrund einer verweigerten Taxirechnung ins Gefängnis gesteckt wurde. Auch seine Drogensucht machte ihm mehr und mehr zu schaffen, und er bekam laufend Ärger mit Clubbesitzern, Musikerkollegen oder schlimmstenfalls mit der Polizei. Als sich der ex-Louis-Armstrong-Pianist Earl Hines für Charlie interessierte und deshalb mit Jay McShann telefonierte, sagte dieser: »Je eher Du ihn nimmst, desto besser. Er ist eben direkt vor dem Mikrophon mitten in ›Cherokee‹ ohnmächtig geworden.«[10]

Doch vorerst saß Charlie fast jede Nacht im Monroe's und nahm an den Sessions teil, die nach Beendigung des offiziellen Programms dort veranstaltet wurden. Die Sessionmusiker wurden durch eine Kollekte der Gäste bezahlt, die einen beliebigen Geldbetrag in ein sogenanntes »Kitty« warfen, dessen Inhalt unter den teilnehmenden Musikern geteilt wurde. Was dabei heraus kam, war zum Leben zu wenig und zum Sterben zu viel.

In der Zwischenzeit hatte sich in einem anderen Session-Lokal etwas ereignet, was die künftige Jazzmusik grundlegend verändern sollte. In Minton's Playhouse hatte der ehemalige Bandleader Teddy Hill die musikalische Leitung übernommen und eine kleine Hausband zusammengestellt. In dieser Band saßen Kenny Clarke und Thelonious Monk, zwei junge unorthodoxe Musiker mit neuen Ideen. In den dort abgehaltenen Sessions kristallisierte sich langsam aber sicher ein neuer moderner Jazzstil heraus, den man später Bebop nannte. Montags, wenn fast alle Musiker ihren regulären freien Tag hatten, wurde der Laden zum Treffpunkt aller namhaften Jazzmusiker, die in der Stadt anwesend waren. Im Minton's erzählte man sich aber auch von einem jungen Saxophonisten aus Kansas City, der mittlerweile »Bird« (Vogel) oder »Yardbird« (Bezeichnung für einen frisch eingezogenen Rekruten) genannt wurde, der allabendlich im Monroe's zu hören sei und der wie Lester Young spielen würde, nur doppelt so schnell und auf dem Altsaxophon. Clarke und Monk gingen rüber in den anderen Laden und hörten sich den Saxophonisten an. Er schien genau zu dem zu passen, was sich im Minton's tat, ja, Bird war sogar schon eine Ecke weiter. Kenny Clarke bemühte sich, Charlie einen festen Job im Minton's zu beschaffen, aber Teddy Hill lehnte es ab, einen weiteren Musiker zu beschäftigen. Also schmissen die Musiker zusammen, um Bird ein kleines Einkommen zu geben, damit seine regelmäßige Teilnahme an den Sessions im Playhouse gesichert war. Auch Dizzy Gillespie und Charlie Christian waren mittlerweile regelmäßig anwesend, so daß die neuen musikalischen Entwicklungen unaufhaltsam voranschritten.

Mit 21 Jahren war Charlie schon ein Star auf dem Saxophon, die ersten Geschichten, die Charlie schon zu Lebzeiten zur Legende machten, kursierten: »... ein anderes Mal brach eine Taste seines Saxophones ab. Charlie schickte den Kellner, um einen Teelöffel zu holen, und hatte sein Instrument mit Hilfe des verbogenen Löffels und eines Gummibands, das er aus der Tasche gefischt hatte, schnell wieder einsatzbereit. Die zuhörenden Musiker gingen kopfschüttelnd weg und erzählten, wo immer sie hinkamen, die tollsten Geschichten über einen unbekannten phantastischen Altsaxophonisten, der in einem obskuren Nachtclub im oberen Harlem ununterbrochen Musik aus sich herausschleuderte wie ein junger Mozart. Die Geschichten machten die Runde.«[11]

Mittlerweile war Charlie vollkommen heroinabhängig und mußte zur Deckung seines Bedarfes mehrfach sein Horn versetzen, um genügend Bargeld zur Verfügung zu haben. Er machte es sich zur Gewohnheit, sein Mundstück und seine Blättchen immer getrennt vom Horn aufzubewahren, damit ihm wenigstens die blieben. Das Geld, das er verdiente, reichte nie aus; er lebte immer von der Hand in den Mund und pumpte alle Leute an, von denen er etwas erwarten konnte. Der einzige wirklich positive Effekt seiner Sucht war die Befreiung vom Armeedienst, der für viele Jazzmusiker eine Unterbrechung oder auch das Ende ihrer Karriere darstellte.

1942 nahm Charlie einen festen Job in der von Noble Sissle geleiteten kommerziellen Band an, die fast ausschließlich Broadway-Melodien spielte und mit der er eine Tournee durch den mittleren Westen der Staaten machte (Mid-West-Tour). In dieser Band, mit der er nicht klar kam und mit dessen Boß er laufend Ärger bekam, mußte er neben Altsaxophon auch Klarinette spielen. Immerhin hielt er es neun Monate in dieser Band aus und ging anschließend für ein kurzes Gastspiel in die Band von Andy Kirk. Der Trompeter Benny Harris sorgte dafür, daß Bird Anfang 1943 in die neue Band des recht bekannten Pianisten Earl Hines einsteigen konnte. Billy Eckstine, der Sänger der Band, erinnert sich an die Zeit im Monroe's und an Bird's Einstieg in Earl's Band:

»Damals gab es in New York ein Morgenlokal, das hieß Clarke Monroe's Uptown House. Dahin ging alles zum Jammen. Ich hatte Trompete gelernt – ich konnte ein bißchen darauf rumtuten, wissen Sie – und ging ins Uptown House zum Jammen. Bird kam jede Nacht dahin und stieg ein, während er mit McShann im Savoy engagiert war, und er spielte einfach märchenhaft. Nun, um die Zeit war ich bei Earl Hines, der gerade begann, seine neue Band aufzubauen. Budd Johnson und ich stellten diese Band für ihn zusammen, und es waren lauter junge Musiker – Scoops Carey, Franz Jackson, Shorty McConnell, Little Benny Harris und Leute dieser Art. Der Krieg war im Gang, und viele wurden eingezogen. Daher konnten wir Earl den Gedanken schmackhaft machen, in Monroe's Lokal zu gehen und sich Charlie Parker anzuhören. Nun hatte Budd Johnson die Band verlassen, und wir brauchten einen neuen Tenoristen. Charlie spielte natürlich Alt, aber Earl kaufte ihm ein Tenor, zeigte ihm, wie man darauf spielt, und so kriegten wir Bird in die Band. Wir hatten etwa drei Wochen Zeit, um der Band den nötigen Schliff zu geben. Wir probten täglich im Studio einer kleinen Schallplattenfirma, und abends gingen wir in Minton's Playhouse zum Jammen. Bird konnte sich nicht an sein Tenor gewöhnen, und er sagte immer: ›Mensch, das Ding ist viel zu groß.‹ Er kriegte nicht das richtige Gefühl dafür.«[12]

Andere Quellen belegen, daß es Benny Harris gewesen ist, der Bird mit Earl Hines bekannt machte. Earl war von Charlie tief beeindruckt,

85

meinte aber: »Das hilft uns nicht weiter. Der Bursche spielt Altsaxophon, ich brauche aber einen Tenoristen.«[13] Charlie sagte, daß er selbstverständlich Tenor spielen könne, aber keins besäße; selbst sein Alt war geliehen. Earl engagierte Charlie aber dennoch für den nächsten Tag und sagte zu, ihm ein Tenor zu kaufen. Er gab ihm auch gleich etwas Geld, damit er sich wenigstens ein anständiges Hemd kaufen konnte, denn Charlie lief ziemlich abgerissen herum.

In dieser Band, in der relativ viele junge progressive Musiker saßen, konnte Charlie seine Zusammenarbeit mit Dizzy Gillespie vertiefen. Die beiden übten laufend neue gewagte Phrasen – Bop-Läufe – ein, die sie dann im Programm unterbrachten. In dieser Band tat sich musikalisch viel Neues, auch wenn Earl Hines nach eigenem Bekunden nicht viel davon bemerkt haben will. Andererseits sagte er später voller Anerkennung:

»Nein wirklich, von der Stellung, die der Bebop innerhalb des modernen Jazz einnimmt, braucht man mich nicht zu überzeugen, denn damals, 1943, als ich in meiner Band Leute wie Dizzy und Benny Green und Charlie Parker hatte – Parker spielte in jenen Tagen Tenorsaxophon –, spielten sie schon genau dieselbe Art Musik wie jetzt. Sie nahmen ihre Sache sehr ernst. Sie trugen Übungsbücher mit sich herum und arbeiteten sie gemeinsam in der Garderobe durch, wenn wir in einem Theater engagiert waren. Charlie hatte ein Gehirn, das wie ein Fotoapparat funktionierte. Wenn wir ein neues Arrangement probten, überflog er seine Stimme einmal, und wenn wir es das zweite Mal spielen wollten, dann konnte er die ganze Geschichte schon auswendig. Natürlich habe ich vor einem Musiker dieses Kalibers Respekt.«[14]

Charlie fiel aber nicht nur durch sein Gedächtnis oder durch seine besondere Spielweise auf, sondern weitaus häufiger durch Disziplinlosigkeit. Die größten Schwierigkeiten hatte er mit der erforderlichen Pünktlichkeit. Er verpaßte regelmäßig den ersten Teil der Show. Auch die von Earl verhängten Gehaltskürzungen halfen nicht viel weiter. Als Charlie sich einmal besonders bemühte, pünktlich zu sein, entschloß er sich, das Lokal erst gar nicht zu verlassen und legte sich unter die Bühne zum Schlafen. Er muß aber so voll gewesen sein, daß er kaum mehr wahrnehmen konnte, was um ihn herum geschah.

Billy Eckstine berichtete, daß Bird erst nach Beendigung der Show wach geworden sei und unter der Bühne hervorkroch. Während der Programmdarbietungen, die von der Band lediglich begleitet wurden, soll Charlie regelmäßig eingeschlafen sein. Er hatte immer eine Sonnenbrille auf und hielt sein Horn im Mund, so daß man denken konnte, Parker würde mitspielen. Sein Nebenmann mußte ihn regelmäßig anstoßen, damit er wieder wach wurde. Charlie zog des öfteren auf der Bühne seine Schuhe aus, so daß er einmal – er hatte wieder geschlafen – sogar in

86

Strümpfen zum Mikrophon eilen mußte, um sein Solo zu spielen. Nach zehn Monaten verließ Parker die Band, die er mit eigenen Worten als Gefängnis bezeichnete. Er ging wieder nach New York, konnte aber, da er keine Arbeitserlaubnis für New York hatte, nur gelegentliche Aushilfsjobs annehmen und arbeitete kurze Zeit mit Cootie Williams und Andy Kirk zusammen. Obwohl er nicht ordnungsgemäß geschieden war, heiratete Charlie 1943 ein Mädchen namens Geraldine Scott. Im gleichen Jahr spielte Charlie bei Sir Charles Thompson und kehrte kurzzeitig nach Kansas City zurück.

Mittlerweile war die ganze Hines-Band auseinandergebröckelt und zu einem großen Flop geworden. Der Sänger Billy Eckstine hatte zwischenzeitlich ein paar Soloplatten herausgebracht und brauchte dringend eine eigene Band. Nachdem es dem Manager Billy Shaw gelungen war, genügend Auftrittsmöglichkeiten für eine noch nicht existierende Band zu organisieren, stellte die Plattenfirma das nötige Geld für eine Bandgründung zur Verfügung. Billy Eckstine erinnert sich:

»Meine erste Band – ja, das war schon ein verdammt prominenter Haufen. Etwa neun Leute waren von der Hines-Band mit herübergekommen. Zuerst kriegte ich Dizzy als musikalischen Direktor. Dann versuchte ich, auch die anderen, die bei Earl ausgestiegen waren, möglichst vollständig in meine Band zu kriegen. Inzwischen hatte sich aber die Armee eingemischt und mir Shadow Wilson weggenommen. Also konnte ich Shad nicht kriegen. Bird hatte inzwischen bei Andy Kirk und Noble Sissle gearbeitet, war aber zur Zeit wieder in Chicago. Ich rief Bird von New York aus an und fragte ihn, ob er in meine Band kommen wollte. Bird war hell begeistert. Ich fuhr nach Chicago, um Jerry Valentine, Gail Brockman, Tom Crump und Shorty McConnell zu holen und brachte Bird gleich wieder mit. Wir fuhren nach New York zurück, um zu proben, und wir waren alle die dicksten Freunde, wie ich vorhin schon einmal sagte, wir waren die ›Clique‹. Wir kannten den Musikstil, den wir spielen wollten. Wir brauchten noch einen Altsaxophonisten, und es war Birds Einfall, einen Jungen namens Robert Williams kommen zu lassen. Wir nannten ihn Junior Williams. Er stammte aus Kansas City, und er hatte neben Parker im Orchester Jay McShann gesessen. Auch einen Baritonsaxophonisten hätten wir gebrauchen können. Wo aber finden? Leo Parker, der mit Bird weder verwandt noch verschwägert ist, hatte bis dahin Alt gespielt, aber ich ging downtown, bezahlte die erste Rate für ein Bariton und drückte es Leo in die Hand. Der Saxophonsatz bestand nun also aus Bird, Junior, Leo, Tommy Crump und Gene Ammons, der auch in Chicago mit Kolex zusammengespielt hatte. Während wir noch probten, holte mir die Armee Crump weg, und ich verpflichtete Lucky Thompson für meine erste Band. Weiterhin hatten wir im Trompetensatz Brockman als Satzführer, Dizzy, Buddy, der auch bei McShann gespielt hatte, und McConnell; die

Posaunisten waren Benny Green, Scotty (Howard Scott aus der Earl Hines Band), und Jerry Valentine. Die Rhythmusgruppe bestand aus John Malachy, Piano, und Tommy Potter, Baß, den ich aus Trummy Youngs kleiner Combo geholt hatte. Dazu Connie Wainwright als Gitarristen. Nur drei, als ich anfing. Ich hatte keinen Schlagzeuger. Ich wartete auf Shad, und, wie ich schon sagte, die Armee hatte ihn in die Finger bekommen. Zu der Zeit spielte Art Blakey bei Fletcher Henderson. Art stammt aus meiner Heimatstadt, und ich kannte ihn schon sehr lange. Also schickte ich ihm ein Telegramm, er sollte zu mir in die Band kommen, und Art stieg bei Fletcher aus und schloß sich mir an, als wir im Club Plantation in St. Louis spielten. Hier, in St. Louis, polierten wir nun wirklich die Band auf Hochglanz. Wir probten jeden Tag den ganzen Tag, und dann arbeiteten wir am Abend. Tadd Dameron hatte sich zu der Zeit in Kansas City niedergelassen, und als wir da hinkamen, arbeitete er viel mit uns zusammen. Er schrieb für die Band solche Sachen wie ›Cool breeze‹ und ›Lady Bird‹.«[15]

Die damaligen Musikkritiker hielten diese Band für zu modern und sagten ihr ein baldiges Ende voraus. Doch die Eckstine-Band, die mehrere Schallplatten für die Firma ›Deluxe‹ aufnahm, entwickelte sich zur erfolgreichsten Bop-Band und hatte einen entscheidenden Anteil an der späteren Popularität dieser Musik. Durch ausgedehnte Tourneen verhalf sie dem Bebop zum überregionalen Durchbruch. Charlie hatte aber auch in dieser Band erhebliche Schwierigkeiten, da er sich laufend mit irgendwelchen Leuten anlegte. Durch sein Verhalten wurde die Band aus dem schon genannten Club Plantation in St. Louis rausgeschmissen. Weil Parker sich darüber ärgerte, daß er und seine Kollegen als Schwarze nicht den Haupteingang benutzen durften, schlug er alle Gläser, aus denen die Musiker getrunken hatten, kurz und klein und erklärte dem aufgebrachten Besitzer, daß er sie doch nicht mehr benutzen könne, da sie von schwarzen Lippen verunreinigt seien. Die Band existierte bis 1947, doch Charlie stieg schon im August 1944 wieder aus und konnte selbst durch eine angebotene Gagenerhöhung nicht zum Bleiben bewegt werden.

Charlie Parker ging zurück nach New York und versuchte, auf der 52. Straße Fuß zu fassen. Im Three Deuces konnte er in das dort fest engagierte Trio, bestehend aus Joe Albany, Piano, Curly Russell, Baß, und Stan Levey, Schlagzeug, einsteigen. Neben dieser Band war auch der damals noch unbekannte Pianist Erroll Garner zur Unterhaltung in diesem Club eingestellt. Dizzy Gillespie, der wenig später die Eckstine-Band verlassen hatte, komplettierte diese Band zu einem Quintett. Am Piano saß nun Al Haig.

Ende 1944 nahm Charlie zusammen mit dem Tiny Grimes Quintett seine ersten Schallplatten in kleiner Besetzung auf. Diese Aufnahmen (z. B. ›Red Cross‹) sind bei ›Savoy‹ erschienen. Auch mit Dizzy Gillespie

88

machte er seine ersten Aufnahmen, die heute als absolute Bebop-Klassiker angesehen werden. Es waren die mittlerweile sehr bekannten Stücke ›Groovin' High‹, ›Dizzy's Atmosphere‹, wenig später dann ›Salt Peanuts‹ und ›Hot House‹. Die gleiche Formation arbeitete auch mit der Sängerin Sarah Vaughan, die für die Earl Hines Band entdeckt wurde, zusammen. Mit ihr nahmen sie ›Lover Man‹ auf. Im Juni 1945 spielen Dizzy und Bird ein paar Titel mit dem Red Norvo Sextett für die Plattenfirma ›Comet‹ ein. Im Herbst 1945 wurden wiederum für ›Savoy‹ so bedeutende Kompositionen wie ›Billie's Bounce‹, ›Koko‹ und ›Now's The Time‹ aufgenommen.

Obwohl sich der Bebop kommerziell keineswegs durchsetzen konnte, waren Charlie und Dizzy – zumindest in New York – schon recht bekannte Größen geworden. Im Mai und im Juni 45 gaben sie zusammen zwei große Bebop-Konzerte in der New Yorker Town Hall und verließen damit erstmals als kleine Combo den Dunstkreis des Kneipenmilieus und begannen, die großen Konzertsäle zu erobern. Ende 1945 ging das Dizzy Gillespie Quintett mit Charlie Parker nach Hollywood. Sie hatten dort einen Job im Billy Berg's Jazzclub. Der bekannteste Musiker dieser Bop-Formation war zweifelsohne Charlie Parker, aber wer extra wegen ihm in den Jazzclub kam, wurde häufig enttäuscht. Charlie war selten an seinem Platz, und wenn er mal da war, spielte er nicht in gewohnter Form. Charlie war nun vollkommen heroinabhängig und hatte in Hollywood Versorgungsprobleme, so daß er entweder nicht einsatzbereit war oder dermaßen aggressiv und unruhig, daß er nicht in der Lage war, vernünftige Soli zu blasen. Dizzy entschied sich, einen zweiten Saxophonisten einzustellen, da der dauernde Ausfall Parkers den ganzen Job zu gefährden schien. Lucky Thompson übernahm Parkers Part. Als Charlie zehn Jahre später, kurz vor seinem Tod, nochmals bei Dizzy Gillespie einsteigen wollte, war es für Dizzy: »... das erste, was mir einfiel, wie es damals in Kalifornien gewesen war, als ich für ein Quintett bezahlt wurde und einen sechsten Mann mitnahm, weil ich wußte, er würde nicht immer fähig sein zu spielen. Ich war zu der Ansicht gekommen, daß es besser war, einen Musiker in der Band zu haben, der etwas weniger spielte, aber dafür immer da war, als ein Super-Super-Super-Genie, von dem ich nie wußte, ob er da sein würde oder nicht. Darum wollte ich ihn eigentlich nicht in meiner Band haben.«[16]

Im Februar 1946 war das Engagement bei Billy Berg's beendet. Man verabredete, nach New York zurückzukehren. Charlie verkaufte sein Flugticket und ging – ohne den anderen Bescheid zu sagen – nach Los Angeles und bekam einen Job im Final, einem Laden in ›Little Tokio‹, dem bevorzugten Wohngebiet japanischer Auswanderer. In diesem Lokal wurde kräftig gedealt, so daß Charlie immer gut versorgt war und entsprechend »unbelastet« spielen konnte. Das Final entwickelte sich in relativ kurzer

Zeit zu einem bekannten Treffpunkt progressiver Jazzmusiker, bis es nach Razzien wegen Drogenkonsums Mitte des Jahres geschlossen wurde. Charlie saß also wieder »auf dem Trockenen«. Kurz vorher konnte der Produzent Ross Russel ihn für sein Plattenlabel ›Dial‹ engagieren. In der ersten Aufnahmesitzung nahm Parker u. a. den Titel ›Moose the Mooche‹ auf, den er einem gleichnamigen Rauschgiftdealer widmete, der ihn lange Zeit mit Stoff versorgt hatte. Der Dealer war allerdings ein sehr gerissener Mann, denn Charlie mußte ihm für seine Dienste 50 Prozent der Einnahmen aller für ›Dial‹ aufgenommener Titel abtreten.

Der Trompeter Howard McGhee hatte inzwischen das Final übernommen und neu eröffnet. Er engagierte Charlie, der mittlerweile recht heruntergekommen in einer Autowerkstatt lebte und das Heroin durch Alkohol zu ersetzen versuchte, für seine neue Band. Neben Howard und Charlie spielte Red Challender am Baß, Dodo Marmarosa, Piano, und Roy Porter, Schlagzeug.

Am 29. 07. 1946 nahm Charlie erneut an einer Aufnahme für ›Dial‹ teil, war aber aufgrund seines zwangsweisen Heroinentzugs und seines gesteigerten Alkoholkonsums nicht in der Lage, die vorgesehenen Titel fehlerfrei einzuspielen. Charlie war einem Zusammenbruch nahe, die Sitzung mußte abgebrochen werden. Später wurden diese Aufnahmen als legendäre »Loverman-Sitzung« bekannt, denn der Produzent Ross Russel hatte nach längerem Zögern diesen fehlerhaften aber sehr mitreißenden und gleichzeitig erschütternden »Take« veröffentlicht, was ihm Charlie nie verziehen hat. Nach dieser Aufnahmesession kam es zum totalen nervlichen Zusammenbruch Parkers. Er rannte nackt und schreiend in der Hotelhalle umher und wurde daraufhin vom Hotelpersonal in seinem Zimmer eingeschlossen. Dort steckte er – wütend wie er war – sein Bett in Brand. Die herbeigerufene Polizei konnte ihn nur mit Mühe bändigen. Nachdem Parker mit dem Gummiknüppel »beruhigt« worden war, brachte man ihn in die psychiatrische Abteilung des Bezirksgefängnisses. Der Einfluß von Freunden verhinderte einen längeren Gefängnisaufenthalt. Statt dessen machte Parker eine Entziehungs- und Erholungskur im Camarillo State Hospital. Nach siebenmonatigem Aufenthalt konnte Parker bei bester Verfassung das Hospital verlassen. Es begann seine sogenannte Post-Camarillo-Zeit, die von einer anfänglich sehr disziplinierten Arbeitsphase eingeleitet wurde. Er schaffte es auch geraume Zeit, dem Rauschgift fernzubleiben, trank aber um so mehr. Eines seiner ersten Stücke, die er nach dem Krankenhausaufenthalt aufnahm, trug bezeichnenderweise den Titel »Relaxing at Camarillo‹.

Charlie verließ Kalifornien und ging nach New York zurück. Auf der 52. Straße konnte man mit Bebop immer noch das meiste Geld verdienen. Dizzy Gillespie war durch Charlies »Ausfall« zum erfolgreichsten Interpreten des neuen Jazz geworden.

90

Hier in New York gründete Charlie 1947 seine vielleicht berühmteste, aber sicherlich beständigste Combo mit Miles Davis an der Trompete, Tommy Potter am Baß, Max Roach am Schlagzeug und Al Haig bzw. Duke Jordan am Piano. Ihren ersten Job hatte diese Combo im Three Deuces Club und wechselte sich dort mit dem Lennie Tristano Trio ab. In New York nahm das Parker Quintett Platten für das Label ›Savoy‹ auf. Im September 47 kam es zu einer erneuten Begegnung mit Dizzy Gillespie, sie traten zusammen in der Carnegie Hall auf. Dieses Konzert wurde ein großer Erfolg, so daß die privaten Mitschnitte später auf Platte veröffentlicht wurden. Da Charlie Parker immer noch bei ›Dial‹ unter Vertrag stand und sich der Inhaber Ross Russel nicht von seinem gewinnversprechenden Saxophonstar trennen wollte, zog dieser nach New York, um die noch fehlenden Aufnahmen »einzutreiben«. Ende 1947 mußte Charlie noch etliche Titel für dieses Label einspielen. Charlie haßte seinen Produzenten und warf ihm vor, seine aussichtslose Lage und seine Drogensucht in Kalifornien ausgenutzt zu haben, um ihn vertraglich an sich zu binden. Ross Russel, der später eine gutverkaufte Parker-Biographie auf den Markt brachte, schildert seine Beziehung zu Parker dagegen in den schönsten Farben und vermittelt dem Leser den Eindruck, er habe von Anfang an auf Charlies Bettkante gesessen.

Charlie arbeitete nun vermehrt für das Plattenlabel ›Savoy‹ und unterzeichnete 1948 einen Vertrag bei der Firma ›Verve‹. Ebenfalls 1948 wurde er auch von Norman Granz unter Vertrag genommen, der mit seinem ›Jazz At The Philharmonic‹ (JATP)-Projekt großen Erfolg hatte. JATP entwickelte sich zum erfolgreichsten Jazz-Projekt, für das nur ausgewählte Musiker in Frage kamen, die landesweit auf Konzerttournee geschickt wurden. Charlie war mehrmals innerhalb dieses Projektes engagiert worden und machte 1950 sogar einen Film für JATP. Mittlerweile war Charlie ein drittes Mal verheiratet, diesmal mit Doris Sydnor (1948).

Parker war jetzt einer der ganz Großen im Jazz. Er gewann die ersten Leserumfragen (Polls) der amerikanischen Jazz-Zeitschriften wie ›Metronome‹ und wenig später ›Down Beat‹. Er spielte in nahezu allen Jazzclubs in New York. Erwähnenswert sind insbesondere die Auftritte im Royal Roost, da seine Konzerte von hier aus im Radio übertragen und diese Aufnahmen später auf Schallplatte veröffentlicht wurden. Billy Shaw, der auch schon die Billy Eckstine Band managte, nahm Charlie unter Vertrag und sorgte dafür, daß er unter seinem Management die höchsten Gagen seines Lebens verdiente, die allerdings – verglichen mit rein kommerziellen Swing-Bands – immer noch bescheiden waren. Budd Johnson erinnert sich:

»Ich kann mich ganz genau an Billy Shaw von der William-Morris-Agentur erinnern. Als Charlie und Dizzy sich trennten, ging Billy Shaw zu allen

91

von uns hin und sagte: ›Dizzy spielt in Charlies Stil.‹ Verstehst du, er wollte die Sanktionen der Musiker haben, um zu sagen, daß es Charlie Parker war, der diesen Stil geschaffen hatte. Und er sagte: ›Ich werde diesen Burschen auf den rechten Weg zurückbringen und etwas aus ihm machen!‹ Als erstes gab er Charlie einen Cadillac, einen, den er ohnehin loswerden wollte, verstehst du. Er wollte sein Vertrauen gewinnen und ihn dazu bringen, daß er einen Vertrag unterschrieb, und so gab er Charlie Parker einen Cadillac. Dann brachte er Charlie groß heraus, und natürlich verdiente er es. Er war phantastisch und er verdiente den großen Namen, den er sich machte. Er änderte den Stil aller Saxophonisten. Altsaxophonisten, Tenorsaxophonisten, jeder versuchte wie Charlie zu spielen. Aber Charlie war nun einmal der, der er war, mit den Drogen und so weiter, er war ganz einfach nicht verläßlich. Er konnte es nicht sein, verstehst du, die Droge war das wichtigste. So kam er zu spät zu den Jobs, machte alle möglichen Sachen und verlor langsam seinen guten Ruf.«[17]

Aufgrund dieser Unzuverlässigkeit zerbrach auch sein Quintett: Ende 1948 verließ Miles Davis die Band und wurde durch Kenny Dorham ersetzt, wenig später ging auch der Schlagzeuger Max Roach. Im Mai 1949 kam Charlie Parker erstmals nach Europa. Charles Delaunay, der ein großes Jazzfestival im Salle Pleyel in Paris veranstaltete, hatte neben Charlie Parker auch das neue Quintett von Miles Davis und Tadd Dameron geladen.

Charlie Parker hinterließ keinen guten Eindruck in Paris, er spielte so schlecht, daß Arrigo Polillo damals in einer Kritik schrieb: »Parker war für alle eine große Enttäuschung. Wir erwarteten einen Musiker von lebhafter Intelligenz, dynamisch und brillant wie seine Musik (...), und unseren Augen bot sich das peinliche Schauspiel eines tölpelhaften großen Kindes, das ewig vom Alkohol oder von sonst noch Schlimmerem verblödet ist.«[18]

Auf diesem Festival hatten auch einige europäische Musiker die Gelegenheit, mit Charlie Parker zusammenzuspielen. So ist eine Aufnahme vorhanden, auf der der heutzutage eher als Tanz- denn als Jazzmusiker bekannte Hazy Osterwald zusammen mit Bird zu hören ist. Hazys Solo ist allerdings, von der Anfangsphrase abgesehen, nicht zu hören, da in diesem Moment die Wachsplatte (!) des tragbaren Aufnahmegerätes gewechselt werden mußte.

Ende 1949 wurde das bis dahin größte Jazzlokal der Staaten in New York eröffnet. Es wurde Charlie Parker zu Ehren ›Birdland‹ genannt und befand sich – wie konnte es anders sein – am Broadway. Ein großes Portrait des Saxophonisten schmückte den Raum, und zwanzig bis dreißig Vogelkäfige mit Finken hingen an der Decke. Selbstverständlich war Bird zur Eröffnung der ›Jazzcorner of the World‹, wie die Eigenwerbung dieses Lokal nannte, geladen und gab das erste Konzert im neuen Treffpunkt der

New Yorker Jazzszene. Man hatte ein festes Rundfunkstudio in dem Laden eingerichtet, aus dem allabendlich die Konzerte aus dem Birdland übertragen wurden. Kein anderer Jazzmusiker ist jemals zuvor in derartiger Form geehrt worden. Der Komiker Harold Cromer, ein Freund von Dizzy, erinnert sich an eines der vielen Konzerterlebnisse mit Parker im Birdland:

»Stumpy und ich gingen oft mit Sarah aus. Eines Nachts kamen wir ins Snookie's und trafen Dizzy. Charlie Parker spielte damals im Birdland und wir sagten zu Dizzy: ›Gehen wir doch hin und besuchen wir ihn zwischen den Sets, okay?‹ Und so spazierten wir von Snookie's zum Birdland und Dizzy nahm seine Trompete mit. Als wir hinunterkamen, begrüßte uns der kleine Peewee Marquette und wir sahen, daß Charlie Parker am Klavier lehnte. Jemand anderer spielte gerade ein Solo, ein Trompeter. Dizzy sagte: ›Jetzt paßt einmal auf!‹ Er nahm seine Trompete heraus, setzte das Mundstück ein und spielte ein paar heiße ›licks‹ über den Trompeter, der gerade improvisierte: Charlie Parker reagierte sofort mit seinem Horn und sagte ›obo-be-do-do-be-do‹, und dann ging es richtig los. Sie spielten Viertakter und Achttakter, während Dizzy langsam vom Eingang bis zur Bühne ging. Die Leute brüllten vor Begeisterung. Es war eine phantastische Nacht.«[19]

Parker wäre nicht er selbst gewesen, wenn sein Engagement im Birdland ohne besondere Vorkommnisse geblieben wäre. Der übliche Ärger, den er machte, endete schließlich mit einem Hausverbot, welches allerdings nicht endgültig war, denn selbst kurz vor seinem Tode im März 1955 gab er noch ein Konzert im Birdland. Dieser Laden wurde so etwas wie eine Zufluchtsstätte für Charlie, denn immer, wenn es ihm dreckig ging, kam er in den Laden zurück, der seinen Namen trug.

In den Jahren 1949, 1950 und 1952 arbeitete Charlie mit verschiedenen Streichergruppen zusammen. Norman Granz und Charlies Manager Billy Shaw hatten die Idee, Charlie mit Hilfe von Streichersätzen der neuen Entwicklung des Cool Jazz anzugleichen. 1950 entstanden die Plattenaufnahmen ›Bird with Strings‹ für das Plattenlabel ›Verve‹. Diese Aufnahmen wurden ein großer Publikumserfolg, obwohl sie musikalisch nicht besonders wertvoll waren, handelte es sich doch um simple Arrangements altbekannter Bop- und Swingstandards. Einzige Glanzpunkte sind die Soli von Bird, insbesondere die der letzten Aufnahmen von 1952. Charlie selber empfand die Arbeit mit Streichern als eine persönliche Aufwertung. Durch den symphonischen Charakter dieser Aufnahmen glaubte er, sich der klassischen Musik, die er sehr verehrte, anzunähern. Klassik galt auch für Jazzmusiker immer noch als höchste Form der Musik. Parker glaubte ernsthaft, in dieser Besetzung seine besten Aufnahmen gemacht zu haben.

Obwohl Parker seit 1950 in immer wechselnden Besetzungen zu hören war, führte er dennoch ein eigenes Quintett. Nach einer kurzen erneuten Zusammenarbeit mit Miles Davis, entschied sich Charlie für den jungen weißen Trompeter Red Rodney. Miles hatte sich mittlerweile stark entwickelt und sich einen eigenen Namen gemacht. Er galt als der führende Trompeter der neuen »coolen« Spielart des Bebop: Cool Jazz. Bei den ersten Aufnahmen, die Miles unter eigenem Namen veröffentlichte, handelte es sich praktisch um das alte Charlie Parker Quintett, in dem Charlie für diese Aufnahmen Tenorsaxophon blies.

Red hingegen war noch unverbraucht und ungefähr auf dem Level, das Miles hatte, als er bei Parker anfing. Im Süden der Staaten wurde Red als weißer Neger, als Albino, angekündigt, da hier der Rassismus noch derart ausgeprägt war, daß Komplikationen zu befürchten gewesen wären. Aus Red Rodney wurde »Albino-Red«. Obwohl er zur Elite der weißen Bop-Trompeter gezählt wurde, wechselte er 1960 die Musiksparte und machte von nun an Unterhaltungsmusik.

1950 kam Charlie ein zweites Mal nach Europa, nach Schweden. Dort bereitete man ihm einen grandiosen Empfang. Er wurde behandelt, wie sonst nirgendwo in den Staaten. Er überlegte ernsthaft, ob er nicht – dem Beispiel einiger Kollegen folgend – in Europa ansässig werden sollte. Doch Charlie entschied sich anders; er hielt noch nicht einmal seine Zusage für ein Konzert in Paris ein und flog direkt zurück in die Staaten. Charles Delaunay, Konzertveranstalter und Vorsitzender des Hot Club de Paris, der Parker schon die clubeigene Auszeichnung für Musiker überreicht hatte, erfuhr erst im allerletzten Moment von der Abreise Parkers, so daß er die wartenden Fans erst im Konzertsaal davon unterrichten konnte.

Wieder in den Staaten zurück, mußte sich Charlie aufgrund eines Magengeschwüres in ein Krankenhaus begeben. Kurz darauf mußte er sein Quintett auflösen. Sein Trompeter Red Rodney, der durch den Einfluß seines Vorbildes Parker ebenfalls rauschgiftabhängig wurde, mußte nach mehrfachem Konflikt mit dem Gesetz eine fünfjährige Gefängnisstrafe absitzen. Charlie wurde vorübergehend die polizeiliche Lizenz, die sogenannte »Cabaret Card« entzogen. Von nun an arbeitete er nur noch als Solist, entweder in bekannten Formationen, wie 1951 auf einer Tournee mit dem Woody Herman Orchester, oder auch mit unbekannten lokalen Gruppen. Parker mußte oftmals sein Saxophon versetzen und mit geliehenen Instrumenten spielen, einmal sogar mit einem Saxophon aus Kunststoff (Plastik).

Zwischen 1950 und 1953 spielt er noch mehrere Platten ein, von denen die Aufnahmen mit kubanischen Percussionsgruppen besonders erwähnenswert sind. Auch wenn eingefleischte Bop-Fans diese Aufnahmen gleich den ›Bird with Strings‹-Aufnahmen unterschwellig ablehnend gegenüberstehen, so sind diese Aufnahmen musikgeschichtlich von großer Bedeu-

94

tung. Der Bebop war die erste Jazzstilrichtung, die ganz gezielt nach ihren rhythmischen Wurzeln suchte. Parker und Gillespie hatten zwar auch schon mit afrikanischen Musikern und Tänzern zusammengearbeitet, doch die Arbeit mit lateinamerikanischen Gruppen lag sowohl musikalisch als auch geographisch näher. Die Arbeit mit Percussionsgruppen, die von anderen Musikern übernommen wurde, ermöglichte der lateinamerikanischen Musik den Einstieg in den Jazz. Latin, Bossa und Samba wurden zu rhythmischen Elementen der Jazzmusik. Parker war sozusagen Wegbereiter des Latin Jazz, der durch Interpreten wie Stan Getz, Astrut Gilberto und Jobim später große Erfolge feiern sollte.

1951 wurde Charlie Vater einer Tochter mit Namen Pree, ein Jahr später bekam er einen Sohn, den er Baird nannte.

Im Mai 1953 gab Charlie zusammen mit Dizzy, Max Roach, Bud Powell und Charles Mingus ein Konzert in Toronto, Kanada. Dieses Konzert wurde von Mingus mitgeschnitten und später auf seinem eigenen Plattenlabel ›Debut‹ veröffentlicht. Das ›Massey Hall Concert‹, so benannt nach dem Veranstaltungsort, war eines der mitreißendsten Livekonzerte des ›Quintett of the year‹, wie diese Formation genannt wurde. Dieses Konzert war im Grunde genommen eine reine Session, ohne vorherige Probe. Der Bassist Charles Mingus wird häufig als Initiator und Leiter dieses Konzertes bezeichnet, wohl deshalb, weil er diese Aufnahmen veröffentlichte. Aus der Darstellung der anderen beteiligten Musiker läßt sich ein ganz anderer Sachverhalt entnehmen. Max Roach erzählt:

»Die Gruppe, die Dizzy eigentlich schon hatte für das Onyx zusammenstellen wollen, wurde erst 1953 Wirklichkeit, als wir in der Massey Hall in Toronto spielten. Bei diesem Konzert wurde das Album ›Jazz at Massey Hall‹ aufgenommen. Ein paar Kanadier waren in die USA gekommen und wollten die Original-Bebopgruppe für ein Konzert. Aber, wie schon gesagt, dadurch entstand sie erst. Nur Oscar Pettiford fehlte, er hatte sich beim Baseballspiel mit Leuten von der Woody Herman-Band den Arm gebrochen, und an seiner Stelle spielte Charles Mingus. Wir hatten lange nicht miteinander gespielt, jeder war seine eigenen Wege gegangen und hatte entweder eine Gruppe geleitet oder sonst was unter eigenem Namen gemacht, und sie holten uns für diese Session zusammen. Natürlich freut sich bei dieser Gelegenheit jeder zunächst einmal, die anderen wiederzusehen, und man denkt gar nicht besonders darüber nach, was eigentlich musikalisch geschehen soll, solange bis man auf den Bandstand geht. Erst dann überlegten wir uns, was wir in diesem Konzert überhaupt spielen wollten. Und dadurch war das Ganze weitgehend spontan. Es war nicht so wie sonst, wo man sagt: ›Okay, wir proben zwei oder drei Stunden.‹ Wir gingen einfach auf die Bühne, und die Dinge begannen sich zu ereignen. Mingus war gerade von der Westküste gekommen und war nicht mit allem vertraut, was wir an der Ostküste machten. Natürlich kannten

95

wir ihn und wußten, was er draußen im Westen gespielt hatte. Aber mit dieser Gruppe hatte er eben noch nie gearbeitet und das hört man manchmal auch auf den Aufnahmen. Wie gesagt, ursprünglich hätte ja Oscar Pettiford spielen sollen. Aber wir kamen gut zurecht und jeder fühlte sich wohl. Es war ein wirklich schöner glücklicher Tag. Wir waren sehr relaxed und eine Menge von komischen Dingen passierte.«[20]

Und Dizzy Gillespie fügte hinzu: »Komische Dinge sind da passiert, das ist richtig. Charles Mingus hatte sein Magnetophon mitgebracht, es auf der Bühne aufgebaut und das ganze Konzert mitgeschnitten. Und als er wieder nach Hause gekommen war, hatte er eine Platte daraus gemacht, und bis vor ganz kurzer Zeit habe ich keine Tantiemen gesehen. Ausgerechnet Mingus, der immer am lautesten Klage darüber führte, wie die Musiker ausgebeutet und betrogen werden.«[21]

Im gleichen Jahr erhielt Parker eine Berufung als Jazzlehrer für das Harnett Studio in New York City. In diesem Zusammenhang ergaben sich erste musikalische Kontakte mit dem Trompeter Clifford Brown. Es wäre nur allzu verwunderlich gewesen, wenn Charlie hier längerfristig gearbeitet hätte. Anfang 1954 wurde er nach Kalifornien gerufen, um im Stan Kenton Orchester den Tenoristen Stan Getz zu ersetzen, der nach einem mißglückten Raubüberfall auf einen Drugstore verhaftet worden war.

Dizzy Gillespie, der mehrmals für Kenton spielte erinnert sich: »Einige Male in dieser Zeit, in den frühen 50er Jahren, ging ich als Solist mit Stan Kenton auf Tournee. Stan wollte einige Extraattraktionen haben und nahm Kontakt mit Billy Shaw auf. Er engagierte mich, Charlie Parker, Slim Gaillard und Erroll Garner. Jeder von uns hatte einen eigenen Auftritt. Bird und ich spielten nicht miteinander, für jeden waren eigene Arrangements vorhanden. (...) Unglücklicherweise trank Yardbird damals ziemlich viel und war in schlechter Verfassung. Das war am Beginn der Tournee. Er wollte sauber bleiben und kein Rauschgift nehmen, aber dafür trank er 3/4 Liter Whiskey, bevor er auf die Bühne ging, und dann war er so voll, daß er nicht spielen konnte. Er dudelte irgend etwas auf seinem Horn herum. In Stan Kentons Band war damals Lee Konitz, ein junger, sehr guter Altsaxophonist, der von Charlie Parker gelernt hatte, aber nicht so bluesy war wie er. Lee Konitz spielte wirklich! Er bekam jedesmal einen Riesenapplaus. So nahm ich Charlie Parker einmal zur Seite und sagte zu ihm: ›Yard, Mann, du läßt deine Fans hängen, du enttäuscht sie. Jedes Mal, wenn du besoffen auf die Bühne gehst, sagst du überhaupt nichts. Du dudelst auf deinem Horn herum. Ja, du spielst, aber nicht so, wie es die Leute von dir gewöhnt sind und wie sie es erwarten. Schau einmal, da ist Lee Konitz in der Band, der Bursche ist im kommen. Er beherrscht sein Instrument und Stan Kenton stellt ihn groß heraus. Mann, du bringst die Leute zum Nachdenken!‹ Und von da an war Schluß mit dem Whiskey. Bird hörte sofort auf damit. Diesen Abend kam er auf

96

die Bühne und mir tat es im Augenblick fast leid, was ich ihm gesagt hatte, denn ich kam nach ihm dran. Mann, er war einfach großartig, er spielte die Schlangen aus ihren Löchern heraus! Wenn jemals einer von uns ein Genie war, dann war es Charlie Parker. Diese Geschichte erzähle ich immer, wenn jemand behauptet, Bird spielte besser, wenn er high war. Das ist die größte Lüge, die ich jemals gehört habe.«[22]

Nach Beendigung dieser Tournee blieb Parker in Kalifornien und spielte in einigen Läden in Hollywood, so z. B. im Tiffany's und im Oasis. Im Tiffany's spielte er mit seinem alten Jugendidol Lester Young und seinem ehemaligen Bandleader Earl Hines zusammen. Die Bildhauerin Julie McDonald nahm Charlie in ihr Haus auf. Sie wollte von ihm zwei Portraits anfertigen, was Charlie sichtlich erfreute, denn als Dizzy Gillespie vor einiger Zeit im Birdland den Entwurf seiner geplanten Büste vorstellte, reagierte Charlie eifersüchtig wie ein Kind. Nun sollte auch er in einem Kunstwerk verewigt werden. Die geplanten Portraits konnten nicht fertiggestellt werden, da Charlie aufgrund der Nachricht vom Tod seiner kleinen Tochter einem Nervenzusammenbruch nahe war. Charlie kehrte nach New York zurück und arbeitete u. a. im Birdland. Nachdem er sich dort wiederholt daneben benommen hatte, erklärt ihm der Geschäftsführer Oscar Goodstein, daß er Bird nun nicht mehr engagieren werde. Den erneuten Rausschmiß aus »seinem« Lokal konnte Bird nicht verkraften, er unternahm einen Selbstmordversuch. Man fand ihn allerdings rechtzeitig und lieferte ihn ins Bellevue Hospital ein. Nach seiner Einlieferung am 1. September blieb er nur einige Tage in psychiatrischer Behandlung, begab sich aber freiwillig am 28. September erneut in das Krankenhaus. Die Ärzte befanden Charlie für geisteskrank und sahen eine Behandlung mit Elektroschocks vor. Im Krankenblatt wurde Charlie wie folgt beschrieben: »Bemerkenswerte Intelligenz; feindselig; ausweichende Persönlichkeit; primitive und sexuelle Phantasievorstellungen, verbunden mit Feindseligkeit; sehr deutlich zu erkennende Denkweise paranoiden Typs.«[23]

Diese Beurteilung aus ärztlicher Sicht deckt sich mit dem Befund des Camarillo Hospitals, in das er 1946 nach seinem ersten Zusammenbruch eingeliefert wurde.

Zwischen seinen beiden Aufenthalten im Bellevue spielte Charlie noch einmal für Norman Granz' JATP-Projekt in der Carnegie Hall. Ende des Jahres spielte er in der Town Hall; dieses Ereignis ist als ›Town Hall Concert‹ veröffentlicht worden. Trotz der erfolgten psychiatrischen Behandlung schien Charlie Parker nun vollkommen am Ende zu sein. Sein früherer Produzent Ross Russel traf ihn im Dezember 1954:

»Charlie sah sehr vernachlässigt aus. Er hatte einen Anzug an, in dem ich ihn schon verschiedene Jahre vorher gesehen hatte, wie ich mich erinnerte, und der seit langem nicht mehr gereinigt und gebügelt worden war.

Die Manschetten und der Kragen seines weißen Hemdes starrten vor Schmutz und waren ausgefranst. An den Füßen trug er Stoffpantoffeln. Das Gesicht war aufgedunsen, und seine Augenlider hingen so schwer runter, daß die Pupillen nur halb zu sehen waren.«[24]

Anfang 1955 ging Charlie nach Chicago und spielte dort im Bee Hive. Er trat nur noch unregelmäßig auf; eine feste Combo hatte er schon lange nicht mehr. Er verdiente sein Geld als Solist, der von verschiedenen lokalen Rhythmusgruppen begleitet wurde. Charlie war nicht nur als Mensch, sondern auch als Musiker vollkommen heruntergekommen. Viele Agenturen weigerten sich, mit diesem unzuverlässigen Typen zusammenzuarbeiten. Zeugen wollen Charlie in dieser Zeit sogar bettelnd auf der Straße angetroffen haben. Seinen letzten öffentlichen Auftritt hatte Charlie Parker am 4. und 5. März 1955 im New Yorker Birdland. Trotz der Ankündigung, ihn nicht wieder zu engagieren, erhielt Charlie einen Job in einer ›All Star Band‹ zusammen mit Kenny Dorham, Art Blakey, Charles Mingus und dem ebenfalls nervenkranken und bisweilen unzurechnungsfähigen Pianisten Bud Powell. Charlie und Bud sorgten für einige peinliche Szenen, so daß sich der Bassist Charles Mingus genötigt sah, dem Publikum zu sagen: »Meine Damen und Herren, halten Sie mich bitte nicht für mitverantwortlich für das, was sie sehen! Das ist kein Jazz. Das sind kranke Menschen.«[25]

Am 9. März suchte Charlie die Baroneß Pannonica de Koenigsworter auf, eine deutschstämmige adelige Mäzenin des modernen Jazz. Viele Musiker gingen bei ihr ein und aus, ihr Haus wurde zu einem regelrechten Künstlertreffpunkt. Sie hatte immer ein offenes Ohr für die Probleme ihrer »Schützlinge« und unterstützte sie, so gut es ging. Charlie fühlte sich äußerst übel und benötigte dringend einen Ort, wo er sich ausruhen konnte. Die Baroneß erkannte Charlies Zustand und rief sofort einen Arzt, der ihn aber nicht überreden konnte, sich in ein Krankenhaus zu begeben. Charlie verpflichtete sich aber, in dem Appartement der Baroneß zu bleiben und sich dort täglich behandeln zu lassen. Am 12. März 1955 verstarb Charlie in der Wohnung der Mäzenin. Bei der fälligen Obduktion fragte der Arzt, ob nicht eventuell das Lebensalter des Verstorbenen falsch angegeben wäre und es nicht 53 statt 35 heißen müßte. Das Rauschgift, der Alkohol und seine übrige Lebensweise hatte bei Parker deutliche Spuren hinterlassen und ihn frühzeitig altern lassen.

Charlie hatte kein Vermögen hinterlassen, wohl aber die Rechte an seinen Kompositionen und Schallplatteneinspielungen. Da Charlie aber mehrfach verheiratet und zudem nebenbei auch noch ein eheähnliches Verhältnis eingegangen war, blockierte der Streit um die rechtliche Nachfolge lange Zeit die weitere Veröffentlichung von Parker-Aufnahmen. Da Charlie praktisch als armer Mann ohne jegliche Barschaft verstarb, organisierten Dizzy Gillespie und Mary Lou Williams ein Benefiz-Konzert, um ein anständiges Begräbnis finanzieren zu können. Es wurden 16000 Dollar eingespielt, von denen aber auf unerklärliche Weise 12000 Dollar »verschwanden« bzw. gestohlen wurden, so daß nur noch 4000 Dollar für die Beerdigung zur Verfügung standen. Charles Christopher Parker jun. wurde am 21. März 1955 an der Abyssinian Baptist Church beigesetzt.

Nach seinem Tode setzte eine weltweite Welle der Verehrung dieses Musikers ein; der »Parker-Mythos« war schlagartig entstanden. Überall sah man bemalte Häuserwände: »Bird lives!« Die Schallplattenfirmen beeilten sich, ihre Archive durchzukramen, um noch vorhandenes Charlie Parker-Material zu veröffentlichen. Auch private Mitschnitte wurden nach und nach auf Platten herausgegeben. Auf einigen Radiostationen wurde direkt nach Parkers Tod nichts als Bebop gespielt. Der Radio-Disk-Jockey Jazzbo Collins, der die Parker-Memorial-Kampagne stark unterstützte, sagte: »Ich glaube nicht, daß in der ganzen Geschichte des Jazz irgendein Musiker mehr anerkannt und weniger verstanden wurde als er.«[26]

Dizzy Gillespie

John Birks Gillespie, wie Dizzys offizieller Name lautet, wurde am 21. Oktober 1917 in Cheraw, einer Kleinstadt in South Carolina, geboren. Er war das letzte von neun Kindern, von denen drei recht früh verstorben sind. Sein Vater war Maurer und leitete nebenbei eine kleine Amateurband, deren Instrumente in Gillespies Wohnung aufbewahrt wurden. So hatte John Birks schon relativ früh die Gelegenheit, verschiedene Instrumente kennenzulernen. Einen regulären Musikunterricht bekam er von seinem Vater nicht. Durch den spielerischen Umgang mit den Instrumenten konnte er sich aber u. a. ein gutes Gehör und eine breit gefächerte Klangvorstellung aneignen. John war von seinen Geschwistern der einzige, der später seinen Lebensunterhalt mit Musik verdiente.

1927, als John zehn Jahre alt war, starb Vater Gillespie; er hatte seinen Sohn nie Trompete spielen gehört. Erst vier Jahre später, mit vierzehn also, entwickelte John Birks erstmals ein ernsthaftes Interesse für die Musik. Er besuchte mittlerweile das Laurinburg Institute in North Carolina, eine »Negro industrial school«, wo er auch in Harmonielehre und Musiktheorie unterrichtet wurde. Zum Ende des Schuljahres wurden sogenannte »Minstrel Shows« veranstaltet, musikalische Varietédarbietungen mit religiösem Inhalt. Diese Shows weckten Johns musikalisches Interesse, ab 1930 hat er dort mitgewirkt. Kurz zuvor war eine Schulband gegründet worden. Bei der Verteilung der Instrumente blieb für John, der als letzter dran war, nur noch eine Posaune übrig. Die war ihm zwar viel zu groß, doch er war überglücklich, überhaupt mitmachen zu dürfen, und übte fleißig. Ende des Jahres, es war Weihnachten, hörte er einen Nachbarjungen auf der Trompete spielen. Er lief sofort rüber, verliebte sich in das Ding und übte seitdem jeden Nachmittag, nachdem er seine »Pflichtübungen« auf der Posaune beendet hatte, auf der Trompete des Nachbarjungen. Nachdem er die B-Dur-Tonleiter eingeübt hatte, glaubte John schon, ein guter Trompeter zu sein und sah sich nach weiteren Spielmöglichkeiten um. Beim ersten Vorspielen – er konnte keine einzige Note lesen – versagte er, da das angesagte Stück in C-Dur gespielt wurde. Sein Cousin Norman Powe hatte Musikunterricht und zeigte John, was er gelernt hatte. So bekam John ein paar Noten (alles im Baßschlüssel!) und verschiedene Tonleitern beigebracht.

Wenig später, er war nun fünfzehn, bekam er eine eigene Trompete, mit der er auch in der Schulband spielte. Nebenbei spielte John auch hin und wieder in einer Tanzband mit, die von Wes Buchanan geleitet wurde und in den kleineren Städten der Umgebung zu Hauspartys und Tanzveranstaltungen geladen wurde. Als John mit der Schulband unterwegs war, wollte er eines Abends den Wagen des weißen Managers der Band fahren. John war fünfzehn Jahre alt, hatte natürlich keinen Führerschein und rammte zu allem Unglück auch noch ein Polizeiauto. Dieser Vorfall bescherte ihm den ersten Gefängnisaufenthalt seines Lebens.

Ein Jahr später begegnete er dem ehemals sehr berühmten Trompeter King Oliver. Dizzy erinnert sich: »Einmal kam King Oliver mit seiner Band nach Cheraw und machte Norman und mir ein Angebot, mitzuspielen. Wir spielten den einen Abend mit ihm, aber wir gingen nicht mit ihm auf Tournee. Ich war damals gerade 16 und traute mich nicht. Ich hatte von King Oliver vorher nie etwas gehört und erinnere mich noch, daß eines seiner Augen so komisch aussah. Cheraw hatte nur 5000 Einwohner und King Oliver muß schon ziemlich heruntergekommen gewesen sein, daß er in einer so kleinen Stadt auftrat. Ich hatte keine Ahnung, daß er so berühmt war. Ich wußte damals auch sehr wenig von Louis Armstrong.«[1]

Seine großen Vorbilder waren Duke Ellington und Cab Calloway, deren Bands fast täglich im Radio zu hören waren. Sein großes Idol auf der Trompete wurde Roy Eldridge. Dizzy: »Als ich anfing, wollte ich nur Swing spielen. Eldridge war mein Mann. (...) Ich habe immer nur versucht, genauso wie er zu spielen, aber ich habe es nie ganz geschafft, und das hat mich dann jedesmal scheußlich irritiert. Also versuchte ich es mal mit etwas anderem. Daraus hat sich dann das entwickelt, was als Bop bekannt geworden ist.«[2]

Im Frühjahr 1935 zog seine Familie nach Philadelphia. John sollte zurückbleiben, um seinen Schulabschluß zu machen. Er fiel bei der Physikprüfung durch und verließ die Schule, ohne die Prüfung zu wiederholen. Erst

100

zwölf Jahre später (1947) holte er seinen regulären Schulabschluß nach. In Philadelphia angekommen, kaufte ihm sein Schwager eine neue Trompete, die John Birks immer in einer Papiertüte mit sich trug, da er kein passendes Futteral hatte. Für acht Dollar die Woche nahm er einen Job im Green Gate Inn in South Philadelphia an. Wenig später bekam er einen anderen Job für zwölf Dollar angeboten. John wurde nun Mitglied der Musikergewerkschaft und war auf dem besten Wege, Profi zu werden. Frankie Fairfax, der Sekretär der Gewerkschaft, wollte John in seiner eigenen Band engagieren, doch da er die handgeschriebenen Arrangements nicht lesen konnte – er konnte nur sauber gedruckte Noten lesen –, bekam er diesen Job nicht. John Birks war nun der »Verrückte (= Dizzy) mit der Trompete im Papiersack, der keine Noten lesen konnte«.

Als Fairfax später, nachdem ihn die Musiker nach einem Streit verlassen hatten, eine neue Band zusammenstellte, war John dabei. In dieser Band setzte sich der Name Dizzy (Verwirrter, Verrückter) durch, den John alsbald selbst übernahm und sich fortan mit »Dizzy« vorstellte. In dieser Band spielte er bis 1937 und nahm nebenbei an allen möglichen Jam Sessions teil und machte sich so einen Namen. Er wurde von Lucky Millinder, in dessen Band mittlerweile zwei ehemalige Kollegen aus der Fairfax-Band Trompete bliesen, nach New York gerufen. Doch als Dizzy in New York ankam, erlebte er eine böse Überraschung: Er war nur als Ersatzmann vorgesehen und hatte somit keinen regulären Job. Dennoch blieb Dizzy in der Stadt, denn in der Provinz konnte man schlecht Karriere machen. Als Roy Eldridge die Band von Teddy Hill verließ, um bei Fletcher Henderson einzusteigen, ergab sich für Dizzy die Gelegenheit. Teddy, der eine Europatournee plante, brauchte unbedingt einen neuen Mann.

Teddy Hill: »Ich hörte Dizzy zum ersten Mal in Philadelphia. Damals spielten Roy Eldridge und Chu Berry bei mir und die beiden verließen mich dann, um zu Fletcher Henderson nach Chicago zu gehen. In der Zwischenzeit war Dizzy nach New York gekommen und zusammen mit vielen anderen Trompetern bewarb er sich um Roys Stelle. Ich sagte ihm, er solle auf die nächste Probe kommen. Ich probte mit den Blechbläsern ein paar Stunden vor der allgemeinen Probe. Bill Dillard war mein erster Trompeter, Shad Collins der zweite und der dritte war Roy gewesen. Nun machte ich Dizzy zum zweiten Trompeter und Shad wurde der dritte.«[3]

Dizzy hatte einen schweren Stand in der Band, man konnte den jungen Aufsteiger nicht leiden. Seine Art, Solo zu blasen, wurde mit allerlei blödsinnigen Bemerkungen und Faxen kommentiert. Als Teddy Dizzy mit nach Europa nehmen wollte, gab es einen regelrechten Aufstand. Teddy Hill dazu: »Ein paar meiner Musiker drohten, daß sie die Band verlassen würden, wenn ich den Verrückten mitnähme. Aber es erwies sich, daß der junge Dizzy – mit all seiner Exzentrik und seinen ständigen Witzeleien – der zuverlässigste Mann der Band war.«[4]

101

Kurz vor der Tournee nahm die Teddy Hill Band eine Schallplatte auf. Es waren Dizzys erste Aufnahmen. Er hatte gleich zwei Soli zu blasen, in den Nummern ›King Porter Stomp‹ und ›Blue Rhythm Fantasy‹. In Europa hinterließ Dizzy einen recht unterschiedlichen Eindruck. Leonard Feather, der die Band im Londoner Palladium sah, waren nur die Trompeter Bill Dillard und Shad Collins aufgefallen: »Der unbekannte dritte Trompeter, John Gillespie, interessierte weder mich, noch die anderen Jazzfans, wir waren hauptsächlich an den Namen interessiert, die wir von den Platten kannten, solche wie Russ Procope, der Altsaxophon in der Band spielte, und Dick Wells, den Posaunisten.«[5]

In Paris hingegen wurde man auf Dizzy aufmerksam, ein französischer Musiker soll geschrieben haben: »Es gibt da in dem Orchester Teddy Hill einen ganz jungen Trompeter, der viel verspricht. Es ist schade, daß man ihm keine Gelegenheit gibt, Aufnahmen von sich zu machen. Er ist – zusammen mit dem Posaunisten Dicky Wells – bei weitem der begabteste Musiker der Band. Er heißt Dizzy Gillespie.«[6]

Zurück aus Europa lernte Dizzy die Tänzerin Lorraine Willis kennen, die er später, am 9. Mai 1940, heiratete. Dizzy unterbrach sein Engagement bei Teddy Hill, spielte 1937 bei Edgar Hayes und im folgenden Jahr bei Alberto Socarras. Noch im Jahr 1938 kehrte er zu Teddy Hill zurück und lernte dort den Schlagzeuger Kenny Clarke kennen, der aufgrund seiner modernen Spielweise dort bald seinen Job verlieren sollte. 1939 wurde Dizzy von Lionel Hampton für eine ›All-star-smal-band‹ engagiert, mit der er am 11. September seine zweite Plattenaufnahme machte. Dizzy war der einzige Trompeter neben einem Saxophonsatz, in dem Benny Carter am Alt und Coleman Hawkins, Ben Webster und Chu Berry am Tenor saßen. Ende 1939 stieg Dizzy in die Band seines früheren Idols Cab Calloway ein. Cabs Band war recht berühmt geworden, er hatte mit ›Hi-De-Ho‹ einen Riesenhit gelandet. Dizzy war der einzige Solotrompeter in der Band und wurde entsprechend gefeatured. Die Band spielte auch eine Nummer, mit der alle Mitglieder vorgestellt wurden. Jeder Musiker mußte einen kurzen Refrain singen und anschließend ein Solo spielen. Dizzy sang »I'm Dizz the Wiz, a swingin' Hipcat, swingin' Hipcat, Diz the Wiz«; die Nummer nannte sich ›Abi Gezindt‹. Es gab noch eine kleine Besetzung in der Band, eine sogenannte »Band in the Band«; aber in diese Gruppe wurde Dizzy nicht aufgenommen, da Chu Berry, mit dem er bei Hampton Aufnahmen machte, ihn für zu jung und unerfahren befand. Der Bassist Milt Hinton, der mit Dizzy gut befreundet war und seine Neigung zu neuen Experimenten teilte, erinnert sich an Dizzys Einstieg bei Cab:

»Dizzy Gillespie kam Anfang der vierziger Jahre in die Calloway-Band. Unser erster Eindruck war: ›Alle Wetter, spielt der aber mal modern, moderner noch als Chu Berry.‹ Chu und Diz verstanden sich nicht allzu

102

gut. Sie hatten zusammen bei Teddy Hill gespielt. Chu war der Star in der Calloway-Band und Dizzy nicht. Dizzy hatte sich nicht in demselben Maße verbessert wie Chu, und deshalb sah Chu etwas auf ihn herab. Außerdem hatte Dizzy eine ganz andere musikalische Auffassung, und auch daran hat es gelegen, daß Chu von ihm nicht sonderlich begeistert war. Dizzy spielte etwas völlig Neues. Aber Chus Stil basierte auf riffähnlichen Figuren und Virtuosität. Dizzy arbeitete an einer Erneuerung der harmonischen Struktur. Dizzys Musik war sehr viel aufregender. Sie war der Beginn einer neuen Richtung. Noch hatte Dizzy nicht genug Technik, um das, was ihm vorschwebte, auch wirklich spielen zu können. Es fehlte der letzte Schliff, und so manches blieb vorläufig noch im Versuch stekken. Aber ich verstand, was er vorhatte, und ich bewunderte ihn deshalb. So zum Beispiel, wenn er eine sehr komplizierte ellenlange Passage vorhatte, und am Schluß sollte ein hoher Ton kommen, und er kriegte ihn nicht. Cab wurde dann immer sehr böse. Einige aus der Band aber sagten: ›War hübsch gedacht, mein Junge, versuch es nochmal.‹ Aber die meisten hielten ihn für völlig unbegabt und sagten: ›Aus dem wird nie was.‹ Als Diz bei Calloway spielte, war ich für ihn eine Art Laboratorium. Es war leicht, mit einem Baß in eine Ecke zu gehen. So bürgerte es sich ein, daß ich mit meinem Baß Rhythmus machte, während er neue Akkorde und Harmoniefortschreitungen ausprobierte. Im College Club gingen wir zum Beispiel in den Pausen immer aufs Dach und übten. Es war leicht, einen Baß mit aufs Dach zu nehmen.«[7]

Während der Zeit bei Cab ging Dizzy nach Feierabend und vor allem am Montagabend, wenn er frei hatte, in Minton's Playhouse nach Harlem, um an den dortigen Jam Sessions teilzunehmen. Hier war sein Freund Kenny Clarke, den er bei Teddy Hill kennengelernt hatte, als fester Schlagzeuger engagiert. Teddy Hill, der seine Band auflösen mußte, da er nicht mehr im Savoy, seiner Haupteinnahmequelle, spielen durfte, hatte hier einen Posten als musikalischer Leiter des Ladens bekommen. Hier im Minton's fand Dizzy gleichgesinnte Musiker, die ebenfalls etwas Neues zu entwickeln schienen, so daß er immer häufiger vorbeischaute und letztendlich Entscheidendes zur Entwicklung der modernen Jazzmusik beitrug.

So war Dizzy der erste, der bekannte Jazzstandards wie zum Beispiel ›How High The Moon‹ in einem schnellen Up-Tempo spielte. Er und der Pianist Thelonious Monk waren es auch, die neue Harmoniefolgen ersannen. Die neuen Akkorde kamen nicht (nur) zustande, weil man lästige »Einsteiger« ausboten wollte, wie häufig gesagt wurde. Die Tricks, die man damals anwandte, um die anwesenden Musiker zu verwirren, konnten sich in der neuen Jazzmusik etablieren. So hatte man z. B. den harmonischen Mittelteil eines Standards mit dem einer anderen Komposition vertauscht. Auf diesen so entstandenen Harmoniegerüsten baute man anschließend neue Kompositionen auf, so daß nicht wenige bekannte Bop-Kompositionen auf – teilweise veränderten – Standardharmonien basieren.

Die neuen Ideen, die Dizzy zusammen mit Monk im Minton's entwikkelte, trug er natürlich in die Calloway-Band hinein. Dizzy Gillespie dazu: »Ich war bei Cab in der Band – damals, als ich Thelonious Monk kennenlernte und wir uns zusammentaten, und ich glaube, Cab hat nicht einen Ton verstanden, wenn ich bei ihm auf dem Podium die neuen Ideen ausprobierte, die Monk und ich am Abend vorher entwickelt hatten.«[8]

Danny Barker, der Rhythmusgitarrist der Calloway-Band erinnert sich: »Als Dizzy in die Calloway-Band kam, war er ganz Tatkraft und Unternehmungsgeist. Er experimentierte pausenlos und war ein netter, sympathischer Bursche. Das war in der Zeit um 1941. Die beiden Charaktereigenschaften, die sich so viele große Stars im Laufe ihrer Karriere zulegen, nämlich Eifersucht und Mißgunst, kannte er überhaupt nicht. (...) Hinton und Dizzy waren mit unermüdlichem Eifer bei der Sache. Immer wieder unternahmen sie ihre Probenausflüge aufs Dach, und manchmal erstreckten sich diese Sessions auch noch auf die Dienstzeit der Band. Cab hatte ein paar sehr gute Arrangements in seinem Repertoire. Manchmal spielten wir sie nach der Show oder kurz vor der Pause zum Tanzen. Dizzy übernahm seine Soli; und immer, wenn ein solches Solo von Dizzy begann, schaltete Hinton blitzartig um. Er folgte den Harmonien, die Dizzy seinem Chorus zugrunde gelegt hatte und brachte dementsprechend neue Baßlinien. Oft spielte Dizzy ganz andere Sachen als im Arrangement standen. Aber dann sah Hinton zu mir rüber, und ich wandelte den Akkord so ab, daß er dazu paßte. In meinen Ohren klang das alles sehr interessant, und ich hörte es gern, aber Cab und drei oder vier Leuten aus der Band ging es auf die Nerven. Dizzy war immer so übermütig wie ein unartiger kleiner Junge, der in der Schule nicht aufpassen kann. Er rannte hin und her und probierte irgend etwas aus. Manchmal unterbrach Cab die Band mitten in einem Stück und sagte: ›Da hat schon wieder jemand das Arrangement umgemodelt. Wenn das noch einmal vorkommt, passiert sonst was. Und was dich betrifft‹, er zeigte mit dem Finger auf Dizzy, ›so laß dir das eine gesagt sein: Ich will nicht, daß du in meiner Band diese Chinesenmusik spielst.‹«[9]

Cabs Band war viel unterwegs und gab sich nach außen recht modern, man trug ausgefallene ›hippe‹ Uniformen und Baskenmützen, die im späteren Bebop-Kult zur Mode wurden, doch an musikalischen Neuerungen war Cab nicht interessiert. Die erste Platte, die Dizzy mit Cab aufnahm, war ›Chop, Chop, Charlie Chan‹ am 8. März 1940. Dieser Titel hatte nichts mit Charlie Parker zu tun, der später einmal dieses Pseudonym – inspiriert von dem Namen seiner letzten Frau »Chan« – benutzte. Dizzys Job bei Calloway endete ganz abrupt im September 1941. Dizzy

104

hatte seinen Bandleader während einer laufenden Show auf der Bühne mit Papierkügelchen beworfen. In der Garderobe kam es anschließend zu einem Streit zwischen den beiden. Dizzy war ein Hitzkopf, der immer ein Messer mit sich trug, von dem er schon des öfteren Gebrauch gemacht hatte, so auch bei diesem Streit. Der Bassist Milt Hinton: »Cab begriff erst, als er in der Garderobe war und das Blut sah, daß Dizzy ihm schon im nächsten Moment ein Messer in den Leib gerammt hatte.«[10]

Ella Fitzgerald hatte gerade ihren Boß Chick Webb verlassen und sich selbständig gemacht. Dizzy und Kenny Clarke wurden von ihr für die neue Band engagiert. Dizzy schrieb sein erstes Arrangement ›Down Under‹, das er aber nicht mit Ella aufnahm, da dieser Job nur sehr kurzfristig war. Später verkaufte Dizzy ›Down Under‹ an Woody Herman, der es herausbrachte. 1946 trat Dizzy nochmals mit Ella Fitzgerald zusammen auf. Mit diesem Konzert brachen sie alle Zuschauerrekorde in der Carnegie Hall. Im November 1941 spielte Dizzy eine Woche lang mit Coleman Hawkins, verließ ihn aber wieder, da er nicht die verlangte Gage bekam. 1942 komponierte Dizzy seine später so berühmten Stücke wie ›A Night In Tunesia‹ und ›Salt Peanuts‹. Er hatte ein kurzes Engagement bei Benny Carter. In dieser Zeit versöhnte er sich auch wieder mit seinem Ex-Boß Cab Calloway.

Dizzy bekam schließlich einen Job im weißen Orchester von Charlie Barnet und ging mit ihm in den mittleren Westen und nach Kanada. Es gab zu dieser Zeit recht wenig weiße Bands, die schwarze Musiker beschäftigten. Die einzige Ausnahme unter den bedeutenden Bands war die von Benny Goodman, in der u. a. der schwarze Gitarrist Charlie Christian zu finden war. Dizzy war der einzige Schwarze in Barnets Band und hatte laufend Schwierigkeiten, in die Clubs, in denen er spielen sollte, überhaupt hereinzukommen. Roy Eldridge, Dizzys früheres Trompetenidol, hatte sich geschworen, nie wieder mit einer weißen Band zusammenzuarbeiten. Um einigermaßen nachvollziehen zu können, was Dizzy erlebt haben muß, möchte ich Roy zitieren:

»Das eine kann ich Ihnen versichern: Solange ich in Amerika bin, werde ich nie wieder in meinem Leben in einer weißen Band arbeiten. Es fing schon vor vielen Jahren an, damals, als ich in die Band von Gene Krupa eintrat. Bis dahin hatte noch nie ein farbiger Musiker in einer weißen Band gearbeitet. Eine Ausnahme bildeten Sonder-Attraktionen, wie Teddy und Lionel bei Benny Goodman. Einen solchen Sonderauftritt habe auch ich zuerst bei Gene gehabt. Ich galt nicht als richtiges Mitglied der Band. Doch schon sehr bald entlastete ich Shorty Sherock in einigen Stücken, und wir lösten uns im Satz ab, und als er die Band verließ, übernahm ich seine Stelle. Ich kam fast um vor Freude, weil ich nun als reguläres Mitglied der Band anerkannt war. Aber ich wußte, daß ich sehr vorsichtig sein mußte. Ich wußte, daß alle Augen auf mich gerichtet waren.

Ich durfte mich nicht falsch benehmen und auch nichts falsch machen. Die Jungens in der Band waren alle sehr nett zu mir, und Gene war besonders reizend. Das war im Pennsylvania-Hotel. Dann gingen wir Richtung Westen auf Tournee und landeten in Kalifornien. Und da begann der Ärger. Wir kamen in einer Stadt an, und die übrige Band geht in ihr Hotel. Ich darf nicht in dasselbe Hotel wie sie, also nehme ich meine Koffer in die Hand und fange an, in der Stadt herumzufahren und das andere Hotel zu suchen, wo jemand für mich ein Zimmer bestellt haben soll. Ich finde das Hotel und stelle mein ganzes Gepäck in der Halle ab. Da wir an die Westküste fahren und mehrere Monate von zu Hause weg sein werden, habe ich natürlich einen ganzen Haufen bei mir, mindestens ein Dutzend schwere Gepäckstücke. Wenn dann der Mann vom Hotel sieht, daß ich der Mr. Eldridge bin, für den das Zimmer bestellt worden ist, entdeckt er plötzlich, daß eben ein alter Stammgast angekommen ist und das letzte freie Zimmer mit Beschlag belegt ist. Ich schleppe das ganze Gepäck wieder auf die Straße und mache mich weiter auf die Suche. Das passiert nun Abend für Abend. Allmählich fängt es an, sich auf meinen Verstand und auf mein Gemüt zu legen. Ich kann nicht mehr richtig denken. Ich kann nicht mehr richtig spielen. Als wir dann schließlich im Palladium in Hollywood waren, mußte ich darauf achten, mit wem ich mich an einen Tisch setzen durfte. Wenn es Filmstars waren, die wollten, daß ich zu ihnen rüber kam, war die Sache in Ordnung. Wenn es bloß so die üblichen Jitterbugtänzer waren, aus der Traum! Und die ganze Zeit über hatte der Rausschmeißer ein Auge auf mich und wartete nur auf eine günstige Gelegenheit. Zu alledem kam hinzu, daß ich weit draußen in Los Angeles wohnen mußte, während der Rest der Band in Hollywood blieb. Es war ein einsames Leben. (...) Dann passierte es. Eines Abends wurde die Spannung so unerträglich, daß ich versagte. Ich konnte es am ganzen Körper fühlen, während ich ›Rockin'chair‹ spielte. Ich fing an zu zittern, rannte vom Podium herunter und gab es auf. Sie trugen mich zum Arzt. Ich hatte vierzig Fieber. Meine Nerven waren völlig kaputt. Als ich später bei Artie Shaw in der Band war, ging ich zu dem Lokal, wo wir spielen sollten, und sie wollten mich nicht mal reinlassen. ›Hier dürfen nur Weiße hinein‹, sagten sie zu mir, und neben der Tür hing ein Schild mit meinem Namen drauf, ›Roy-Little Jazz-Eldridge‹, und ich sagte ihnen, wer ich sei. Als ich schließlich reingekommen war, spielte ich die erste Serie und gab mir alle Mühe, nicht loszuweinen. Als ich dann mit der Serie fertig war, liefen mir die Tränen die Backen runter. Ich weiß nicht mehr, wie ich es schaffte.«[11]

Nach der Tour mit Charlie Barnet spielte Dizzy wieder in einer schwarzen Band, und zwar bei Les Hite. Les hatte einen reichen Sponsor und konnte somit gute Gagen zahlen. Dizzy kam allerdings nicht mit dem Schlagzeuger zurecht, da er mittlerweile an die moderne Spielweise eines Kenny Clarke gewöhnt war. Wenn nun Oscar Bradley, der Schlagzeuger, nicht so spielte wie Dizzy es ihm vorher gesagt hatte, setzte sich Dizzy mitten im Solo wieder hin und spielte nicht weiter. Les Hite hatte die Story mit Cab Calloway gehört und wagte es nicht, seinem Trompeter, den er für verrückt hielt, etwas zu sagen, sondern feuerte die ganze Band, um den Rest anschließend wieder einzustellen. Somit stand Dizzy auf der Straße. Er wurde von Lucky Millinder angeheuert und beteiligte sich an dessen Plattenaufnahmen mit den Titeln ›Are You Ready‹ und ›When The Lights Go On Again‹.

Das Jahr 1942 war recht bewegt für Dizzy. Er hatte kurze Engagements bei Claude Hopkins, Fess Williams, Calvin Jackson, Boyd Raeburn und Fletcher Henderson. Er gründete auch ein eigenes Quartett in Philadelphia mit Johnny Ace, Piano, Oscar Smith, Baß, und einem weißen Schlagzeuger namens Stan Levey. Die Gruppe spielte im Down Beat und hielt sich nur kurze Zeit. Zwei Freunde von ihm, Shadow Wilson und Billy Eckstine, spielten in der Band des Ex-Louis-Armstrong-Pianisten Earl Hines, der viele junge Musiker in seiner Band hatte. Die Freunde überredeten Dizzy Ende des Jahres in die Hines-Band zu kommen.

Dizzy: »Die beiden Motherfucker brachten mich dazu, Philly zu verlassen und mit Earl Hines zu gehen. Das machten sie sehr raffiniert. Sie sagten zu mir: ›Du weißt ja, Charlie Parker kommt zu uns‹, und ihm sagten sie: ›Du hast ja sicher gehört, daß Dizzy mit uns spielen wird!‹ Schließlich brachten sie Earl dazu, mir 20 Dollar pro Nacht auf Tournee zu zahlen. Da sagte ich schließlich ja. Charlie Parker spielte Altsaxophon und sie brauchten einen Tenorsaxophonisten, aber Earl kaufte Bird ein Tenorsaxophon und er spielte Tenor mit der Band. Er kam ein paar Wochen nach mir.«[12]

Die beiden führenden Musiker des modernen Jazz, die sich schon kennen- und schätzengelernt hatten, spielten in dieser Band zum ersten Mal ganz regulär und für längere Zeit zusammen. Anfang 1943 entstehen auch die ersten Plattenaufnahmen, auf denen beide zu hören sind. Billy Eckstine hatte als Sänger der Band – außer ihm sang auch Sarah Vaughan – große Erfolge, so daß er eine eigene Band aufmachen wollte. Dizzy bekam von ihm den Job eines musikalischen Direktors angeboten, so daß dieser daraufhin die Hines-Band, die sich allmählich in Wohlgefallen auflöste, verließ. Die Bandgründung verzögerte sich, so daß Dizzy in der Zwischenzeit eine Stellung im Duke Ellington Orchester annahm. Dizzy fiel es schwer, sich in dieser Band zurechtzufinden. Es gab keine »vernünftigen« Arrangements, an denen man sich orientieren konnte. Viele Stücke basierten auf mündlichen Anweisungen und ein paar festgelegten Melodienlinien und mußten auswendig gelernt werden. Dizzy war nicht als Solist vorgesehen und erhielt erst eine Chance, als der Solotrompeter verhindert war. Duke war daraufhin von Dizzys Soli so begeistert, daß er

107

ihn anwies, so lange Solo zu blasen wie er Lust hatte. Als Eckstine dann seine Band endgültig zusammenstellte, nahm Dizzy seine Tätigkeit als »musikalischer Direktor« auf. Von dieser erfolgreichen Big Band des neuen Jazz ist in diesem Buch schon so viel berichtet worden, daß wir uns eine weitere Darstellung sparen können.

1944 war Dizzy an einer Schallplattenaufnahme mit Coleman Hawkins beteiligt. Neben ihm nahmen auch viele junge progressive Musiker teil, die Hawkins aus den Sessions vom Monroe's Uptown House geholt hatte: Max Roach, Don Byas, Leo Parker, Budd Johnson, Oscar Pettiford und neben Dizzy und Coleman noch fünf weitere. Ganz nebenbei – rein zufällig sozusagen – komponierte Dizzy während dieser Aufnahmesession den Titel ›Woody'n You‹, entstanden aus einer Akkordfolge, die er in einer Pause auf dem Klavier spielte. Auch mit der Eckstine-Band nahm Dizzy Platten auf; ›Good Jelly Blues‹ war sein Arrangement. Als Dizzy die Band verließ, empfahl er den Trompeter Fats Navarro als seinen Nachfolger.

In diesem Jahr gründete Dizzy zusammen mit dem Bassisten Oscar Pettiford die erste reguläre Bebop-Combo, die ein festes Engagement im Onyx Club auf der 52. Straße in New York bekam.[13] Max Roach spielte Schlagzeug und George Wallington Klavier. Charlie Parker war als Saxophonist eingeplant, doch er hatte – nach eigenen Worten – das Telegramm mit dem Angebot nie bekommen. So stieg der Tenorist Don Byas, der mit dem Al-Casey-Trio im gleichen Club spielte, in die Truppe ein. Don Byas fand Gefallen an dieser Art von Jazzmusik, entwickelte sich aber nicht zu einem wirklichen Bop-Saxophonisten. Mit Byas hatte Dizzy auch schon mal andere Probleme, wie er sich erinnert:

»Er war ein großartiger Musiker, aber nur, wenn er nüchtern war. Gelegentlich betrank er sich, und dann spielte er nichts als Scheiße. So war es an diesem Abend. Er spielte ein Solo und nudelte sinnlos auf seinem Horn herum. Nachher saß ich nur da und schaute ihn an. Schließlich sagte er: ›Was zum Teufel schaust Du?‹ ›Ich schau Dich an‹, sagte ich. ›Was ist los?‹ ›Du spielst Scheiße‹, sagte ich. ›Nun, so großartig bist Du heute Abend auch nicht.‹ ›Mag sein, aber ich versuche wenigstens mein Bestes, und ich bin nüchtern!‹ ›Geh scheißen, Motherfucker!‹ Er stand auf. ›Don‹, sagte ich, ›wenn Du glaubst, ich verschone Dich, weil Du betrunken bist, dann irrst Du dich sehr. Wenn Du auf mich losgehst, dann schlage ich Dich zu Brei. Du kannst überhaupt nichts machen. Du bist betrunken.‹ Er beruhigte sich wieder.«[14]

Auch die beiden Bandleader, Dizzy und Oscar, hatten Probleme miteinander. Wenn Oscar betrunken war, zog er den Ärger förmlich an sich. So wurde Dizzy in Schlägereien und Messerstechereien verwickelt, die Oscar im Suff angezettelt hatte. Natürlich hatte der Alkohol auch Auswirkungen auf die Spielweise des Bassisten.

Dizzy: »Oscar trank eine Menge, verstehst du, und wenn er dann spielte, spielte er natürlich Scheiße, aber das wollte er nicht zugeben. Und da sagte ich ihm eines Abends: ›Weißt Du, was Du bist? Du bist eine Primadonna.‹ Da explodierte er vielleicht! ›Mein Vater hat es einmal gewagt, mich eine Primadonna zu nennen‹, sagte er, ›und weißt Du, was ich getan habe? Ich habe seine Band verlassen!‹ ›Dann laß Dich nicht aufhalten‹, sagte ich. ›Ich war schon hier, bevor Du gekommen bist, und ich werde noch lange hier sein, wenn Du weg bist.‹« [15]

So trennten sich die beiden, und jeder machte eine eigene Gruppe auf, so daß es nunmehr zwei Bebop-Formationen auf der 52. Straße gab. Dizzy engagierte den Saxophonisten Budd Johnson, den Pianisten Clyde Hart, Leonard Gaskin als neuen Mann am Baß, nahm Max Roach mit und zog direkt gegenüber in einen anderen Club, ins Downbeat bzw. Yachtclub. Es folgten weitere Club-Engagements, so im Three Deuces zusammen mit Charlie Parker oder später im Spotlight. Mit Charlie Parker hatte auch Dizzy seine üblichen Probleme. Max Roach erinnert sich an einen Vorfall im Three Deuces:

»Bird war oft unpünktlich und Dizzy ärgerte sich darüber, obwohl er selten etwas sagte. Aber eines Nachts passierte es dann. Bird kam wieder zu spät, wir spielten bereits und anstatt daß er zu uns auf die Bühne kam wie sonst, ging er direkt in die Toilette. Wir spielten die Nummer weiter, dann fingen wir mit einer neuen Nummer an und während die Rhythmusgruppe allein spielte, ging Diz zur Toilette, um nach Bird zu sehen. Die Toilette war ganz in der Nähe der Bühne. Dann kam er wieder zurück, fuchsteufelswild, und sagte ganz laut zu uns: ›Wißt Ihr, was dieser Motherfucker tut? Er ist da drin und drückt sich einen Schuß!‹ Die Mikrophone waren eingeschaltet und jeder im Haus konnte hören, was Dizzy sagte. Sogar Bird hörte es auf der Toilette. Er kam heraus, wie aus der Pistole geschossen, und sagte: ›Dizzy, Mann, wie kannst Du mir so etwas antun?‹« [16]

Bebop war keine reine Sessionangelegenheit mehr, diese Musik schien sich nun endgültig durchzusetzen. Doch bevor sich Dizzy Gillespie zum erfolgreichsten Interpreten dieser Musik entwickeln sollte, mußte er noch zwei bedeutende Rückschläge einstecken. Es war das Jahr 1945, in dem ihm kaum etwas gelingen sollte. Der Manager Billy Shaw, der auch die erfolgreiche Billy Eckstine Band finanziert hatte, glaubte, daß der Bebop nunmehr kommerziell so interessant sei, daß er es wagen konnte, eine zweite moderne Big Band zu organisieren. So entstand das erste Dizzy Gillespie Orchester. Dizzy holte die besten Musiker zusammen. Allein der Trompetensatz liest sich wie ein ›Who is who in modern jazz‹: Freddy Webster, Kenny Dorham, Miles Davis und Fats Navarro. Und dennoch wurde diese Band zu einer großen Pleite. Das Publikum erwartete Tanzmusik und kam mit diesen modernen Rhythmen nicht mit. Man hatte die Tournee dieser Band extra für den Süden der Staaten geplant, da hier ein überwiegend schwarzes Publikum zu erwarten war. Die Schwarzen im Süden standen jedoch weit mehr auf Blues-Musik, so daß sich die Band nach dieser Tour unter hohen Verlusten wieder auflösen mußte. Eine ähnliche Pleite erlitt Dizzy im gleichen Jahr in Hollywood. Er hatte mit seinem Quintett einen Job in Bill Bergs Jazzclub bekommen, doch auch hier schien das Interesse des Publikums nur von kurzer Dauer zu sein. Erschwerend kam hinzu, daß Charlie Parker aufgrund seiner Drogensucht kaum einsatzfähig war, so daß Dizzy, da er einen Vertrag für fünf Musiker unterzeichnet hatte, gezwungen war, einen Ersatzmann einzustellen, um keine Konventionalstrafe zu riskieren. Zu allem Überfluß legte sich Dizzy auch noch mit dem Star des Clubs, dem Pseudo-Bopper Slim Gaillard an. Später wurden sie allerdings Freunde und spielten zusammen einige Aufnahmen ein.

Anfang 1946 kehrte Dizzy nach New York zurück. Clarke Monroe, dem das als Sessionlokal bekannte Uptown House gehörte, machte Dizzy das Angebot, für acht Wochen mit seiner Combo im Spotlight, das ihm ebenfalls gehörte, zu spielen. Danach sollte Dizzy für weitere acht Wochen eine Big Band leiten. Das Spotlight stand für die Proben zur Verfügung. Für Dizzy, der zwischenzeitlich auch mit Norman Granz' ›JATP-Projekt‹ unterwegs war, wurde das Jahr 1946 zu einem entscheidenden Wendepunkt. Von nun an ging es fast nur noch bergauf. Seine ersten reinen Bebop-Aufnahmen erschienen auf dem Album ›New 52. Street Jazz‹, und die Big Band, die er im Spotlight zusammenstellte, wurde ein großer Erfolg. Mittlerweile hatte nämlich der sogenannte Bebop-Kult eingesetzt, d. h., daß Bebop zu einer Modeerscheinung wurde, die auch kommerzielle Gewinne versprach. Die neue Big Band kam also genau im passenden Moment zustande. Dizzy Gillespie, von der Fangemeinde, den sogenannten Hipsters, zur Galionsfigur und Trendsetter erkoren, wirkte in diesem Jahr zum ersten Mal in einem Film mit; es sollten noch etliche später folgen.

Mit der Big Band ging Dizzy 1946, 47, 48 und 49 auf Tournee. Die Besetzung war nicht immer kostant, ja teilweise recht wechselhaft, doch immer hervorragend zusammengestellt. Der Pianist Bud Powell z. B. war ähnlich wie Charlie Parker recht unzuverlässig und mußte seinen Platz für Thelonious Monk räumen. 1947 spielte die Band zusammen mit Ella Fitzgerald in der New Yorker Carnegie Hall und erregte landesweit Aufsehen. Im gleichen Jahr lernte Dizzy auf der Suche nach einem Percussionisten den Kubaner Chano Pozo kennen und engagierte ihn für die Band.

Chano war nicht nur eine große Bereicherung für Dizzys Band, sondern für die ganze Jazzmusik. Nach den Erfolgen von Chano Pozo, der die Grundideen für die sehr erfolgreichen Kompositionen ›Manteca‹, ›Cubana Be-Cubana Bop‹ und ›Tin Tin Deo‹ lieferte, bemühte sich jedes

110

Jazzorchester um die Integration afrokubanischer Elemente. Chano sprach kein Wort Englisch und war dem afrokubanischen Sektenkult fest verbunden. Dieser erste Conga-Spieler in einer regulären Jazzband war ein rauher Bursche, der immer ein langes Messer bei sich trug und in dessen Rücken eine Kugel steckte, die kein Arzt herauszuoperieren wagte. Die zweite Kugel, die Chano abbekam, tötete ihn im Jahre 1948. Um seinen Tod ranken sich einige mysteriöse Geschichten. Sie reichen vom Mord eines Rauschgiftdealers über die Rache einer kubanischen Sekte bis hin zur Tötung durch einen Voodoo-Zauber mittels einer Voodoo-Puppe. Vor Chanos Tod, der ihn auf einer Tournee der Band mit Ella Fitzgerald ereilte, gab das Orchester eine ausgedehnte und erfolgreiche Europatournee, die von Januar bis März 1948 dauerte. 1950, als Dizzy die seiner Ansicht nach beste Besetzung in seiner Band hatte (u. a. mit John Coltrane, Jimmy Heath und J. J. Johnson), mußte sie abermals aus wirtschaftlichen Gründen aufgelöst werden. Der ›Bebop-Boom‹ flaute ab, und eine Kommerzialisierung der Band kam nicht in Frage. Tanzmusik war wieder gefragt und keine ausgefeilten Soli. Zum Abschied soll Dizzy gesagt haben:

»Es bricht mir vielleicht das Herz, daß wir nicht zusammenbleiben können, aber das ganze Bigband-Geschäft geht kaputt. Und dann will auch noch jeder, daß ihr diese ›Ricky-Ticky‹-Musik zum Tanzen spielt. Was mir gefallen würde, wäre eine Tournee mit Charlie Parker und seinem Streichorchester. Auch ein Saxophon-Orchester mit Arrangements von Johnny Richards würde ich gern dirigieren. Wir könnten die Musiker in den verschiedenen Städten einstellen, Leute, die nur die Musik ablesen müßten, während Bird und ich Jazz spielen würden.«[17]

Charlie Parker hatte zu dieser Zeit zwar recht guten Erfolg mit seinen ›Bird with Strings‹-Aufnahmen bzw. -Konzerten, doch ob Dizzy ernsthaft wieder mit Bird auf Tournee gehen wollte, darf man bezweifeln. Dizzy: »Ich habe nie ernsthaft daran gedacht, wieder mit Charlie Parker zusammen eine Gruppe zu bilden, denn Bird hatte eine eigene Gruppe.«[18]

Dizzy, der auf der Bühne so locker erscheinen konnte und – wenn er gut drauf war – für jeden den Clown machte, war letztlich ein knallharter Bandleader und Geschäftsmann sowie ein Musiker, der seine Sache sehr ernst nahm. Nach der Auflösung der Bigband gründete Dizzy ein Sextett und ging damit auf JATP-Tournee, die ihn erneut nach Europa führte. Ein Jahr später gründete Dizzy eine eigene Plattenfirma, die ›Dee Gee Record Company‹, die er allerdings 1953 wieder aufgab.

Am 6. Januar 1953 passierte etwas, was Dizzys Erscheinungsbild grundlegend veränderte. Dizzys Frau Lorraine feierte ihren Geburtstag in einem Club namens Snookie's. Dizzy stieg in die dort anwesende Band ein und ließ in der Pause seine Trompete auf der Bühne stehen. Das Komikerpaar »Stump'n'Stumpy« blödelte in der Pause auf der Bühne herum. Einer der

111

beiden, besoffen wie sie waren, verlor das Gleichgewicht und trat auf Dizzys Trompete. Sie war arg verbogen, der Schalltrichter zeigte nach oben, aber dennoch weiterhin spielbar. Dizzy testete sein Horn, befand den Klang für gut und ließ sich seitdem diese Trompeten, die sein Markenzeichen wurden, regelmäßig nachbauen. Er hätte sich diese Form gerne patentieren lassen, doch der französische Instrumentenbauer Du Pont hatte schon 1860 eine ähnlich gestaltete Trompete erfunden.

In diesem Jahr gab Dizzy zusammen mit einer extra zusammengestellten All-Star-Band ein vielbeachtetes (und bereits ausführlich erwähntes) Konzert in Toronto, Canada: das Massey-Hall-Concert. 1954 trat Dizzy beim ersten Newport Jazzfestival auf. Nach Charlie Parkers Tod wurde in Lennox, Massachusetts, eine Jazzschule eröffnet, an der Dizzy unterrichtete. Bald darauf erhielt er vom US-Außenministerium den Auftrag, eine Big Band für eine Kulturmission zusammenzustellen. Mit dieser Band ging Dizzy 1956 auf Tournee. Sie führte ihn durch Afrika, den Nahen Osten, Asien und Osteuropa. Im Herbst des Jahres ging es noch nach Südamerika. Dieses Orchester, das Länder berührte, in denen Jazzmusik völlig unbekannt war, und das auf dieser Tournee unermeßlich viele musikalische Impulse durch die Zusammenarbeit mit einheimischen Musikern erhielt, nahm für das Plattenlabel ›Verve‹ eine Anzahl von Titeln auf, darunter nicht wenige Neuauflagen früherer Erfolge. Dizzy war nun ganz oben, ein international anerkannter Jazzmusiker und nach wie vor Trendsetter: 1962 nahm er das erste US-Album mit ›Bossa Nova‹ auf.

1964 bewarb sich Dizzy Gillespie ernsthaft als Kandidat für die US-Präsidentschaftswahl. Dizzy hatte im vorhergegangenen Jahr politisches Engagement bewiesen und in einer Fernsehdiskussion zu politischen Fragen Stellung genommen. Er unterstützte 1963 den »Marsch auf Washington«, eine Demonstration für Arbeit und Freiheit. Die »Dizzy for President«-Kampagne war ursprünglich eher als Promotion gedacht, wurde zwischenzeitlich aber recht ernsthaft betrieben, um anschließend dann doch als Humoreske zu enden. Als Beispiel sei hier Dizzys Standardrede wiedergegeben, die wortwörtlich von der amerikanischen Presse veröffentlicht wurde:

»Wenn ich zum Präsidenten der Vereinigten Staaten gewählt werde, wird meine erste Durchführungsverordnung die Umbenennung des Weißen Hauses in Blues House betreffen. Die Einkommensteuer soll abgeschafft und dafür der Number's pool [ein illegales Wettspiel] legalisiert werden, und zwar auf dieselbe Weise, wie der Jazz in die Konzerthäuser gebracht worden und respektabel gemacht worden ist. Es sind Behauptungen aufgestellt worden, eine derartige Legalisierung würde die Wirtschaft des Landes katastrophal durcheinander bringen, aber wir lehnen es ab, uns von dieser Ansicht beeinflussen zu lassen. Wir werden Möglichkeiten untersuchen, die öffentlichen Ausgaben zu kürzen, zum Beispiel durch die

112

Auflösung des FBI. Alle Justizbeamten und Richter in den südlichen Staaten werden Schwarze sein, damit wir etwas Wiedergutmachung bekommen. Unser Motto ist: ›Ein Mann, eine Stimme.‹ Möglicherweise entziehen wir den Frauen das Stimmrecht und lassen sie einfach sich herumtreiben. Das tun sie ohnehin. Es wird festgelegt, daß die Leute, die sich um einen Job bewerben, dem Arbeitgeber mit einem Tuch über dem Kopf gegenübertreten, so daß er ihre Hautfarbe nicht erkennen kann. Die Tücher haben selbstverständlich farbig zu sein. Alle Botschafter der USA, mit Ausnahme von Chester Bowles, werden abberufen und durch Jazzmusiker ersetzt, weil diese bessere Diplomaten sind. (...)«[19]

Es folgten personelle Vorschläge, wie z. B. Miles Davis als Chef des CIA, Malcolm X als Justizminister, Duke Ellington als Außenminister, Louis Armstrong als Landwirtschaftsminister und ähnliche Gags. Diese Kampagne hatte aber durchaus auch einen ernsten Hintergrund. In einem ›Downbeat‹-Interview stellte Dizzy seine politischen Vorstellungen weitaus differenzierter vor; er forderte u. a. die Durchsetzung der vollen Bürgerrechte, notfalls durch einen Massenboykott bestimmter Produkte, die Beendigung der Rassendiskriminierung, die Beendigung des Vietnamkrieges, Steuersenkungen und die Sicherung und Schaffung von Arbeitsplätzen. Im folgenden Jahr, 1965, schrieb Dizzy den Text und die Musik für einen Film über Rüstungskontrolle: ›The Hat‹.

Dizzys musikalische Aktivitäten aufzuzählen, würde ein halbes Buch beanspruchen. Auch im hohen Lebensalter ist er immer noch unterwegs und gibt Konzerte in vielen Ländern. Dizzy ist regelmäßig auf allen bedeutenden internationalen Jazzfestivals zu Gast. Erwähnenswert für seine Biographie erscheint sein Übertritt zur Baha'i-Religion 1968.

Die zahlreichen Auszeichnungen, die er mittlerweile erhalten hat, zeugen von der Anerkennung, die ihm erwiesen wird. Dizzy war offizieller Staatsgast mehrerer Länder und besuchte als einer der ersten den Inselstaat Kuba in dem Jahr, in dem das Handelsembargo beendet wurde. Mittlerweile erhielt Dizzy auch Einzug ins Weiße Haus, wenn auch nicht als Präsident der Vereinigten Staaten, so doch als offizieller Gast des Präsidenten. 1978 gab er beispielsweise ein Konzert im Weißen Haus und sang zusammen mit dem damaligen Präsidenten und hauptberuflichen Erdnußfarmer Jimmy Carter ›Salt Peanuts, Salt Peanuts!‹

Kenny Clarke

Kenneth Spearman Clarke wurde am 9. Januar 1914 in Pittsburgh, Pennsylvania, geboren. Wie viele seiner späteren Musikerkollegen kam auch er erst während seines High-School-Besuchs mit der Musik in Kontakt. Der Tatsache, daß fast jede amerikanische Schule über eine eigene Schulband verfügt und ihre Schüler entsprechend ausbildet, ist es zu verdanken, daß es in den USA eine überdurchschnittlich große Anzahl von guten Musikern gibt. Kenny experimentierte in seiner High-School-Zeit mit einer ganzen Reihe von Instrumenten. So spielte er neben Schlagzeug auch Klavier, Posaune und Vibraphon. 1930, im Alter von 16 Jahren, spielte Kenny im Orchester von Leroy Breadley, dem er fünf Jahre lang angehörte. Auch Kenny gehörte zu den »frühen« Profis. 1935 wechselte er zu Roy Eldridge, der zusammen mit seinem Bruder eine eigene Band gegründet hatte und auf dem Weg war, ein international angesehener Trompeter zu werden. Kenny blieb allerdings nicht lange in Roys Band, sondern ging 1936 nach St. Louis, um mit Jeter-Pillars zu spielen. Ein Jahr später wechselte Kenny in die Swing-Band von Edgar Hayes, mit der er im Frühjahr 1938 seine ersten Konzerte in Europa gab. Die Band machte eine kleine Skandinavientournee, die sie nach Schweden und Finnland führte. Bei dieser Gelegenheit nahm Kenny in Stockholm unter eigenem Namen eine Schallplatte auf, auf der er sowohl als Schlagzeuger als auch am Vibraphon zu hören ist. Als er in die Staaten zurückkehrte, ging er zu Claude Hopkins, dessen Band sich u. a. als Begleitband von Josephine Baker (Europatournee 1925) einen Namen gemacht hatte. 1939 wurde Kenny von dem Saxophonisten und Bandleader Teddy Hill engagiert.

Kenny experimentierte zu dieser Zeit schon mit neuen Ideen, die das Schlagzeugspiel im Jazz grundlegend verändern sollten. Noch war sein Stil nicht hundertprozentig ausgeprägt, doch er ließ sich trotz erfahrener Ablehnung nicht beirren und setzte seine Entwicklung konsequent fort. Teddy Hill schmiß Kenny aus der Band, da er mit seiner Art Rhythmus zu schlagen, den ganzen Laden durcheinander zu bringen drohte. Kenny sagte später rückblickend: »...es gab ja damals so viele gute Schlagzeuger. Nur schien es mir, daß sie alle an einem bestimmten Schema festhielten, und ich hatte den Eindruck, daß es noch sehr viel mehr zu tun gäbe. Ich wollte also das, was sie brachten, nicht als absolutes Endziel anerkennen. Und so fing ich an, andere Dinge zu probieren, zu spielen, was ich fühlte. Als ich merkte, daß es kaum jemanden gefiel, was ich tat, daß viele sogar erklärten, ich sei verrückt, ließ ich mich dadurch keineswegs entmutigen. Damals wurde ich ausgelacht, als ich begann, jedes Teil des Schlagzeugsets zu benutzen, es auf meine eigene Art einzusetzen, bis dann etwas Neues entstand, heute höre ich jedoch, daß alle Schlagzeuger in der Welt so spielen, wie ich seinerzeit begonnen habe.«[1]

An anderer Stelle erinnerte er sich: »Ich begann so um 1937 meinen Stil zu ändern. Bis dahin hatte ich in den verschiedensten Bands gespielt, unter anderem bei Edgar Hayes, Claude Hopkins und Teddy Hill. Bei Teddy war ich dann soweit, daß ich die Sachen, die ich spielen wollte, auch wirklich spielen konnte. (...) Es ist vor allem auf Roy (Eldridge) zurückzuführen, daß ich anfing, den Grundrhythmus auf dem großen Becken zu schla-

114

gen und mit der linken Hand selbständige rhythmische Figuren dagegen zu setzen. Das brachte mich wieder einen Schritt voran, half mir ganz entschieden, meine Ideen weiterzuentwickeln. Bei den meisten Schlagzeugern, die vor mir in Roys Band gespielt hatten, blieb die linke Hand meistens unbeschäftigt. Das mußte anders werden. Ich begann, mir Stimmen aufzuschreiben, und so entstand das, was man heutzutage ›koordinierte Unabhängigkeit im Jazz-Schlagzeug‹ nennt. Bis zu dem Zeitpunkt hatten die Schlagzeuger meistens Jo Jones nachgemacht und auf dem kleinen Becken gespielt, und als ich – übrigens sogar noch vor meiner Zeit bei Roy – anfing, auf dem großen Becken zu spielen, haben sie mich immer aufgezogen. Ich wollte meinen eigenen Kram spielen. Ich konnte keinen Sinn darin sehen, jemand anders nachzuahmen. Als ich bei Roy in der Band war, lernte ich alles, was ich brauchte, um spielen zu können, was mir vorgeschwebt hatte. Das war noch vor der Zeit in Minton's. Mein Stil war damals schon so gut wie fertig. Roy mochte ihn, weil er seiner Ansicht nach so gut zum Blechsatz paßte. Teddy Hill hatte da anders reagiert. Er hatte mich rausgeschmissen. Er hatte gesagt, ich schlüge ihm den ganzen Rhythmus kaputt, und das Tempo käme ins Schwimmen. In Wirklichkeit hatte er bloß nicht zugehört, denn ich hielt die ganze Zeit unbeirrt einen durchgehenden Beat aufrecht. Ich glaube, mein Improvisieren mit der linken Hand hatte ihn verwirrt. Auch Dizzy war bei Teddy Hill in der Band gewesen. Er gab seinem Stil zur selben Zeit wie ich den letzten Schliff und verstand sofort, worauf ich hinaus wollte. Er hielt sehr viel von mir. Später mußte jeder Schlagzeuger, der mit ihm arbeitete, so spielen wie ich. Dizzy brachte es ihnen persönlich bei. Er hat auch Max Roach und Art Blakey beigebracht, wie sie spielen müssen. Ohne ihn hätten sie ihren persönlichen Stil nie gefunden.«[2]

Auch Teddy Hill stand bald auf der Straße. Durch eine Auseinandersetzung verlor er sein Hauptengagement im Savoy und mußte aufgrund mangelnder Auftrittsmöglichkeiten seine Band auflösen. Er hatte aber Glück und bekam die Stelle eines »musikalischen Leiters« in einem Jazzlokal, in Minton's Playhouse. Kenny wurde für die neu zu gründende Hausband engagiert. Er erinnert sich:

»Die Sache mit dem modernen Jazz fing Ende 1940 in Minton's an. Minton's war ein ziemlich schäbiger Laden, in den eigentlich nur die alten Busenfreunde von Mr. Minton kamen. Im Hinterzimmer spielte eine kleine Band, deren Chef eine Zeitlang Happy Cauldwell war. Als Teddy Hill dann 1941 den Posten des Managers übernahm – er hatte sein Orchester 1939 aufgelöst –, sagte er zu mir: ›Ich brauch 'ne neue Band. Such dir ein paar Leute zusammen. Morgen könnt ihr anfangen.‹ Ja, das sagte er zu mir, obgleich er mich doch einige Jahre davor aus seiner Band rausgeschmissen hatte, weil ich schon damals anfing, modernes Schlagzeug zu spielen. (...) Die erste Band, die Anfang 1941 spielte, bestand aus Joe

115

Guy, Monk, Nick Fenton und mir. Es war Teddy gewesen, der Monk fest engagiert hatte. Er hatte da ein sehr originelles System. Er engagierte die Musiker und machte dann immer den, den er für den Verantwortungsbewußtesten hielt, zum Leiter der Combo. Monk und ich haben übrigens ›Epistrophy‹ zusammen geschrieben. Es war eine der ersten Original-Kompositionen des modernen Jazz. Die Leute standen auf unsere Musik. Sie kamen aus den entferntesten Gegenden – aus Chicago, von überall her, um uns spielen zu hören. Die meisten waren Musiker, obgleich auch andere darunter waren. In Minton's Playhouse zu sein und unsere Musik zu hören, gehörte damals einfach zum guten Ton. Earl Hines und die Leute aus seiner Band kamen vorbei und stiegen ein. Dizzy war da und Roy Eldridge, Lips Page und Georgie Auld.«[3]

Die Entwicklung im Playhouse und Kennys Anteil an der neu entstandenen Musik ist im ersten Teil des Buches ausführlich beschrieben. Kenny war nicht, wie man vielleicht annehmen mag, total ans Playhouse gebunden und konnte daher 1941 die beiden Jazzgrößen Louis Armstrong und Ella Fitzgerald begleiten. 1941/42 spielte Kenny in der bekannten Swing-Band des Multiinstrumentalisten Benny Carter. Anschließend ging Kenny, den man mittlerweile aufgrund seiner besonderen Spielweise »Klook« nannte, nach Chicago und spielte in der Band des Trompeters Henry Allen, den man eher dem traditionellen Jazz zurechnet. Wenig später war Kenny in New York zu finden, er saß im Coleman Hawkins Orchester, das in Kellys Stable engagiert war. Kurz darauf mußte Kenny seine musikalische Karriere unterbrechen, da er von 1943 bis 1946 zum Militärdienst eingezogen wurde. In das Zivilleben zurückgekehrt, wurde er 1946 Mitglied des neugegründeten Dizzy Gillespie Orchesters, welches sich mangels Erfolg relativ schnell wieder auflöste. Kenny ging daraufhin zu Tadd Dameron, der sich als Bebop-Komponist und Arrangeur einen Namen gemacht hatte, und blieb dort bis 1947. Dizzy hatte sein zweites Orchester gegründet und benötigte Kenny für die Rhythmusgruppe. Für Kenny Clarke gab es kein besseres Angebot:

»Es war das großartigste Jazz-Orchester, in dem ich je gespielt habe. Auch das fantastischste, das ich jemals hörte. Der Geist, aus dem die Musik erwuchs, entsprach uns Musikern völlig, und zudem waren die Arbeitsbedingungen geradezu ideal. Natürlich ging der gute Geist von Dizzy Gillespie aus, jeder im Orchester liebte und respektierte ihn. Eine solche Einstellung ist die Voraussetzung für ein derartiges Orchester, das eine solche Musik macht.«[4]

Das zweite Orchester von Dizzy war weitaus erfolgreicher als das erste. Als die Band 1948 auf Europa-Tournee ging, entschloß sich Kenny, in Frankreich zu bleiben. In Europa schienen die Arbeitsbedingungen – es gab vor allem keine Rassendiskriminierung – besser als in den Staaten zu sein. Er blieb einige Monate in Paris, kehrte dann in die USA zurück, um

116

bei Tadd Dameron zu spielen. Mit dieser Band nahm er am Pariser Jazzfestival im Mai des Jahres 1949 teil und machte für zwei weitere Jahre Station in Frankreich. Von hier aus unternahm er verschiedene Konzertreisen in den Ländern Europas.

Kenny Clarke war in Europa ein vielbeachteter Musiker, an dem auch die klassische Schule ihr Interesse zeigte. Der französische Komponist Darius Milhaud, der die Jazzmusik bei einem Besuch in den USA kennenlernte und dem schon 1923 mit der Komposition ›La Creation du Monde‹ eine hervorragende Fusion von Jazz- und Kunstmusik gelungen war, lud den Schlagzeuger ein. Kenny erinnert sich an diese außergewöhnliche Begegnung:

»Als ich 1949 in Paris spielte, lud mich Darius Milhaud in seine Wohnung ein. Die Einladung kam durch den Trompeter Dick Collins zustande, der jetzt bei Woody Herman ist und der mit Dave Brubeck zusammengespielt hatte, ehe er nach Paris ging. Collins war ein Schüler Milhauds. Er hatte Milhaud von mir erzählt, und Milhaud hatte ihn gebeten, mich einzuladen. Milhaud fing an, sich Notizen zu machen, während wir uns unterhielten und während Dick und ich zusammen spielten. Es kam vor, daß er uns in der Mitte von irgendwas plötzlich unterbrach und das, was wir gerade gespielt hatten, aufschrieb. Dann unterhielten wir uns und spielten anschließend weiter. Hin und wieder stellte er die Frage: ›Was ist swing?‹ Dann sagte ich ihm, daß es mehr oder weniger ein Gefühl ist, und wir illustrierten es ihm musikalisch. Er interessierte sich sehr dafür, wie ich den Rhythmus auf dem großen Becken schlug und was ich mit der linken Hand machte. Er schien sich im Jazz ganz gut auszukennen. Wir blieben ungefähr drei Stunden da. Er saß in einem Rollstuhl und rollte vor lauter Begeisterung kreuz und quer im Zimmer umher.«[5]

1951 ging Kenny wieder zurück in die Staaten und tourte mit der Billy Eckstine Band. 1952 war er Mitbegründer des Modern Jazz Quartet, einer der wohl beständigsten und zudem sehr erfolgreichen Formation des modernen Jazz. Doch diese Band wurde immer kommerzieller, so daß Kenny, der die rhythmische Ausdünnung dieser Musik nicht mittragen wollte, diese Formation 1955 wieder verließ. Nach kurzer Tätigkeit in New York siedelte Kenny 1956 endgültig nach Europa über und lebte seitdem in Frankreich. In Paris bekam er gleich ein Engagement in der Band von Jacques Helian. Andere amerikanische Musiker, die sich zwischenzeitlich in Europa aufhielten, spielten immer wieder mit Kenny zusammen, so u. a. auch Miles Davis, Bud Powell und Don Byas. 1959 gab Kenny zusammen mit dem Saxophonisten Stan Getz ein Konzert in Kopenhagen. Im gleichen Jahr gründete Kenny zusammen mit Francy Boland die Clarke-Boland Big Band. Kenny Clarke dazu:

»Die Problematik der Big Band, die ich zusammen mit Francy Boland leitete, lag darin, daß wir praktisch nur Plattenaufnahmen, Rundfunk-

und Fernsehauftritte zu bestreiten hatten. Die meisten Musiker, darunter auch ich, waren es einfach müde, immer nur auf dieser Basis tätig zu sein. Schließlich arbeiteten wir ja alle in irgendwelchen Radio- und Fernsehorchestern oder hatten sonstige Rundfunk- und Schallplattenverpflichtungen, so daß weitere derartige Auftritte für uns keineswegs erstrebenswert waren. Jedenfalls hatten wir andere Zielvorstellungen, und ich selbst bin ja nicht zuletzt nach Europa übergesiedelt, um hier endlich den Studios zu entrinnen. So gab es bei der Band mit Francy wenige Hochs und Tiefs, alles ging immer denselben Trott weiter. Sie fiel eigentlich schon auseinander, nachdem Derek Humple und Ake Persson gestorben waren, und ich zog mich etwa zu dieser Zeit zurück. Es war einfach nicht mehr der gleiche Geist im Orchester wie zuvor. Wir hatten damals beschlossen, endgültig einen Schlußpunkt unter dieses Unternehmen zu setzen. Für mich blieb es auch dabei, als Francy Boland nach etwa 5jähriger Pause eine neue Big Band ins Leben rief.«[6]

1960 war Kenny in Deutschland zu Gast. Er spielte mit Oscar Pettiford und Coleman Hawkins auf den Essener Jazztagen.

Kenny war Ende der 40er Jahre Mitglied der Black Muslims geworden und nannte sich nach seinem Glaubensübertritt Liaqat Ali Salaam. Kennys Mitgliedschaft in dieser überaus politischen Sekte hatte weniger religiöse als gesellschaftliche Gründe. Schwarze, die einen afrikanischen bzw. arabischen Namen trugen, galten als »freie« Menschen, die als vermeintliche Ausländer nicht diskriminiert werden konnten wie die schwarzen US-Bürger. Hier in Europa gab es eine derartige Rassendiskriminierung nicht, so daß Kenny seinen arabischen Namen recht schnell wieder ablegte.

Kenny blieb bis ins hohe Alter in Europa als Schlagzeuger und Komponist aktiv. Es ist keine Frage, daß Kenny die Funktion des Schlagzeugs, die Spielweise und die Klangmöglichkeiten dieses Rhythmusinstrumentes entscheidend verändert und geprägt hat. Kenny war einer der ersten Schlagzeuger, der vom Monorhythmus zum polymetrischen Rhythmus wechselte und damit die Jazzmusik zu ihren afrikanischen Wurzeln zurückführte. Sein Einfluß auf andere Schlagzeuger war ihm immer bewußt: »Es gibt einige Schlagzeuger, die von mir lernten und damit vorankamen. So haben es etwa Max Roach, Grady Tate, Billy Higgins, Louis Hayes sehr viel weiter gebracht. Auch Elvin Jones, aber der nur bis zu einem gewissen Punkt.«[7]

Am 26. Januar 1985 starb Kenny Clarke im Alter von 71 Jahren in seiner Wahlheimatstadt Paris an Herzversagen.

Thelonious Monk

Thelonious Sphere Monk gehört zu den Vertretern des modernen Jazz, über deren frühe biographische Daten wenig bekannt ist. Selbst über sein Geburtsdatum herrschte lange Zeit Unklarheit, so daß noch heute darüber gestritten wird, ob er 1920 oder schon 1917 geboren wurde. Es darf jedoch mittlerweile als gesichert angesehen werden, daß Monk am 10. Oktober 1917 in Rocky Mount, North Carolina, geboren wurde. Die Familie zog alsbald nach New York, wo Thelonious junior unter strenger Führung seiner Mutter aufwuchs. Schon im Alter von fünf oder sechs Jahren begann Thelonious mit dem Klavierspiel und erhielt privaten Unterricht. Sein erstes Geld als Pianist verdiente er sich als Musiker bei sogenannten »Rent Parties« in Harlem. Diese Parties wurden in den 20er und 30er Jahren vorwiegend von Schwarzen veranstaltet, die das eingenommene Eintrittsgeld zur Zahlung ihrer ausstehenden Miete (rent) benötigten. Die Musiker wurden in der Regel mit Naturalien, d. h. mit Essen und Trinken bezahlt. Sein erstes festes Engagement hatte er als Organist und Pianist bei einer Predigerin und Heilkünstlerin, die durch die USA zog und deren Gospelsongs Monk in den Kirchen begleiten mußte. Wann Monk seinen ersten Jazzgig hatte, ist mangels vorhandener biographischer Angaben nicht zu sagen. Dizzy Gillespie erinnert sich, daß er Monk 1937 oder 38 kennengelernt hat, als dieser mit Cootie Williams im Savoy spielte. 1939 soll Thelonious in dem Quartett des Schlagzeugers Keg Purnell mitgewirkt haben. Bevor er Anfang 1941 einen festen Job in der Hausband des Minton's Playhouse erhielt, war er schon auf der Suche nach neuen musikalischen Ausdrucksformen und trug sich mit dem Gedanken, eine eigene Band zu gründen. Die Pianistin Mary Lou Williams, die früh zum Kreis der modernen Musiker gehörte, erinnert sich:
»So, und nun will ich Ihnen alles erzählen, was ich über die Anfänge des Bop weiß, wie es begann und warum es begann. Thelonious Monk und ein paar junge Musiker, die zu den gescheitesten ihrer Generation gehörten, beklagten sich immer wieder: ›Es hat gar keinen Sinn, daß wir uns so viel Mühe geben, was Neues zu machen. Wir haben ja doch nichts davon.‹ Und sie hatten ihre Gründe, wenn sie sowas sagten. Im Musikgeschäft hat es ein echtes Talent verdammt schwer. Jeder ist das Produkt seiner Publicity, und fast jeder kann berühmt werden, wenn er das Geld für den dazugehörigen Reklamerummel hat. Am Ende glaubt das Publikum doch, was es liest. Daher hat es das echte Talent oft schwer, sich durchzusetzen und in der Öffentlichkeit bekannt zu werden. Monk sagte jedenfalls: ›Wir machen eine Big Band auf. Wir kreieren eine ganz neue Musik. Wir bringen etwas, was sie uns nicht stehlen können, weil sie es nicht spielen können.‹ Mehr als ein Dutzend Leute waren an dem Gedanken interessiert, und die Band fing an, irgendwo im Parterre eines Hauses zu proben. Monk

schrieb die Arrangements, und später auch Bud Powell, und, wenn ich mich nicht irre, Milt Jackson. Jeder trug etwas zu den Arrangements bei, und einige waren äußerst schwierig. Nicht einmal diese Könner kriegten sie immer richtig hin. Dann kam die übliche Geschichte. Man wurde hungrig, also mußte man sich irgendwo Arbeit suchen. Und jeder ging in eine andere Band. Monk besorgte sich einen Job in Minton's Playhouse, der Wiege des Bop, und nach Feierabend traf sich alles da zum Jammen, und es dauerte nicht lange, und man konnte bei Minton's vor lauter Musikern und Instrumenten kaum zur Tür hineinkommen.«[1]

Ob Bud Powell an diesen Experimenten teilnahm, darf bezweifelt werden, da er noch zu jung gewesen sein dürfte und es sein Vormund Cootie Williams auf keinen Fall erlaubte, daß er außerhalb seiner Band spielte.

Thelonious Monk wohnte zusammen mit seiner verwitweten Mutter auf San Juan Hill und hatte in der kleinen Wohnung im vierten Stock einen Flügel stehen. Hier komponierte er noch vor seiner Zeit im Minton's zwei mittlerweile zu Jazzstandards gewordene Stücke, ›Blue Monk‹ und ›Round Midnight‹. Die Komposition ›Epistrophy‹ entstand erst später in Zusammenarbeit mit Kenny Clarke, der diesen Pianisten für die Hausband des Minton's empfohlen hatte. Für Thelonious war der Job im Playhouse wie jeder andere auch. Er sagte später, daß ihm nicht aufgefallen wäre, daß hier etwas Aufsehenerregendes passiert wäre. Diese Haltung ist für Monk sehr typisch, seine Meinung ist immer nonkonformistisch gewesen. Er schien sich auch nie für seine Umwelt und schon gar nicht für politische oder gesellschaftliche Themen zu interessieren.

Wie im ersten Teil des Buches bereits dargestellt, ist es unumstritten, daß Monk regen Anteil an der harmonischen Struktur der neuen Jazzmusik, die sich in Minton's ausformte, gehabt hat. Dizzy Gillespie hatte viel mit Monk zusammengesessen und neue Möglichkeiten getestet. Dizzy verschweigt nicht, daß er von Monk, der immerhin klassischen Unterricht gehabt hatte und sich in der Harmonielehre auskannte, eine Menge gelernt habe. Monk aber bestreitet, ebenfalls von dieser Zusammenarbeit profitiert zu haben.

Dizzy: »Ich sagte einmal zu Monk: ›Zeig mir irgendwas, das Du von mir gelernt hast, und das Du oft verwendest.‹ Monk sagte: ›A Night In Tunesia‹. ›Nein, keine Nummer‹, sagte ich, ›ich meine Progressionen.‹ Dann zeigte ich ihm, was ich von ihm gelernt hatte, damals, diese eine besondere Sache, die mir neue Möglichkeiten eröffnet hatte. Dabei weiß ich genau, daß es Hunderte von Sachen gibt, denn wir waren oft zusammen und ich spielte auf dem Klavier herum und wenn ich was entdeckt hatte, zeigte ich es den anderen, auch ihm. Aber Monk ist ein Unikum, mehr als alle anderen aus unserer damaligen Clique. Er ließ sich sehr wenig durch andere Musiker beeinflussen, am ehesten noch durch Pianisten wie

120

James P. Johnson, Fats Waller oder Duke Ellington. Aber wann immer ich ihn spielen hörte, spielte er wie Monk, und wie sonst niemand.«[2]

Mit Monk zusammenzuarbeiten, war nicht einfach, nicht nur aufgrund seiner schwierigen Persönlichkeit, sondern auch aufgrund seiner kompliziert erscheinenden Spielweise. Mary Lou Williams: »Als Thelonious Monk zum erstenmal in Minton's spielte, gab es nur wenige Musiker, die mit seinen Harmonien klarkamen. Charlie Christian, Kenny Clarke, Idees Sulieman und noch ein paar waren die einzigen, die mit Monk zusammenspielen konnten.«[3] Monk war ein Einzelgänger, der selten Begeisterung für das Werk anderer Musiker zeigte. So sagte er einmal: »Was die anderen machten, interessiert mich nicht im geringsten.«[4]

Selbst Charlie Parker kam ihm nicht als jemand Besonderes vor. Man erzählt sich aber folgende Geschichte, die das musikalische Verhältnis der beiden zueinander zwar nicht klärt, die aber dennoch erwähnenswert erscheint: Monk soll als Pianist in Parkers Gruppe nach einem Solo von Bird still am Klavier gesessen und in seinem eigenen Chorus nach einer langen Pause nur einen einzigen Ton angeschlagen haben. Parker soll ganz begeistert gewesen sein und »Crazy Monk, crazy Monk!« ausgerufen haben.

Thelonious spielte sehr lange im Playhouse – etwa bis 1948 –, begleitete zwischendurch aber auch andere Bands, zum Beispiel Lucky Millinder 1942 oder Coleman Hawkins 1944 im New Yorker Yacht Club auf der 52. Straße. 1947 bekam Monk einen Plattenvertrag bei der Firma ›Blue Note‹. Die ersten Aufnahmen wurden 1948 veröffentlicht und von der Kritik entweder nicht beachtet oder verrissen. Diese als düster, verzerrt und beunruhigend empfundene Musik verkaufte sich schlecht. Monk hielt sich mit Jobs in drittklassigen Clubs über Wasser. Von 1951 bis 1957 war es ihm untersagt, in den USA öffentlich aufzutreten, da man ihm die polizeiliche Erlaubnis, die man für ein Engagement in einem öffentlichen Lokal mit Alkoholausschank benötigte, entzogen hatte. Man hatte Monk verhaftet und für zwei Monate ins Gefängnis gesteckt, da bei einer Kontrolle in einem Auto, in dem er mit Freunden gesessen hatte, Rauschgift gefunden wurde. Monk bestritt, Eigentümer des Rauschgiftes zu sein, wollte aber den eigentlichen Besitzer nicht denunzieren und wurde entsprechend bestraft.

Monk lebte von nun an hauptsächlich von den Einkünften seiner Frau, die als Schneiderin arbeitete, und von dem, was ihm seine Plattenaufnahmen, die nicht untersagt waren, einbrachten. 1952 zeichnete er einen Vertrag mit der Plattenfirma ›Prestige‹ und 1955 mit ›Riverside‹. Für dieses kleine Label nahm Monk anfangs einige Soloimprovisationen über bekannte Ellington-Standards auf, doch schienen auch diese Aufnahmen seiner Zeit voraus gewesen zu sein. Erfolg konnte er erst ab 1956 verbuchen, als er die ersten Aufnahmen mit einer Combo für ›Riverside‹ ein-

121

spielte. Obwohl Monk in den Staaten fast ein »toter Mann« war, wurde er im europäischen Ausland nach wie vor hoch gehandelt: Er erhielt 1954 eine Einladung zur Teilnahme am Pariser Salon du Jazz. Zu dieser Gelegenheit nahm er auch in Frankreich einige Titel für das Label ›Swing‹ auf.

Die Baroneß de Koenigsworter, eine Mäzenin des modernen Jazz, in deren Wohnung 1955 Charlie Parker verstorben war, machte 1957 ihren ganzen Einfluß geltend, damit Monk seine polizeiliche Arbeitserlaubnis, die sogenannte ›cabaret card‹ zurückbekam. Monk gründete ein eigenes Quartett, dem der Saxophonist John Coltrane angehörte, und nahm ein Engagement im Five Spot, einem Laden in der Bowery, an. Dieses Ereignis kam quasi einer Wiederentdeckung Monks gleich. Für viele war es sogar eine Neuentdeckung, denn Monk galt nicht als einer der Bekanntesten. Er wirkte in diesem Jahr sogar an einer Fernsehshow, ›The Sound Of Jazz‹, mit. 1958 trat er auf dem Newport Festival auf und wurde, von Henry Grimes begleitet, bei dieser Gelegenheit für den Film ›Jazz On A Summer's Day‹ aufgenommen. In diesem Jahr war er auch monatelang im Five Spot zu hören, allerdings mit Johnny Griffin anstelle von John Coltrane am Saxophon.

Arrigo Polillo schreibt in seinem Buch ›Jazz‹, daß Monk 1958 abermals seine Arbeitserlaubnis entzogen bekommen hätte. Doch bei genauem Hinsehen entpuppt sich diese Story als die Geschichte, die wir schon längst kennen; sie muß selbst in leicht variierter Form nicht noch einmal »aufgetischt« werden. Monks merkwürdiges Verhalten soll ihm zu dieser Zeit einen mehrtägigen Zwangsaufenthalt in der Bostoner Psychiatrie eingebracht haben, da man ihn auf eine vermutete Geisteskrankheit hin untersuchen wollte. Monk wurde aber relativ schnell wieder entlassen, der Verdacht war unbegründet.

Es ging nun aufwärts mit Monk. Nach einem längeren Engagement in Kalifornien gab er 1959 ein Konzert in der New Yorker Town Hall. Sein Quartett wurde von einem Orchester unter Leitung von Hall Overton begleitet. Diese musikalische Begegnung wurde in den folgenden Jahren mehrfach wiederholt: 1963 in der Philharmonic Hall, 1964 in der Carnegie Hall und 1967 auf einer ganzen Reihe von Konzerten, die ihn auch nach Europa führten. 1959 bestand sein reguläres Quartett aus Charlie Rouse, Tenorsaxophon, Scott La Faro, Baß, Elvin Jones, Schlagzeug, und Art Taylor, der Jones am Schlagzeug ablöste. 1960 spielte er mit Wilbur Ware und Shadow Wilson in der Rhythmusgruppe. Charlie Rouse sollte Monks beständigster Partner werden; sie nahmen zusammen mit Frankie Dunlop am Schlagzeug und John Ore am Baß mehrere Platten auf.

Thelonious Monk spielte in den folgenden Jahren mit fast allen namhaften Jazzmusikern zusammen, so z. B. mit Art Blakey, Milt Jackson, Phil Woods, Sonny Rollins, Eric Dolphy und Steve Lazy, der nach der Zusam-

122

menarbeit mit Monk eine Gruppe gründete, deren gesamtes Repertoire ausschließlich aus Kompositionen dieses beeindruckenden Pianisten bestand. Es ist eine Frage des Standpunktes, ob man Monk in erster Linie als Pianist oder als Komponist bezeichnen will. Monk hat zweifelsohne eine ganze Reihe wertvoller Kompositionen hinterlassen, von denen neben den bereits erwähnten auf jeden Fall noch ›Well You Needn't‹, ›Straight, No Chaser‹, ›52. Street Theme‹ und ›Criss-Cross‹ genannt werden sollten. Seine Komposition ›Bolivar Blues‹ löste in Bolivien leichte Verwirrung aus, dachte man doch, Monk hätte diesen Titel ihrem Nationalhelden gewidmet. Erst in einem Interview konnte dieses Mißverständnis geklärt werden:

Frage: »Unter all Ihren Schallplatten ist ›Bolivar Blues‹ die beliebteste in meinem Heimatland.« (Bolivien) Monk: ».??.« (irritierte) Frage: »Hm... sagen Sie uns, was halten Sie von Simon Bolivar?« Monk: »Wer ist das?« (nervöse) Frage: »Sicher wissen Sie... Er ist der große Held von Südamerika... äh... dem Sie den ›Bolivar Blues‹ gewidmet haben.« Monk: »Nein, Mann, der ist für ein Hotel beim Central Park West.«[5]

1961 ging Thelonious Monk mit seinem Quartett auf eine ausgedehnte Europatournee. Sein festes Domizil in New York wurde das Spot Five. Er unternahm aber in den folgenden Jahren mehrere Konzertreisen nach Europa und Japan. Zwei große Ereignisse sollten noch erwähnt werden: 1968 arbeitete er mit Oliver Nelson und dessen Big Band zusammen und nahm mit ihm in Hollywood eine LP auf, die aber im Vergleich zu den Aufnahmen, die Monk mit Overton machte, recht geglättet erscheint. Während bei Nelson sauber ausgebildete Studiomusiker den Ton angaben, waren an den Town-Hall-Aufnahmen unter Leitung von Overton (1959) so hochkarätige Jazzmusiker wie Donald Byrd, Phil Woods, Pepper Adams und Charlie Rouse beteiligt.

Im Frühjahr 1971 wurde der langjährige Begleiter Charlie Rouse durch Paul Jeffry ersetzt. Im Sommer 1971 stellte George Wein eine »All-Star-Gruppe« zusammen, die er ›The Giants of Jazz‹ nannte und anschließend auf Welttournee schickte. Neben Monk wurden auch Dizzy Gillespie, Sonny Stitt, Kai Winding, All MacKibbon und Art Blakey für diese Tournee engagiert. Es fällt auf, daß in dieser Gruppe vier Musiker saßen, die an der Entwicklung des modernen Jazz – des Bebop – beteiligt waren: Monk, Gillespie, Stitt und Blakey.

Monk war ein verschlossener Typ, der weder Interesse an seiner Umwelt zeigte noch sonderlich gesprächig war. Der britischen Journalistin Valerie Wilmer war es gelungen, Monk in einem gesprächigen Augenblick zu erwischen. Ich will die Auszüge aus diesem Interview nicht vorenthalten:

»Du möchtest wissen, was für Klänge ich in meiner Musik mache?! Was soll ich sagen: Du mußt nach New York gehen und selbst die Ohren aufmachen! Ich kann's nicht beschreiben. Wie kannst du erwarten, daß ich jetzt hier beschreibe, wie New York klingt?! (...) Ich kriege eine Menge gar nicht mit von dem, was über mich geschrieben wird. Ich lese keine Zeitungen. Ich lese keine Magazine. (...) Die Leute schreiben so viel Quatsch. (...) Mich interessiert nichts, was nirgends passiert. Regt es dich denn etwa auf, was überall passiert?! Warum fragst du mich das? Warum sollte ich mich aufregen? Du machst dir ja auch keine Gedanken, oder? Warum fragst du mich so 'ne dumme Frage?! (...) Ich wüßte wirklich nicht, was ich anderes machen sollte, als was ich tu. Ich spiele gern Musik. Das ist schon in Ordnung. Ich seh' nicht aus, als ob ich mich aufregen würde, oder?! Ich rede auch nicht viel, weil du nicht jedem sagen kannst, was du denkst. Manchmal weißt du doch wirklich selbst nicht, was du denken sollst.«[6]

Selbst auf dem Höhepunkt der Auseinandersetzungen zwischen Schwarzen und Weißen in den 60er Jahren zeigte sich Monk gänzlich uninteressiert an dem Kampf seiner schwarzen Brüder für die gleichen Menschen- und Bürgerrechte: »Mit diesen Rassengeschichten beschäftige ich mich gedanklich nicht. (...) Mich stören nur die Leute, die mich zu diesen Gedanken bringen wollen.«[7]

Der »Hohepriester des Bop«, wie Thelonious Monk unter anderem auch genannt wurde, verstarb am 17. Februar 1982.

Oscar Pettiford

Oscar Collins Pettiford wurde am 30. 9. 1922 im Indianer-Reservat von Okmulgee im Staate Oklahoma geboren. Er hatte indianische Vorfahren, seine Mutter war eine Choctaw, sein Vater ein Mischling – halb Cherokee, halb Schwarz. Im Alter von drei Jahren zogen seine Eltern mit ihm nach Minneapolis. Sein Vater, der ursprünglich als Tierarzt tätig war, gab seinen Beruf auf und gründete ein Orchester, dem ausschließlich Familienmitglieder angehörten. Oscar wuchs im Kreise von elf Geschwistern auf, so daß diese Familienband kaum über Nachwuchs klagen konnte. Oscars Mutter war vormals als Musiklehrerin tätig gewesen. Die Kinder der Pettifords wurden recht früh zur Mitarbeit in der Band herangezogen, da dieses Unternehmen – nach Aufgabe der Arzttätigkeit – die Familie ernähren mußte. Oscar wurde erst als Sänger eingesetzt, dann als Pianist (1933) und ab 1936 schließlich als Bassist. Mit dieser Familienband war Oscar bis 1941 laufend unterwegs. Die Touren führten hauptsächlich durch die Staaten des Mittelwestens.

Nach einem Streit mit seinem Vater verließ Oscar die Band und arbeitete in verschiedenen lokalen Orchestern in Minneapolis. Dort entdeckte ihn Charlie Barnet, der den Bassisten für sein Orchester engagierte. Hier spielte er von Januar bis Mai 1943 neben einem anderen bekannten Bassisten: Chubby Jackson. Kurz darauf wurde er von Roy Eldridge engagiert, der mit seiner Band im Onyx Club auf der 52. Straße in New York spielte. So kam Oscar relativ schnell an die »erste Adresse« des Jazz. Gute Bassisten waren gefragt. Gerade innerhalb der neu aufkommenden modernen Jazzmusik gab es kaum Bassisten, die dieser Entwicklung standhalten konnten. Nach dem frühen Tod von Jimmy Blanton galt Oscar Pettiford als *der* moderne Bassist auf »der Straße« schlechthin.

Sy Baron, der Besitzer des Onyx machte Oscar und Dizzy Gillespie das Angebot, zusammen eine Band zu gründen, da sie beide »Preisträger« waren; Oscar hatte mittlerweile einen ›Gold Award‹ und Dizzy den ›New Star Award‹ des ›Esquire‹-Magazins bekommen. Aus dieser Preisträger-Band wurde die erste reguläre Bebop-Combo auf der 52. Straße. Neben Max Roach und George Wallington wurde wenig später – da sich Charlie Parker, den man als Saxophonisten vorgesehen hatte, nicht meldete – der Tenorist Don Byas engagiert. Diese Band spielte eine Reihe von improvisierten Stücken, die keine Titel trugen. Aus den spaßigen Ansagen vermeintlicher Titel, wie etwa »Wir spielen jetzt ›Dee-pa-da-n-de-bop!‹«, entstand auch der erste offizielle Bebop-Titel. Oscar Pettiford schrieb für diese Gruppe seinen bekannten Titel ›One Bass Hit‹, mit dem er sich – wie auch mit der Komposition ›Bass Face‹ – selber featurte. Auch für Max Roach schrieb er eine Feature-Nummer, die er später mit einer Big Band unter dem Titel ›Something for You‹ aufnahm: ›Max Is Making Wax‹.

Oscar war alles andere als ein ruhiger, besinnlicher Typ; er neigte zu heftigen Wutausbrüchen und übermäßigem Alkoholkonsum. Selbst auf seine Mitspieler hatte er es abgesehen. Der weiße Pianist George Wellington mußte besonders leiden, er wurde nicht selten als »weißer Motherfucker, der lauter Scheiße spiele«, beschimpft. Auch fremden Weißen gegenüber zeigte Oscar nicht den »erforderlichen« Respekt, sondern legte sich – vor allem, wenn er getrunken hatte – leicht mit ihnen an. Dizzy mußte ihn zu dieser Zeit mit Hilfe seines Messers aus manch einer bedrohlichen Situation befreien. Nach einem Streit trennten sich die beiden Bandleader, und jeder machte eine eigene Combo auf, so daß es nun schon zwei reine Bop-Bands auf der 52. Straße gab. Dizzy nahm Max Roach und Budd Johnson, der mittlerweile Don Byas abgelöst hatte, mit. Oscar engagierte Joe Guy, Trompete, Johnny Hartzfield, Saxophon, Joe Springer, Piano, und Harold »Doc« West als Schlagzeuger. Mit dieser Besetzung spielte er weiterhin im Onyx, bis er seine Combo auflöste, um im Sommer 1944 kurz mit Billy Eckstine zusammenzuarbeiten. Oscar nahm auch neben Louis Armstrong und anderen an der berühmten Jam-Session im Metropolitan Opera House in New York teil. Anfang 1945 stieg er in das Orchester von Boyd Raeburn ein, mit dem er nach Kalifornien ging. In dieser Band traf er auch mit Coleman Hawkins zusammen. Ende des Jahres gründete er in

San Diego ein eigenes Trio, das allerdings nur kurz existierte, da Oscar im November 1945 von Duke Ellington engagiert wurde. Bei Duke blieb er bis März 1948, kehrte aber später einige Male in diese Band zurück, ohne ein festes Engagement anzunehmen. Oscar arbeitete 1948 mit Erroll Garner und George Shearing in New York und spielte ab Februar 1949 für fünf Monate bei Woody Herman.

Aufgrund eines Armbruchs konnte er mehrere Monate nicht als Bassist tätig sein, nutzte aber diese Zeit, um sich mit dem Cello, das er später mehr und mehr einsetzte, zu beschäftigen. 1950 war er wieder voll einsatzfähig und unternahm mit der Louis Bellson–Charlie Shavers Combo eine Tournee. Im Winter 1951/52 leitete er eine eigene Combo mit Howard McGhee, Trompete, J. J. Johnson, Posaune, Rudy Williams, Tenorsaxophon, Clifton Best, Gitarre, und Charlie Rice am Schlagzeug. Mit dieser Band ging er auf Asien-Tournee und gab Gastspiele in Japan und Korea. In den Jahren 1952–1958 blieb er vornehmlich in New York, gründete dort ein neues Sextett und spielte gelegentlich mit einer 13köpfigen Band zusammen.

Oscar kam im September 1958 mit einem »Jazz From Carnegie Hall«-Projekt nach England und blieb anschließend in Europa. Als erstes zog es ihn nach Frankreich, in dessen Hauptstadt Paris die wohl derzeit attraktivste Jazzszene in Europa zu finden war. Aber auch in Deutschland und Österreich gab er seine Konzerte. Joachim Ernst Berendt produzierte die SWF-Fernsehreihe ›Jazz – gehört und gesehen‹ und brachte in einer Sendung Oscar Pettiford mit dem Hans Koller-Quintett zusammen. Neben Hans Koller, der sich ein Jahr zuvor als Saxophonist in der Benny Goodman Big Band hervorgetan hatte, spielten Attila Zoller, Gitarre, Hans Hammerschmidt, Piano, und Jimmy Pratt, Schlagzeug. Attila Zoller mußte seine Gitarre häufig mit dem Baß vertauschen, da Oscar Pettiford verstärkt Cello spielte. Oscar gefiel es gut in Baden-Baden, so daß er 1958/59 für ein Jahr im Lande blieb und seine Freundin nebst gemeinsamem Sohn nachkommen ließ.

Oscar spielte aber nicht nur mit einheimischen Musikern, sondern tourte auch mit anderen amerikanischen Kollegen durch Europa, so zum Beispiel in einem Trio mit Bud Powell und Kenny Clarke, der bereits 1956 nach Paris übergesiedelt war. 1959 zog Oscar nach Kopenhagen. Er trat dort regelmäßig im Café Montmartre auf und spielte u. a. mit Stan Getz und Don Byas zusammen. Oscar Pettiford war in den 50er Jahren der wohl meistbeschäftigste Bassist in der internationalen Jazzszene; eine Auflistung der Musiker, die er begleitet hat, würde alle bekannten Namen der modernen Jazzmusik enthalten. Die Impulse, die Oscar durch sein Spiel vermittelte, und der Einfluß, der von ihm ausging, sind durchaus mit dem Einfluß eines Charlie Parker, Kenny Clarke oder Charlie Christian zu vergleichen.

126

Von Kopenhagen aus reiste Oscar noch mehrmals durch Europa und machte auch in Deutschland Zwischenstation. Auf den Essener Jazztagen 1960 war Oscar zusammen mit Coleman Hawkins, Bud Powell und Kenny Clarke zu hören. Auch Lucky Thompson kam in Deutschland mit Oscar zusammen. Dusco Gojkowic, Trompete, Hartwig Bartz, Schlagzeug, Hans Hammerschmidt, Piano, und Freddy Dutton als Bassist für den Fall, daß Oscar Cello spielte, komplettierten die Gruppe. Am 8.9.1960 verstarb Oscar Pettiford in Kopenhagen, vermutlich an den Spätfolgen eines Autounfalls, den er zusammen mit Hans Koller in Österreich gehabt hatte.

Oscar hatte in seinen letzten Lebensjahren an so vielen Aufnahmesitzungen teilgenommen, daß auch nach seinem Tode noch laufend neue – unveröffentlichte – Schallplatten von bzw. mit ihm erschienen. Mehrere Benefiz-Konzerte und Sammlungen in Frankreich, Dänemark und Deutschland sicherten die Versorgung und Ausbildung seiner drei Kinder in Europa, die nach Oscars Wunsch in einem Land ohne Rassendiskriminierung aufwachsen sollten.

Charlie Christian

Daß die Lebensdaten einiger Jazzmusiker nicht immer als gesichert gelten, ist nicht außergewöhnlich, da man es mit der Registrierung von Geburtsdaten damals anscheinend nicht so genau nahm. So variieren auch im Falle Charlie Christian die Angaben. Während einige Quellen das Geburtsdatum auf das Jahr 1919 festlegen, benennen andere exakt den 20.1.1916. Charlie wurde in Dallas (Texas) geboren, wuchs aber in Oklahoma City auf. Seine Eltern waren eine Zeitlang als Berufsmusiker tätig, spielten aber vornehmlich in kleinen Kinos zur musikalischen Untermalung von Stummfilmen. Der Vater – ein Trompeter – bildete recht früh mit seinen drei Kindern ein Familien-Quartett. Charlies Mutter war als Pianistin tätig. Während seiner Schulzeit stieg Charlie als Gitarrist in die Schulband ein.

Ab 1934 kann man Charlie als angehenden Profi bezeichnen, er spielte u. a. in der Band von Alphonso Trent, mit der er bis nach North Dakota tourte, und bei der Jeter-Pillars Band in St. Louis. Zu dieser Zeit war sein Spiel eher blues- denn jazzorientiert. 1937 soll Charlie bereits eine elektrisch verstärkt Gitarre gespielt haben, aber er war es nicht, der die elektrische Gitarre in die Jazzmusik eingeführt hatte, wie manchmal irrtümlicherweise behauptet wird. Eddie Durham vom Jimmie Lunceford-Orchester und nach ihm Floyd Smith, der bei Andy Kirk spielte, experimentierten bereits vor Christian mit der verstärkten Gitarre.

Doch Charlie setzte dieses Instrument – und das war ein Novum – nicht

127

innerhalb der Rhythmusgruppe, sondern als Soloinstrument ein. Dementsprechend ließ sich Charlie auch eher von Solisten als von Gitarristen beeinflussen. Seine größte Aufmerksamkeit galt Lester Young, dessen Soli er auf der Gitarre nachzuahmen versuchte. Dadurch kam eine nie erahnte Beweglichkeit ins Gitarrenspiel. Eddie Durham sagte rückblickend: »Ich glaube nicht, daß Christian jemals eine Gitarre mit Verstärker gesehen hat, bevor er mich traf. (Aber) niemals in meinem Leben habe ich einen Jungen gehört, der es lernte, seine Gitarre in einem solch schnellen Tempo zu spielen.«[1]

1938 spielte Charlie eine Zeitlang mit dem Al-Trent-Sextett in Bismarck, einer Stadt in North Dakota. Innerhalb kurzer Zeit wurde Charlie zur musikalischen Berühmtheit dieser Stadt, so daß im Schaufenster der örtlichen Musikhandlung eine elektrische Gitarre ausgestellt war, versehen mit dem Hinweis: »As Featured by Charlie Christian at the Dome«. Dome nannte sich das Lokal, in dem Charlie allabendlich auftrat. Die später bekannt gewordene weiße Gitarristin Mary Osborne kaufte sich diese Gitarre und nahm bei Charlie Unterricht. Mary Osborne berichtet von ihren damaligen Eindrücken:

»Was jeden am meisten beeindruckte, war sein Zeitgefühl. Er hatte einen relaxten, gleichmäßigen Beat, der auch heute noch modern klingt. Das Sextett spielte genau das, was später Benny Goodman machte, sie machten es sogar besser. Ich erinnere mich an einige Figuren, die Charlie in seinen Soli spielte – das waren genau die gleichen Sachen, die Benny später aufgenommen hatte, wie ›Flying Home‹, ›Gone with What Wind‹, ›Seven Come Eleven‹ und all die anderen. Charlie spielte keinen wirklichen Bop, obwohl er erhöhte und verminderte Akkorde spielte, die für mich völlig neu waren. Aber rhythmisch klangen einige seiner Ideen sehr wie Bop.«[2]

Es war klar, daß Charlie jede Menge Musiker und Bandleader anzog, die ihn alle engagieren wollten. Doch Charlie tat gut daran, nicht darauf einzugehen, denn 1939 sollte er den Job seines Lebens angeboten bekommen. Charlie war mittlerweile nach Oklahoma zurückgekehrt und spielte dort dreimal die Woche im Ritz-Club, für 2 ½ Dollar pro Abend. Mary Lou Williams, die Pianistin aus dem Andy Kirk-Orchester, hatte ihn dort gehört und Verbindung mit John Hammond aufgenommen. Hammond war ein vielbeachteter Jazzkritiker und Produzent und war zudem auch noch mit Benny Goodman verschwägert, so daß er über beste Verbindungen verfügte. Hammond kam also nach Oklahoma City, um sich dieses Talent anzuhören. Hammond war begeistert:

»Charlie spielte herrlich, aber die Band war entschieden mittelmäßig. In meiner ganzen Laufbahn bin ich nur wenigen Genies begegnet, Leuten wie Lester Young, Teddy Wilson, Louis Armstrong und Coleman Hawkins. Das sind wirklich nicht viele. Aber Charlie gehörte ganz offensichtlich dazu. Er holte aus seinem Instrument etwas absolut Neues heraus. Wie Lester in seinen besten Tagen spielte er einen Chorus nach dem anderen und erdachte und entwickelte bei jedem Chorus Ideen, die origineller als seine vorherigen waren. Charlie war wahrhaftig ein ›Genie‹. Und während ich ihm zuhörte, fragte ich mich, wie diese Musik zu Benny Goodman passen könnte. Ich hatte Goodman früher überzeugt, Teddy Wilson und Lionel Hampton zu engagieren, und fühlte, daß Charlie genau das Richtige zu seiner kleinen Besetzung und den Platten beitragen konnte, die für Columbia aufgenommen werden sollten.«[3]

Hammond überredete also seinen Schwager, die Reisekosten für Charlie zu tragen, damit er den Gitarristen kennenlernen könne. Goodman war zu dieser Zeit in Los Angeles, trat allwöchentlich in der Radiosendung ›Camel Caravan‹ auf und hatte neben einem Vertrag mit ›Columbia‹ noch ein Engagement in einem neu eröffneten Restaurant in Beverly Hills angenommen. Als Charlie sich in den Studios von ›Columbia‹ vorstellte, hinterließ er nicht den erwarteten Eindruck. Hammond schleuste ihn daraufhin einfach in die kleine Besetzung ein, die neben dem regulären Goodman-Orchester in dem Restaurant Victor Hugo spielte. Hammond erinnert sich:

»Als das Orchester den ersten Set beendet hatte und sich nun das Quartett zu spielen anschickte, nahm Charlie auf dem Podium Platz. Benny sah sich vor vollendete Tatsachen gestellt. Aus Wut darüber, daß er nichts mehr daran ändern konnte, sagte er dem Pianisten, er solle ›Roose room‹ spielen, weil er die heimliche Hoffnung hegte, daß Charlie dieses alte und wenig bekannte Stück nicht kannte. Dann begann Benny die Melodie vorzustellen und ließ Charlie zum Improvisieren an die Reihe kommen. Und Charlie legte los. Chorus folgte auf Chorus. Fletcher Henderson und Lionel Hampton waren verblüfft. Niemand hatte jemals einen Solisten – und erst recht keinen Gitarristen – so etwas machen sehen. Das Stück dauerte achtundvierzig Minuten.«[4]

Charlie wurde danach für die kleine Besetzung engagiert, die durch das Hinzukommen von Artie Bernstein zu einem Sextett erweitert wurde. Zur Big Band gehörte Charlie nicht, er nahm allerdings an deren Plattenaufnahmen teil. Goodman hatte nun drei schwarze Musiker in seinem Sextett, was als sehr mutig bewertet werden muß, denn als weißer Swingmusiker spielte er fast ausschließlich vor weißem Publikum, das trotz seiner Vorliebe für Jazz noch lange keine schwarzen Jazzmusiker akzeptierte. Charlie Christian wurde schnell zum Star des Goodman-Sextetts, seine Gage kletterte auf 150 Dollar pro Woche. Bei seinem zweiten Carnegie Hall-Konzert stellte Goodman den Gitarristen als »den großartigsten Musiker, der in den letzten Jahren entdeckt worden ist«, vor.

Charlie war ein Musiker, der zu jeder Gelegenheit, die sich ihm bot, zur Gitarre griff und spielte. So gab er auch außerhalb des Sextetts Konzerte und nahm an allen möglichen Sessions teil, was ihm mit seinem Bandleader laufend Ärger einbrachte, denn Benny wollte dieses Talent alleine für seine Band reserviert sehen. Da Goodman in New York fest arbeitete, hatte Charlie Gelegenheit, nach Beendigung seines Jobs ab Ende 1940 an den Sessions in Minton's Playhouse teilzunehmen. Charlie gehörte bald zum festen Inventar des Ladens, so daß man extra für ihn einen Verstärker installierte, damit er seinen nicht immer mitschleppen mußte. Der Gitarrist fiel dort nicht nur wegen seiner Spielweise, den ungewöhnlichen Akkorden und den ungewohnten Improvisationslinien, sondern auch vor allem wegen seiner ungeheuren Spielfreude auf. Charlie legte die Gitarre praktisch nie aus der Hand. Jerry Newman, ein junger Jazzfan, erzählt: »Charlie hat seine Zuhörer nie enttäuscht, und wenn er merkte, daß die Leute ihm zuhörten, hat er wirklich improvisiert. Wie immer ging es samstags im Minton's besonders hektisch zu, mit fünfzehn Leuten auf der kleinen Bühne, die alle versuchten, ihre 32 Takte zu spielen. Wenn das passierte, saß Charlie nur da und spielte Begleitakkorde und lehnte es ab, Solo zu spielen, weil er wußte, daß es überflüssig sein würde.«[5]

Kenny Clarke berichtete über die Zeit mit Charlie im Minton's: »Es wurde sehr viel eingestiegen. Charlie Christian war oft da. Er und Monk waren dicke Freunde. Wenn Charlie noch am Leben wäre, würde er jetzt bestimmt sehr modern spielen. Auch Lester Young kam oft. Es war immer eine ganz besondere Freude, wenn Lester zu uns kam. Les hatte nie viel zu sagen. Doch offensichtlich machte ihm unsere Musik Spaß, denn er kam immer wieder vorbei. Auch Jimmy Blanton, zu der Zeit mit Abstand der beste Bassist für eine Rhythmusgruppe, ließ sich häufig sehen; wie Charlie Christian war er ein sehr zurückhaltender Typ, der nur dann auftaute, wenn es um Musik ging. Wir freuten uns immer darauf, wenn Charlie vorbeikam. Wir warteten auf ihn, wenn er bei Goodman Feierabend hatte. Charlie war von der Musik, die wir machten, so begeistert, daß er sich einen extra Verstärker kaufte und ihn bei Minton's stehenließ. Ich glaube sogar, er ist immer noch da. Charlie erzählte soviel von der Musik bei Minton, daß sogar Benny Goodman vorbeikam. Damals war er die ganz große Mode, und wir freuten uns immer sehr, wenn er vorbeikam. Wenn Benny da war, stellten wir uns stilistisch immer etwas auf ihn ein, damit er sich wohlfühlte und genau spielen konnte, wie er wollte.«[6]

Kenny konnte von Charlie Christian auch einiges lernen: »Eines Abends besuchten Charlie und ich einen befreundeten Tänzer im Douglas Hotel auf der St. Nicholas Avenue. Er spielte Ukulele, ich machte ein bißchen damit herum, und Charlie nahm sie mir dann aus der Hand. »Schau, Kenny«, sagte er, »du kannst alle Akkorde spielen, die du willst, wenn du deine Finger gerade machst!‹ Er zeigte es mir, gab die Ukulele zurück, und ich fing an zu experimentieren. Ich hatte eine Idee, die gut klang; ging hoch in mein Zimmer und schrieb sie auf. Später zeigte Joe Guy dieses

Stück Cootie Williams, und Cootie brachte Bob McRae dazu, ein Arrangement zu schreiben. Ich nannte es Fly Right, und Cootie spielte es im Savoy Ballroom. Es war direkt nachdem er Benny Goodman verlassen hatte und seine eigene Band gründete. Cootie nahm es für Columbia auf, aber es wurde nie veröffentlicht. Später nahm ich es mit meiner eigenen Band unter einem neuen Titel für Victor auf – Epistrophy.«[7]

Vieles, was im Minton's geschah, wurde nicht aufgezeichnet, doch dem bereits zitierten Jazzfreund Jerry Newman ist es zu verdanken, daß dennoch einige Liveaufnahmen erhalten geblieben sind, auf denen Charlie Christian als hervorragender Solist zu hören ist. Seine Plattenaufnahmen entstanden alle in den Jahren 1939 bis Anfang 1941, fast alle mit Goodmans kleiner Combo oder mit dessen Big Band.

Charlie Christian, der dem Marihuana besonders zugeneigt gewesen sein soll, erkrankte an Tuberkulose und wurde im Frühjahr 1941 ins Krankenhaus eingeliefert. Unvernünftigerweise ließ er sich im Krankenhaus reichlich mit Marihuana versorgen, so daß sich sein Gesundheitszustand weiter verschlechterte. Er verstarb am 2. März 1942.

Es ist in erster Linie das Verdienst dieses Mannes gewesen, daß sich die Gitarre zu einem gleichberechtigten Melodieinstrument innerhalb der Jazzmusik entwickeln konnte. Sein Einfluß ist bis in die heutige Gitarristen-Generation spürbar und beschränkt sich nicht nur auf die Jazzmusik. Wäre ihm eine längere Schaffensperiode vergönnt gewesen, würde sein Einfluß mit Sicherheit stärker beachtet werden.

Max Roach

Max (Maxwell) Roach wurde am 10. 1. 1925 in North Carolina geboren. Vier Jahre später zogen seine Eltern nach Brooklyn. Max wuchs in dem schwarzen Wohnviertel der Stadt, in Bedford-Stuyvesant auf. Im Alter von acht Jahren unterrichtete ihn seine Tante im Klavierspiel, so daß er schon ein Jahr später in der Bibelschule der Concord Baptist Church die Sänger auf dem Klavier begleiten konnte. Ab 1935 beschäftigte er sich mit seinem späteren Instrument, dem Schlagzeug. Er hatte drei Jahre lang Unterricht bei einem deutschen Schlagzeuger. Wie er überhaupt dazu kam, sich mit dem Schlagzeug zu beschäftigen, beschreibt Max so:

»Die erste Vorstellung von meinem Instrument bekam ich in der ›school marching band‹, wo wir alle diese Märsche spielten. Dann wurde ich durch eine Amateurgruppe, die wir hörten, in den Dixieland-Jazz eingeführt. Ich glaube, sie spielten Ragtime. Zu der Zeit machte ich meine ersten Entdeckungen auf der snare und auf der bass drum, und ich begann mich für die technischen Aspekte zu interessieren. Ich glaube, so richtig berührt hat mich erst der Jazz, den ich im Radio hörte, insbesondere die

131

Count Basie Show. Das half mir, meinen Stil zu entwickeln, bis zu der Zeit, als ich Mr. Gillespie traf. Jo Jones war der erste Schlagzeuger, den ich gebrochene Rhythmen spielen hörte, was mir, nachdem ich es mir immer wieder angehört hatte, wirklich am meisten geholfen hat, bis zu der Zeit, als ich Kenny Clarke hörte.«[1]

Max spielte als Teenager in einer Brooklyner »rehearsal band«, einer Probeband, die sich an Arrangements von Glenn Miller, Count Basie oder auch Jimmie Lunceford heranwagte. Seine damaligen Freunde konnten sich ebenfalls später einen Namen machen, so z. B. der Saxophonist Cecil Payne. Um guten Jazz hören zu können, mußten die Jungs nach Manhattan fahren. Im Apollo Theater an der 125. Straße gastierten regelmäßig die großen Stars. Später ging man in den Savoy Ballroom, in dem gleich zwei Bands auf verschiedenen Bühnen spielten. Da Max noch minderjährig war, hatte er häufig Probleme, überhaupt in die Clubs hineinzugelangen. In Kelly's Stable, einem Club, in dem er später selber spielte, kam er trotz künstlichem Schnurrbart nicht hinein. Mit fünfzehn Jahren nahm er an den ersten Sessions teil und stieg alsbald in die ersten Bands ein, vorerst aber nur als Ersatzdrummer. So spielte Max mit Clark Monroe's Band im Georgie Jay's 78th Street Taproom, wo er zum ersten Mal Charlie Parker gehört haben soll, im Monroe's Uptown House und natürlich im Minton's. Max war trotz seines jungendlichen Alters schon ein gefragter Musiker. Max: »Als ich 16 Jahre alt war, konnte ich schon mit Duke Ellington arbeiten. Ich konnte Platten aufnehmen, mit den Größten der Großen spielen und von ihnen unendlich viel lernen – als Musiker und als Mensch.«[2]

»Schon im Zweiten Weltkrieg, als ich noch sehr jung war, lernte ich einiges über die Big Band, als ich bei Duke Ellington für den erkrankten Sonny Greer einspringen konnte. Ich hatte damals schon einen guten Ruf, weil ich vom Blatt lesen konnte. Und die Zeit im Paramount in New York mit Duke Ellington gehörte zu den wichtigsten in meinem Leben. Durch die Begegnung mit Ellington erwuchs in mir der Wunsch, mein Leben der Musik zu widmen. Ich wollte noch mehr lernen und ging dann auch aufs Konservatorium. Ich hatte ja zuerst Klavier, dann Trompete und schließlich Percussion spielen gelernt.«[3]

Noch hatte Max seine reguläre Schule nicht abgeschlossen. 1942 machte er seinen Abschluß an der High School mit Auszeichnung und widmete sich nur noch der Musik. Kenny Clarke, der damals führende Schlagzeuger des modernen Jazz, wurde zur Armee eingezogen, so daß Max die Chance bekam, Kennys Platz einzunehmen. Max, der auch schon sehr modern spielte, versicherte, daß er Kenny erst 1946, nach der Entlassung aus der Armee, zum ersten Mal gehört habe. Von 1943 bis 1944 spielte Max mit Coleman Hawkins in Kelly's Stables. Als Dizzy Gillespie und Oscar Pettiford 1944 ihre erste Bop-Combo für den Onyx-Club zusammenstellten, wurde Max engagiert. Dizzy erinnert sich:

»Kenny Clarke war inzwischen zur Armee eingezogen worden, aber im Uptown House hatte ich einen jungen Schlagzeuger aus Brooklyn kennengelernt, Max Roach. Er spielte dort mit einer Gruppe, in der Ebenezer Paul, Allan Tinney, Ray Abrams, Victor Coulson, George Treadwell und später auch Charlie Parker waren. Als ich das erste Mal versuchte, mich mit ihm in Verbindung zu setzen, war er gerade mit der Band von Benny Carter auf Tournee, aber schließlich klappte es doch, und er kam zu unserer Gruppe. Ich war von seinem Spiel so begeistert, daß ich zu ihm sagte: ›Paß auf, du bist jetzt unser Schlagzeuger. Laß dir von niemand anderem einen Job anbieten, selbst wenn es der Erzengel Gabriel ist. Du bleibst bei uns!‹ Als wir im Onyx spielten, wollten viele Schlagzeuger bei uns einsteigen, auch sehr prominente wie Big Sid Catlett, aber ich ließ es nicht zu. Natürlich konnten diese Burschen alle spielen, aber Max und nur Max kannte unsere Arrangements. Darum sagte ich immer nein, wenn irgendein Schlagzeuger bei uns einsteigen wollte. Dieser Gig bedeutete den Durchbruch unseres modernen Stils, und ich wollte, daß alles so perfekt wie nur möglich war. Darum wollte ich Max am Schlagzeug und sonst niemanden.«[4]

Durch Dizzy bekam Max die Gelegenheit, mit Coleman Hawkins den Titel ›Woody'n You‹ für ›Apollo‹ aufzunehmen. Nachdem Max sein Schlagzeug aufgebaut hatte, legte der Techniker eine Decke über die Drums. »Ich war frustriert und bereit, abzuhauen«, erinnert sich Max. »Das war meine erste Sitzung, und ich wollte spielen. Ich protestierte gegen die Theorie, daß das Schlagzeug nur gefühlt und nicht gehört werden sollte.«[5]

Im März 1945 begleitete Max eine All-Star-Band, der u. a. Benny Carter, Coleman Hawkins und Nat »King« Cole angehörten, und nahm mit ihnen eine Platte unter dem Titel ›The International Jazzmen‹ auf. Im Frühjahr spielte er mit dem Parker-Gillespie-Quintett im Three Deuces. Er blieb recht lange mit Charlie Parker zusammen, der den Schlagzeuger im Herbst in seine neue Formation mit Miles Davis übernahm. Zwischendurch spielte Max aber auch in der ersten Gillespie-Big-Band und ab 1946 auf der 52. Straße von New York mit Allen Eager, Dexter Gordon, Coleman Hawkins, J. J. Johnson und anderen. 1949 begleitete er Charlie Parker auf dem Jazzfestival in Paris. Auch an dem später berühmt gewordenen Konzert in der Massey Hall von Toronto (1953) nahm Max neben Charlie Parker, Dizzy Gillespie, Bud Powell und Charles Mingus teil. Das Massey-Hall-Concert war ein Bebop All Star Konzert, bei dem eigentlich nur Oscar Pettiford fehlte, da er sich einen Arm gebrochen hatte.

1952 ging Max Roach mit dem Jazz At The Philharmonic Projekt auf Europa-Tournee. Ein Jahr später gründete er sein eigenes Quartett. 1954 spielte Max bei Howard Rumsey und gründete mit Clifford Brown und Richie Powell eine neue Combo. Dieses Quintett existierte in seinem

Kern recht lange, wurde aber laufend umgeformt. Nach dem Tode von Clifford Brown und Richie Powell kam Donald Byrd 1956 in die Gruppe, der aber bald darauf von Kenny Dorham abgelöst wurde. Neben Kenny spielten Sonny Rollins (1957 durch Hank Mobley ersetzt), der Pianist Billy Wallace und der Bassist George Morrow. 1958 kamen George Coleman und Booker Little in die Gruppe. Im folgenden Jahr formierte Max ein neues Quintett mit den Brüdern Tommy und Stan Turrentine, Julian Priester und Bobby Boswell (Baß). Die Brüder Turrentine wurden 1960 wieder durch Booker Little und den Saxophonisten Walter Benton ersetzt. 1964 ging Max Roach erneut auf Europa-Tournee und stellte sein neues Quartett mit Cliff Jordan, Coleridge Parkinson und Eddie Kahn vor. Auf den Berliner Jazztagen war Max Roach 1968 zu hören.

Ab 1957 begann Max auch zu unterrichten. Er wurde Lehrer an der School of Jazz in Lennox, Massachusetts, und 1971 erhielt er sogar eine Professur an der Universität von Massachusetts in Amherst angeboten. Diese Lehrtätigkeit ermöglichte es ihm, seine Musik konsequent zu vertreten und alle – finanziell reizvollen – Angebote, kommerzielle Musik in Form von Rock-Jazz oder Disco-Musik zu machen, abzulehnen. Max Roach:

»Damals unterschrieb Miles seinen Vertrag mit Columbia, und auch mir wurde nahegelegt, meine Musik dem ›new format‹, wie es so schön hieß, anzupassen. Ich hatte Glück, gerade da meine Lehrtätigkeit beginnen zu können, und so war es mir möglich, meine Existenz zu bestreiten, ohne mir in meiner musikalischen Haltung untreu zu werden. Miles jedoch machte diese radikale Kehrtwendung, und dieser Entschluß hatte nicht nur für ihn gravierende Konsequenzen. Viele junge Musiker folgten dann seinem Beispiel.«[6]

Max Roach lehnt zwar die rockorientierte Entwicklung des Jazz ab, hielt persönlich aber nie am Bebop fest, so daß man ihn aus heutiger Sicht nicht als traditionellen Schlagzeuger bezeichnen könnte. Max war an der Entwicklung des modernen – sprich freien – Jazz maßgeblich beteiligt. So nahm er verschiedene Duo-Platten auf, z. B. mit Dollar Brand (1977), Anthony Braxton (1978 und 1979) sowie mit Archie Shepp (1979). Max Roach ist wohl der einzige Musiker, der den Bebop mitbegründet hat und heute immer noch aktiv auf der Suche nach neuen Klängen ist. Max hat seinen Stil konsequent weiterentwickelt, so daß er nach wie vor als moderner Schlagzeuger angesehen ist.

Charles Mingus

Daß dieser Bassist in einem Buch über Bebop eine derartige Beachtung findet, erscheint auf den ersten Blick leicht sonderbar, denn – wie Arrigo Polillo schreibt: »Tatsache ist, daß Mingus sich unter die großen Meister des Bop mischte, als ihre Schlacht schon geschlagen und aus praktischer Sicht schon verloren war.« Nach dem frühen Tod von Jimmy Blanton 1942, der ähnlich wie Charlie Christian eine führende Rolle im Jazz gespielt hätte, wenn ihm ein längeres Leben vergönnt gewesen wäre, und nach dem Tod von Oscar Pettiford war Charles Mingus der einzige verbleibende Bassist, der aus der Tradition des Bebop heraus die weitere Entwicklung der Jazzmusik entscheidend mitgeprägt hat.

Charles »Cholly« Mingus wurde am 22. April 1922 in Nogales, Arizona, geboren. Eine schwere Erkrankung seiner Mutter zwang die Familie, nach Los Angeles umzusiedeln. Als Charles gerade ein halbes Jahr alt war, verstarb sie. Der Vater, Charles sen. – ebenso wie die Mutter ein hellhäutiger Mischling –, heiratete erneut. Seine ersten musikalischen Eindrücke sammelte Charles in den Spiritual- und Gospelgottesdiensten der ›Holiness Church‹, zu denen ihn seine Stiefmutter mitnahm. Mit acht Jahren begann Charles – beeinflußt vom Chorleiter der Kirche –, Posaune zu spielen. Bald wechselte er zum Cello über, doch da ein farbiger Junge kaum die Möglichkeit hatte, dieses »seriöse« Instrument auch wirklich einzusetzen, griff Charles auf den Rat von Freunden hin lieber zum Baß, den er zumindest in den Jazzkapellen spielen konnte. Mit 16 Jahren lernte er Red Callender kennen, einen Bassisten, der durch seine Zusammenarbeit mit Louis Armstrong und Nat »King« Cole berühmt geworden war. Red wurde sein Baßlehrer. Später in New York nahm Charles Unterricht bei Herman Reinschlagen, der im Philharmonischen Orchester von New York als erster Kontrabassist engagiert war.

1940 nahm Charles seinen ersten offiziellen Job als Bassist in der Gruppe von Lee Young, einem Bruder von Lester, an. Schon ein Jahr später schien Charles Karriere zu machen; er spielte von 1941 bis 1943 im Orchester von Louis Armstrong. 1944 heiratete er und verdiente den Lebensunterhalt für seine Familie – er hatte einen Sohn, Charles III – mit einem Trio, das vornehmlich Cocktailmusik in diversen Clubs und Bars spielte. Nebenher nahm er auch an den üblichen Jam Sessions teil und begleitete in dieser Zeit Musiker wie Dexter Gordon, Art Pepper, Barney Bigard und Alvino Rey. 1945 spielte er mit den Brüdern Russel und Illinois Jacquet, mit denen er seine ersten Aufnahmen machte. Weitere Aufnahmen machte er 1946 mit der Sängerin Dinah Washington. Ein Jahr später traf Mingus eher zufällig auf Charlie Parker, der in dem gleichen Studio arbeitete.

Mingus hatte sich bislang kaum für die »neue Musik« interessiert. Seinen

ersten direkten Kontakt mit dem Bebop bekam Mingus in der Band von Lionel Hampton, mit der er ab Herbst 1947 auf Tournee war. Zu dieser Band gehörte unter anderem auch Fats Navarro, neben Dizzy Gillespie der wohl hoffnungsvollste Trompeter des Bebop. Charles verließ diese Band, für die er einige Titel geschrieben hatte, Ende des Jahres 1948. Er stieg als zweiter Bassist in die neu gegründete Gruppe von Red Callender ein, die allerdings ein finanzieller Mißerfolg wurde, so daß Mingus zum wiederholten Male gezwungen war, seinen Unterhalt als Postbote zu bestreiten. Im Frühjahr 1950 bekam er ein Angebot von dem weißen Vibraphonisten Red Norvo, der in den 40er Jahren mit Charlie Parker und Dizzy Gillespie zusammengearbeitet hatte. Sie spielten zusammen in einem Trio mit dem Gitarristen Tal Farlow. Diese an sich recht erfolgreiche Zusammenarbeit zerbrach, weil Mingus für eine Fernsehaufzeichnung durch einen weißen Bassisten ersetzt wurde. Im April 1951 heiratete er ein zweites Mal und verdiente sein Geld vornehmlich als Briefträger. »Bird war der Mann, der mich im Dezember 1951 dazu brachte, das Postamt zu verlassen, als ich schon beschlossen hatte, dort zu bleiben«, erzählte Mingus. »Bird ermuntert mich, Musik zu schreiben.«[1]
Mingus spielte mit Miles Davis und dem Pianisten Billy Taylor im Birdland. Nach einem kurzen Abstecher nach Boston war er dort wieder zu hören, diesmal mit Stan Getz. Nach einer Session mit Charlie Parker 1952 begleitete Mingus ihn für 150 Dollar Wochengage nach Philadelphia. 1953 bekam er ein Angebot von dem Mann, den er am meisten verehrte, Duke Ellington. Doch dieses Engagement hielt nicht lange, da sich Mingus mit Juan Tizol, einem engen Freund des Duke, anlegte. Ellington kündigte seinem Bassisten: »Ich kann keine neuen Probleme brauchen, Juan ist ein altes Problem, damit werde ich fertig. Aber du scheinst einen ganzen Sack voll Tricks zu haben. Ich muß dich bitten, freundlicherweise zu kündigen.«[2]
Mingus ging zurück ins Birdland und spielte dort mit dem Pianisten Bud Powell zusammen. Im Mai 1953 spielte er zusammen mit Bud, Max Roach, Bird und Dizzy in Toronto. Mingus schnitt dieses Konzert mit und veröffentlichte es später in seinem eigenen Plattenlabel ›Debut‹. Es wird vielfach behauptet, daß Mingus dieses ›Massey-Hall-Concert‹ selbst organisiert oder zumindest geleitet habe, doch Mingus fungierte lediglich als Ersatzmann für den verletzten Oscar Pettiford. Wie bereits an anderer Stelle erwähnt, waren die beteiligten Musiker mit der Auswertung dieser Aufnahmen nicht einverstanden.
Für sein Plattenlabel organisierte Mingus laufend Jazzworkshops, so mit Miles Davis oder dem Posaunenquartett Four Trombones mit Jay Jay Johnson, Kai Winding, Bennie Green und Willie Dennis. In den folgenden Jahren arbeitete er in recht unterschiedlichen Besetzungen an seinem Jazz-Workshop-Konzept. Seine Arbeitsweise beschrieb er folgenderma-

136

ßen: »Ich ›schreibe‹ Kompositionen – aber nur auf einem gedachten Blatt Papier – und erkläre sie dann den Musikern Stück für Stück. Am Klavier umreiße ich die Grundkonzeption des Musikstückes, damit sie sich mit meiner Interpretation, mit dem Feeling, das ich ihr geben will, mit den Tonarten und der harmonischen Struktur des Stückes vertraut machen. Der besondere Stil eines jeden Musikers wird in Betracht gezogen, sowohl in den Ensemblepassagen als auch in den Soli. Beispielsweise schlage ich jedem von ihnen eine Reihe von spielbaren Noten über jeder Harmonie vor, doch hat ein jeder die Freiheit, die Noten auszusuchen, die er vorzieht, und sie in seinem eigenen Stil zu spielen.«[3]

All seine Aktivitäten hier zu beschreiben oder auch nur aufzuzählen, würde den gesetzten Rahmen sprengen. Mingus formte aus seiner Musik einen Stil, der recht erfolgreich wurde, den sogenannten Soul Jazz. Er orientierte sich sehr am Werk von Duke Ellington, so daß man ihm vorwarf, den Dschungelsound Ellingtons zu kopieren und lediglich in moderner Form zu präsentieren. Aus den Kollektivimprovisationen heraus ging Mingus einen entscheidenden Schritt in Richtung Free Jazz, ohne sich selber als Free-Jazz-Musiker zu bezeichnen. Ganz im Gegenteil: Die konsequent freien Musiker lehnte er ab. Er sah sich – und das zu Recht – eher der Tradition verpflichtet. Doch Mingus hatte nicht immer den Erfolg, den er sich erhoffte. An den meisten seiner Fehlschläge war er nicht ganz unschuldig. Aufgrund seines Verhaltens weigerten sich viele Musiker und vor allem auch die Veranstalter, mit Mingus zusammenzuarbeiten. So drohte er einem Bassisten, der im ›Down Beat‹ Poll’ (einer Beliebtheitsskala) höherstand, Schläge an und wurde 1963 verurteilt, weil er den Posaunisten Jimmy Knepper zusammengeschlagen hatte.

Mingus machte keinen Hehl daraus, daß er auch als Zuhälter sein Geld verdiente. Der Schlagzeuger Dannie Richmond erzählt: »In Tijuana (Mexico) waren wir in Begleitung von Prostituierten, etwas, was ich überhaupt nicht kannte. Mingus wollte gleichzeitig ein Zuhälter, ein Gangster, ein Musiker und ein großer Liebhaber sein, er hatte den Ehrgeiz, alle diese Personen in sich zu vereinigen.«[4]

Er sprach weißen Musikern die Fähigkeit ab, Jazz spielen zu können, und »drohte« mehrmals damit, die USA endgültig zu verlassen. Eine Aufnahmesession mit 30 Musikern in der Town Hall vor zahlendem Publikum wurde zu einem Reinfall. Mingus selbst forderte das Publikum auf, das Eintrittsgeld zurückzuverlangen. 10 000 Dollar hatte die Plattenfirma ›United Artists‹ in dieses Projekt investiert.

Als Mingus die Kündigung für seine Wohnung erhielt, sah er sich als Opfer einer rassistischen Verschwörung und schrieb Briefe an Papst Paul IV., Präsident Johnson, General de Gaulle und andere. Mingus stand in dem Ruf, ein Verrückter zu sein. Nachdem er eine Weile von der Bildfläche verschwunden zu sein schien, tauchte er 1970 wieder auf und war auch mehrmals in Europa zu hören. Nach anfänglichen Startschwierigkeiten konnte Mingus ein erfolgreiches Comeback feiern. 1978 gab er ein Konzert im Weißen Haus. Mingus, der sich krank fühlte und schon seit geraumer Zeit von seinem bald zu erwartenden Tod sprach, erfuhr von Gerry Mulligan die Adresse einer Wunderheilerin in Mexiko. Ein halbes Jahr ließ Mingus sich dort behandeln, dann starb er am 5. Januar 1979 an einem Herzanfall.

Zunehmender Muskelschwund hinderte den Bassisten, in der letzten Phase seines Schaffens bei den von ihm geführten Plattenaufnahmen selber den Baß zu spielen. Für seine letzten Aufnahmen verpflichtete er Eddie Gomez und George Mraz. Von den unzähligen Musikern, die mit Mingus zusammenspielten, sollten diejenigen erwähnt werden, die mit ihm besonders verbunden waren:

Der Schlagzeuger Dannie Richmond spielte seit 1956 fast ununterbrochen mit Mingus zusammen und leitete nach dessen Tode eine Mingus-Memorial-Band. Der Saxophonist Eric Dolphy stieß 1960 zu Mingus und begleitete ihn auf zwei Europatourneen. Nach der letzten Tournee 1964 blieb er in Europa und verstarb im gleichen Jahr in Berlin. In seinen letzten Lebensjahren hatte sich die kanadische Sängerin Joni Mitchel besonders um Charles bemüht; sie widmete dem Bassisten eine Platte mit dem Titel ›Mingus‹, auf der auch Aufnahmen von Mingus' Party am 53. Geburtstag zu hören sind. Auf dieser Party sprach Mingus öffentlich von seinem Tode, der ihn drei Jahre später ereilen sollte.

Bud Powell

Bud Powell gilt für viele als das aufsehenerregendste Talent, das in den 40er Jahren entdeckt wurde. Bud wird oft als der eigentliche Pianist des Bebop bezeichnet und überflügelt – so gesehen – den Pianisten, der zu den Vätern des Bebop gezählt wird: Thelonious Monk. Sicherlich spielt die Lebensgeschichte dieses kranken Mannes eine große Rolle in der Einschätzung seiner Arbeit. Bud (Earl) Powell wurde am 27. September 1924 in New York geboren. Er wuchs in einer außerordentlich musikalischen Familie auf, sein Großvater hatte sich als Gitarrist einen Namen gemacht, sein Vater spielte Klavier, sein älterer Bruder William Trompete und Geige. Sein jüngerer Bruder Richie sollte später ebenfalls als Pianist Aufmerksamkeit erregen, er wurde aufgrund seines frühen Todes allerdings nie so bekannt wie sein Bruder Bud.

Bud begann im Alter von sechs Jahren mit dem Klavierspiel und erhielt eine siebenjährige klassische Ausbildung. Mit 15 Jahren beendete er seinen Schulbesuch und spielte seine ersten Gigs, nachdem er in der Band

138

seines Bruders Bill die ersten Erfahrungen gesammelt hatte. Bud beglei- tete u. a. die auch in Europa bekanntgewordene schwarze Sängerin Va- laida Snow in einer Band, die sich Sunset Royals nannte. Es gibt kaum eine Biographie über Bud, in der nicht beschrieben wird, daß er an den berühmten Sessions in Minton's Playhouse teilgenommen hätte. Doch keiner der Autoren kann dazu genaue Quellen angeben. Ira Gitler be- richtet, daß Monk dieses junge Talent zu den Sessions mitgebracht hätte, er wäre dort allerdings nicht sonderlich aufgefallen. Monk soll gesagt ha- ben: »Er hatte nicht viel gespielt. Er kannte nicht die fortgeschrittenen Akkorde. Er war mit den Harmonien nicht sonderlich vertraut. (...) Kei- ner verstand, was er spielte.«[1] Dizzy Gillespie sagte dagegen deutlich: »Bud Powell (...) spielte niemals im Minton's.«[2]

Bud wäre im Minton's sicherlich aufgefallen, denn er hatte sich mit einer Tour durch die Harlemer Clubs bereits einen Namen gemacht. 1943 bis 1944 spielte Bud bei Cootie Williams. Cootie war auch Buds gesetzlicher Vormund, denn der Pianist war noch minderjährig. Mit Cootie spielte er auch seine ersten Platten ein. Dizzy bemühte sich, Bud für seine geplante Bop-Combo zu gewinnen, doch sein Vormund hielt ihn zurück. Erst 1945 gelang es ihm, Bud für eine Combo im Three Deuces zu engagieren. Diese Gruppe bestand aus Dizzy, Charlie Parker, Max Roach, Ray Brown und Bud. Die Rhythmusgruppe wechselte, da Max und Ray die Gruppe verließen, doch Bud blieb. Dizzy: »Bud Powell war der definitive Pianist der Bebop-Ära. Er paßte besser zu uns als jeder andere, durch die Flüssigkeit seiner Phrasierung. Er spielte so, wie wir spielten, mehr als jeder andere.«[3]

Als Dizzy später seine zweite Big Band zusammenstellte, war Bud eben- falls dabei. Durch den Job im Deuces konnte sich der junge Pianist auf der 52. Straße etablieren. Er spielte in der Folgezeit mit fast allen Musikern, die dort einen Namen hatten, so z. B. mit Dexter Gordon, J. J. Johnson, Don Byas und John Kirby, in dessen Gruppe er 1946 fest engagiert war. Es folgten eine ganze Reihe von Plattenaufnahmen mit den besagten Mu- sikern. Im Juni 1947 spielte er mit Charlie Parker für das Label ›Savoy‹ einige Titel ein, so z. B. ›Donna Lee‹. Obwohl Bud häufiger mit Charlie Parker zusammenspielte, sollte diese Savoy-Session die einzige gemein- same Aufnahmesitzung bleiben, abgesehen von den später veröffentlich- ten Liveaufnahmen.

1948 spielte Bud in einer All-Star-Gruppe, die diesen Namen wirklich verdient. Neben ihm traten in der Clique (dem späteren Birdland) Miles Davis, Fats Navarro, Lucky Thompson, Dexter Gordon, Kai Winding, Milt Jackson, Oscar Pettiford und Kenny Clarke auf. Im Anschluß arbei- tete er in einem Trio mit Max Roach und Curly Russell zusammen. Neben den mit diesem Trio entstanden Plattenaufnahmen spielte Bud auch Auf- nahmen für Norman Granz ein, allerdings in einer veränderten Triobesetzung, diesmal mit Ray Brown am Baß. Im Mai 1949 nahm er einige Titel für ›Blue Note‹ mit Sonny Rollins und Fats Navarro auf. Mit Sonny trat er auch in verschiedenen Clubs auf, ähnlich wie mit Sonny Stitt.

Buds Arbeitsphasen wurden immer wieder von Gefängnis- oder Krankenhausaufenthalten unterbrochen. Er war Alkoholiker und zudem nervenkrank. Bereits 1945 kam er zum erstenmal ins Gefängnis und anschließend für zehn Monate in eine Heilanstalt. Als er 1951 die Studioaufnahmen für ›Un poco loco‹ abgeschlossen hatte, wurde Bud wegen Rauschgiftbesitzes verhaftet und anschließend wieder einmal in eine Heilanstalt eingewiesen, wo er mit Elektroschocks behandelt wurde. 1953 wurde er wieder entlassen und arbeitete im Birdland, dessen Leiter, Oscar Goodstein, sein gesetzlicher Vormund wurde. In diesem Jahr spielte Bud mit Parker, Gillespie, Roach und Mingus in der Massey-Hall, Toronto. 1954 bis 1955 wurde Bud erneut behandelt. Im Herbst 1956 ging Bud auf eine Konzerttournee durch Europa, an der auch Miles Davis, Lester Young und das Modern Jazz Quartett teilnahmen. Bud Powell schien endgültig am Ende zu sein, seine Ausfälle und Krankenhausaufenthalte mehrten sich. Im Juli 1959 zog Bud mit seiner Frau, der die Vormundschaft übertragen wurde, und dem gemeinsamen Sohn Earl nach Paris. Er bekam einen Job im Blue Note, einem bekannten Pariser Jazzclub, und spielte dort mit Kenny Clarke und dem französischen Bassisten Pierre Michelot zusammen.

Bud erholte sich und spielte bald wieder so gut, daß man von einem echten Comeback reden konnte. 1960 trat er zusammen mit Kenny Clarke, Oscar Pettiford und Coleman Hawkins auf dem Jazzfestival in Essen auf. Mitte 1963 erkrankte Bud an Tuberkulose. Bud hatte in Paris nicht nur Klavier gespielt, sondern auch angefangen zu singen. Jackie McLean, Saxophonist und ein sehr persönlicher Freund von Bud, erinnert sich: »Es ist irgendwie traurig – ich meine voller Mitleid –, wenn man Bud singen hört, weil die Wahl seiner Stücke so eng an sein Leben angelehnt ist, wie ›I Should Care‹. Und er kündigt es nicht an oder irgendwas Ähnliches. Er zieht einfach das Mikrophon rüber und beginnt mit sehr leiser Stimme zu singen. Das bringt's.«[4]

Bud hatte in Paris einen jazzbegeisterten Zeichner, Francis Paudras, kennengelernt, der ihm ein wahrer Freund wurde und sich bemühte, für Buds Wohlbefinden zu sorgen. Francis begleitete ihn, als er im August 1964 nach New York zurückkehrte, um für einen Monat im Birdland zu gastieren. Francis berichtete: »An Buds Eröffnungsabend wurde das Birdland von all denen gestürmt, die diesen so sehr bewunderten Mann, den wichtigsten Pianisten, trotz seiner siebenjährigen Abwesenheit (hier irrt Francis) nicht vergessen konnten. Und ich wurde mit den Stammgästen des Birdlands voller Begeisterung Zeuge einer phantastischen, siebenminütigen Ovation, wie ich sie noch nie erlebt hatte. Ich werde niemals Buds

Bild vergessen, als er starr wie ein eingeschüchteter kleiner Junge dort stand und von den begeisterten Zurufen und Treuekundgebungen ganz verängstigt war.«[5]

Bud traf im Birdland auch seine Tochter Celia, die er noch nie vorher gesehen hatte. Francis erinnert sich an diese Begegnung: »Bud interpretierte für sie im Lauf des ersten Set das umwerfendste ›Autumn in New York‹, das mir jemals zu hören vergönnt war und das den Zuhörern den Atem verschlug.«[6]

Bud kam ziemlich bald wieder mit Drogen in Kontakt und wurde wieder unzuverlässig. Manchmal verschwand er spurlos und erschien nicht zu seinen Auftritten. Francis mußte seinen Rückflug alleine antreten, obwohl Buds Frau und Sohn in Paris zurückgeblieben waren. Bud blieb in New York und ließ sich in Brooklyn nieder, arbeitete aber kaum bzw. gar nicht. Nur noch zweimal trat der Pianist in der Öffentlichkeit auf, im März 1965 in der Carnegie Hall bei einem Gedächtniskonzert zum zehnten Todestag von Charlie Parker und etwas später bei einem Avantgarde-Konzert in der New-Yorker Town Hall. Im Juli 1966 wurde Bud mit einer schweren Lungenentzündung und Gelbsucht ins Krankenhaus eingeliefert. Eine Woche später, am 31. 7. 1966, verstarb er.

Die letzte Phase seines Lebens, beginnend mit seinem mehrjährigen Paris-Aufenthalt, diente als Grundlage für den Film ›Round Midnight‹, in dem der Saxophonist Dexter Gordon die Hauptrolle spielt. Dieser Film kam im Frühjahr 1987 in die deutschen Kinos und wurde wegen seiner phantastischen Musik mit einem Oscar ausgezeichnet.

Wenn man bedenkt, daß Bud Powell seine künstlerische Tätigkeit aufgrund seiner Krankheit und den daraus folgenden längeren Krankenhausaufenthalten häufig unterbrechen mußte, dann ist es erstaunlich, daß Bud dennoch in der Lage war, so viele gelungene Aufnahmen einzuspielen.

Miles Davis

Innerhalb der Geschichte des Jazz findet sich kein vergleichbarer Musiker, der seit der Entwicklung des Bebop, das heißt seit der Entwicklung des modernen Jazz schlechthin, an allen nachfolgenden wichtigen Strömungen derart intensiv beteiligt gewesen ist wie Miles Davis. Erstaunlich ist, daß Miles so gar nicht in die Klischeevorstellungen paßt, die man mit Jazzmusikern verbindet. Miles wurde am 25. Mai 1926 in Alton, Illinois, als Sohn eines erfolgreichen Zahnarztes, Großgrundbesitzers und Viehzüchters geboren. Er stammt aus einem sehr reichen Elternhaus, in dem Jazz- und Bluesmusik allenfalls als heimliche Liebe gepflegt werden konnte. Durch den Einfluß eines Patienten des Vaters, der Trompeter und Musiklehrer war, bekam Miles mit 13 Jahren von seinem Vater eine Trompete geschenkt, obwohl seine Mutter eine Violine oder ein anderes »seriöses« Instrument lieber gesehen hätte. Miles bekam auch den nötigen Unterricht bezahlt und stieg mit 15 schon in die ersten lokalen Jazzbands ein.

Sein erstes Angebot bekam Miles von Sonny Stitt, der mit der Tiny Bradshaw Band durch die Stadt kam. Miles bekam 60 Dollar die Woche geboten, doch seine Mutter hinderte ihren Sohn daran, dieses Angebot anzunehmen. Das nächste Angebot bekam er rein zufällig. 1944 kam die Billy Eckstine Band nach East St. Louis und benötigte dringend einen Trompeter. Miles erinnert sich: »In dem Moment, als ich den Club betrat, ging ein Typ auf mich zu und fragte mich, ob ich eine Union Card besitzen würde. Es war Dizzy, den ich noch nicht kannte, und ich antwortete ihm: ›Yeah, ich hab eine‹, obwohl ich keine besaß. – ›Komm mit, wir brauchen einen Trompeter.‹ – Ich reihte mich sofort in die Band als dritter Trompeter ein und begann zu spielen.«[1]

So kam Miles recht früh und unerwartet in das erfolgreiche moderne Jazzorchester, in dem fast alle Größen des Bebop vereint waren. Miles weiter: »Das unmittelbare Erlebnis von Dizzys und Birds Spiel regte mich so auf, daß ich keine Noten lesen konnte, doch ich liebte die Musik so sehr, daß ich die Arrangements in- und auswendig konnte. So spielte ich mit der Eckstine-Band in der Gegend von St. Louis ungefähr drei Wochen.«[2]

Nun war der junge Miles in St. Louis nicht mehr zu halten, er mußte nach New York. Er bekam die Erlaubnis seines Vaters und schrieb sich als 18jähriger in der Juilliard School of Music in New York ein. Er suchte und fand Charlie Parker und wich ihm nicht mehr von der Seite; sie bewohnten sogar ein gemeinsames Zimmer. Im Mai 1945 absolvierte Miles seine erste Aufnahmesitzung mit dem Saxophonisten Herbie Fields. Nachdem er schon in verschiedenen Gruppen, u. a. auch bei Coleman Hawkins, eingestiegen war, bekam er im Herbst 1945 von Charlie Parker das Angebot, mit ihm im Three Deuces zu spielen. Abgesehen von einigen Unterbrechungen blieb Miles bis 1948 an der Seite seines großen Vorbildes. Als Parker für längere Zeit in einer Nervenheilanstalt behandelt wurde, tourte Miles derweil mit Benny Carter, der Eckstine-Band und anderen. Als Parker wieder entlassen wurde, begann die kreativste Phase der beiden Musiker. Ab Frühjahr 1947 nahm Parker für die Plattenfirmen ›Dial‹ und ›Savoy‹ zahlreiche Titel auf. Am 8. August 1947 konnte Miles seine ersten Aufnahmen unter eigenem Namen für ›Savoy‹ einspielen. Bei den Miles Davis All Stars, wie sich das Quintett nannte, handelte es sich eigentlich um das bewährte Charlie Parker Quintett, mit der Ausnahme, daß Charlie bei diesen Aufnahmen Tenorsaxophon blies.

142

Miles nahm häufig an den Diskussionszirkeln des Arrangeurs Gil Evans teil, aus denen sich eine neue Form des Jazz zu entwickeln schien. Die ersten Ergebnisse konnte Miles zusammen mit Gil Evans, Gerry Mulligan, Lee Konitz und John Lewis im Herbst 1948 im Royal Roost vorstellen. 1949 und 1950 entstanden die dazugehörigen Plattenaufnahmen (›Birth of the Cool‹). Gerry Mulligan bemerkte dazu: »Miles beherrschte diese Gruppe vollständig. Der allgemeine Charakter der Ausführung wurde von ihm geprägt. Deshalb hatten wir Angst, einen weiteren Trompeter dazuzunehmen, obwohl es wirklich ideal gewesen wäre, eine zweite Trompete dabei zu haben.«[3]

Im Mai 1949 kam Miles erstmals nach Europa und spielte mit einem eigenen Quintett (zusammen mit Tadd Dameron) neben der Charlie Parker Group auf dem Pariser Jazzfestival. In den Jahren 1950–51 war Miles' Arbeit stark durch seine Heroinabhängigkeit beeinflußt. Im Januar 1951 sowie im Januar 1953 traf er nochmals mit Charlie Parker im Studio zusammen. 1952 ging Miles mit Milt Jackson und Zoot Sims auf Tournee. Miles Davis, der mit seinem Spiel den derzeit aktuellen Cool Jazz mitgetragen hatte, befand sich musikalisch wieder auf neuen Wegen. Sein Spiel belebte sich und wies den Weg zum Hard Bop. Nachdem er durch eine Entziehungskur seine Heroinabhängigkeit überwunden hatte, konnte er ein frühes Comeback feiern, so auf dem Newport Jazz-Festival im Juli 1955.

Im Herbst 1955 gründete Miles sein erstes Quintett mit John Coltrane, der sich in dieser Formation erstmals einen Namen machte, Philly Joe Jones, Red Garland und Paul Chambers. Dieses Quintett existierte bis Frühjahr 1957, lebte aber im Winter 1958/59 wieder auf und wurde durch Cannonball Adderley zu einem Sextett erweitert. Im November 1956 ging Miles Davis zusammen mit Bud Powell, Lester Young und dem Modern Jazz Quartet unter dem Motto »Birdland '56« auf Europa-Tournee. Zurück in den Staaten, nahm er Sonny Rollins in seine Gruppe auf und arbeitete wieder mit Gil Evans zusammen, mit dem er u. a. im Sommer 1958 Gershwins Oper ›Porgy And Bess‹ aufnahm. Zwischenzeitlich arbeitete er mit verschiedenen Gruppen in New York. Ende 1957 ging Miles kurz nach Paris und erarbeitete dort zusammen mit Kenny Clarke und einigen französischen Musikern eine vielbeachtete Filmmusik für Louis Malle. 1959 nahm Miles zusammen mit Coltrane, Adderley, Bill Evans u. a. zwei bedeutende Platten auf: ›Kind of Blue‹ und ›Sketches of Spain‹. Vor allem mit ›Kind of Blue‹ ging Miles einen entscheidenden Schritt in Richtung modaler Improvisation. Miles dazu:

»Man braucht sich nicht mehr um die wechselnden Harmonien zu kümmern und hat größere Möglichkeiten, an der Melodie zu arbeiten. (...) ich glaube, daß man im Jazz dabei ist, sich von den konventionellen Akkorden zu entfernen und wieder dahin kommt, den melodischen Variationen mehr Bedeutung als den harmonischen Variationen beizumessen. Es wird weniger Akkorde geben, dafür aber unzählige Möglichkeiten, sie zu verwerten.«[4]

1960 war Miles auf zwei ausgedehnten Konzertreisen in Europa zu hören. Anschließend (1961) bekundete er öffentlich, daß er sich zurückziehen und seine Tätigkeit als Jazzmusiker beenden wolle, aber bereits 1963 stellte er ein Quintett zusammen, das weltberühmt werden sollte: Herbie Hancock, Ron Carter, Tony Williams und George Coleman, der von Sam Rivers und dieser dann von Wayne Shorter abgelöst wurde. Diese Gruppe erwies sich als sehr beständig und existierte bis 1968. Es entstanden vier Studio- und zahlreiche Liveproduktionen. Bei der Aufnahme der fünften Platte, ›Filles de Kilimanjaro‹ (1968), wurden Ron Carter und Herbie Hancock durch die Weißen Dave Holland und Chick Corea ersetzt. Auch Tony Williams wurde bald durch Jack De Johnette abgelöst; Wayne Shorter verließ die Gruppe 1969. Miles arbeitete nun verstärkt mit elektronischen bzw. elektrisch verstärkten Instrumenten und holte sich Leute wie George Benson, John McLaughlin, Joe Zawinul, Chick Corea, aber auch seinen Ex-Pianisten Herbie Hancock ins Studio. Im August 1969 nahm Miles »Bitches Brew« auf, eine Produktion, die der Fusion zwischen Rock- und Jazzmusik den Weg wies. Von den einen als Meisterwerk gefeiert, wurde diese Platte von anderen Kritikern völlig zerrissen, so z. B. von Bill Cole: »Bitches Brew und was darauf folgte ist ein musikalischer Rückschritt.« Auch die folgenden Platten wurden heftig kritisiert: »On The Corner (1972) ist eine Beleidigung der Intelligenz des Publikums.«[5]

Nach dem – trotz der Kritik – kommerziellen Erfolg von ›Bitches Brew‹ ließ Miles sich von den Mechanismen des Marktes lenken. Die Plattenfirmen drängten ihre Jazzmusiker, sich der neuen, erfolgversprechenden Welle anzuschließen. Miles wurde zwar reich durch seine Platten, hatte aber nicht immer den erwarteten Erfolg. Auf dem Jazzfestival von Montreux wurde er 1973 vom aufgebrachten Publikum zum vorzeitigen Abbruch seines Konzertes gezwungen. Mitte der 70er Jahre verschwand Miles aus der Öffentlichkeit. Es dauerte nicht lange, und alle möglichen Gerüchte kamen in Umlauf. Man sprach sogar vom Tode des Musikers. Tatsache ist, daß Miles schwer erkrankt war und sich mehreren Operationen unterziehen mußte. 1981 tauchte er wieder auf und ging im Frühjahr 1982 auf eine Tournee durch Europa. Ein für einen Jazzmusiker ungewöhnlicher Reklamerummel leitete sein Comeback ein, die Preise schossen förmlich in die Höhe. Miles konnte die größten Säle füllen. Seine Musik wurde immer kommerzieller gestaltet und mit reichlich elektronischen Effekten durchsetzt. Miles scheute auch nicht davor zurück, Instrumentalversionen erfolgreicher Poptitel anzubieten. So umstritten seine neuerlichen Werke auch sein mögen, sie klingen und verkaufen sich gut.

Teil III

Die Elemente des Bebop

In diesem Sachteil sollen die wichtigsten Elemente des Bebop, d. h. die auffälligsten rhythmischen und harmonischen Veränderungen beschrieben werden. Die Darstellung ist so gestaltet, daß sie auch von einem interessierten Laien verfolgt werden kann. Dieser Sachteil kann und soll das Studium einer Harmonielehre nicht ersetzen. Dementsprechend habe ich darauf verzichtet, einzelne Akkorde aufzuzeichnen und zu erklären. Der aktive Musiker wird dieses Material zur Genüge kennen. Nicht verzichtet habe ich hingegen auf eine Darstellung der gebräuchlichen Tonleitern (Skalen) und deren Einsatzbedingungen. Dieses Skalenkapitel kann von dem nicht musizierenden Leser getrost überschlagen werden, es bietet aber für den praktisch interessierten Leser um so wichtigere Informationen.

Die Elemente des Bebop können im Rahmen dieses Buches nicht in dem erforderlichen Umfang dargestellt werden, so daß einige Zusammenhänge nur grob, aber dennoch verständlich skizziert wurden.

Der Rhythmus

Die offensichtlichste, d. h. auch für Laien erkennbare Erneuerung der Jazzmusik fand im Bereich des Rhythmus statt. Ein gerader, durchgehender und für jeden nachvollziehbarer Rhythmus, wie z. B. der marschorientierte Rhythmus des Oldtime Jazz, ist im Bebop nicht mehr zu hören. An dessen Stelle tritt ein vielschichtiges Rhythmusgebilde, das von der afrikanischen Musik übernommen wurde. Das heißt nicht, daß im Bebop überwiegend afrikanische Rhythmen zu hören sind. Es bedeutet lediglich, daß das afrikanische System der polymetrischen Rhythmen übernommen wurde.

Dieses neue rhythmische Gebilde wird nicht nur von der sogenannten Rhythmusgruppe (Baß, Schlagzeug, Klavier) getragen, sondern – und das ist neu in der Jazzmusik – auch von den Solisten. Phrasierungen und Betonungen der Solisten während ihrer Improvisationen sind entscheidender Bestandteil des neuen Rhythmus. Die Rhythmusgruppe setzt sich im Bebop aus Schlagzeug, Baß und Klavier zusammen und bietet somit in ihrer Zusammensetzung keine Besonderheit. Neu war in der Jazzmusik der gelegentliche Einsatz der elektrisch verstärkten Gitarre. Die musikalische Erneuerung im Bebop ist also nicht an den Einsatz bestimmter Instrumente geknüpft, sondern an die Art und Weise, wie diese Instrumente eingesetzt werden.

Die Funktion der einzelnen Instrumente in der Rhythmusgruppe hat sich teilweise erheblich geändert und sei nachfolgend einzeln besprochen.

Der Baß

Der Baß übernimmt im Bebop die vormalige Rolle des Schlagzeugs. Während die Schlagzeuger früher auf der Baßtrommel einen durchgehenden geraden Rhythmus schlugen, der als Zeitmaß und Orientierung diente, so wird die Angabe des durchgehenden Zeitmaßes jetzt vom Baß übernommen. Da der Baß auch bisher nur als eine harmonisch-metrische Stütze der Melodieinstrumente fungierte, sollte man annehmen, daß der Baß durch seine zusätzliche neue Funktion nunmehr absolut in die Rolle des Begleiters hineingedrängt worden sei. Der Bebop allerdings wäre keine musikalische Revolution gewesen, wären die Funktionen der einzelnen Instrumente nur vertauscht worden.

Der Baß im Bebop ist beispielsweise nicht gezwungen, eine durchgehende Viertelnotenlinie zu spielen und kann sich rhythmisch frei bewegen. So kann sich der Bassist nicht nur der schnellen Achtelnotenläufe bedienen, sondern auch der »Off-Beats« und der einfachen und doppelten Vorschläge. Im Grunde genommen stehen dem Bassisten alle rhythmischen Möglichkeiten zur Verfügung. Weiterhin ist der Bassist nicht mehr gezwungen, lediglich die Grundtöne und eventuell auch noch die Terz oder Quinte der Akkorde zu spielen. Das bedeutet auch in harmonischer Hinsicht eine größere Freiheit und »Auswahlmöglichkeit« für den Bassisten.

Nun könnte man sich fragen, ob der Baß trotz der ihm gegebenen Freiheiten in der Lage sei, seiner Funktion als Zeitmaßgeber gerecht zu werden. Hierzu sei gesagt, daß der Baß im Bebop immer noch in überschaubaren Linien spielt, die zwar von rhythmischen Einwürfen und Pausen gebrochen werden können, aber dennoch einen soliden rhythmischen »Teppich« bilden, auf dem sich die Solisten »tragen« lassen können. Der Bassist spielt also normalerweise exakt in der Form des Chorus, was von einem Bebop-Schlagzeuger nicht unbedingt erwartet werden kann, denn dort werden häufiger die Akzente verschoben.

Der »walking bass« des »swing« wird abgelöst durch eine rhythmisch, harmonisch und melodisch freiere Begleitung, der sogenannten »blowing line«.

Das Piano

Das Piano diente vormals nicht nur als die notwendige harmonische Stütze, sondern hatte durchaus auch eine rhythmische Funktion. So wurden die Akkorde in der Regel auf eins und drei, die Akkordnachschläge auf zwei und vier gespielt.

Diese rhythmisch simple und monotone Begleitungsweise gab den Solisten eine ungeheure Sicherheit, so daß man sich kaum vorstellen kann, daß es dennoch einigen Musikern gelang, sich in einem Chorus zu verlieren.

Von dieser rhythmischen Funktion hat sich das Piano im Bebop vollends gelöst. Das Piano hat also nur noch harmonische Funktion. Hier stehen dem Pianisten einige Freiheiten zu. Er kann sowohl komplette Akkorde als auch Einzeltöne, Einzelintervalle oder Alterationen spielen. Der Gebrauch von alterierten Akkorden ist im Bebop ein gängiges Mittel zur Erzeugung harmonischer Spannungen.

Da die rhythmische Funktion des Pianos aufgelöst wurde, kann sich der Pianist rhythmisch frei bewegen. Er kann beispielsweise lateinamerikanische Rhythmen übernehmen, sich der »Off-Beats« bedienen oder seine Akkorde sporadisch und unerwartet einwerfen. Die rhythmisch verschobenen Einwürfe, die zwischen den Beat fallen (»Off-Beat«, Synkope), werden von Pianisten sehr häufig genutzt. Eine weitere Funktion erhält das Piano dadurch, daß es nun zu einem gleichberechtigten Soloinstrument geworden ist. Waren Pianosoli im traditionellen Jazz noch relativ selten zu hören, so sind sie im Bebop an der Tagesordnung.

Die Gitarre

Neu in der Rhythmusgruppe des Bebop ist die von Charlie Christian eingeführte elektrische Gitarre. Anzunehmen wäre, daß ein neu eingeführtes Instrument auch eine besondere Funktion wahrzunehmen hätte. Dies ist allerdings nicht der Fall. Die Funktion der Gitarre ist identisch mit der des Pianos.

Die Gitarre ist gleichberechtigtes Soloinstrument und in ihrer Begleitfunktion gleich dem Piano rhythmisch nicht gebunden. Die Gitarre hat als Begleitinstrument nur eine harmonische Funktion. Es fällt vielen Gruppen nicht leicht, Gitarre und Piano gleichberechtigt nebeneinander einzusetzen, da es zwischen diesen Instrumenten durchaus zu einem »Kompetenzgerangel« kommen kann. Das heißt konkret, daß ein Pianist und ein Gitarrist zusammen wesentlich zurückhaltender spielen müssen, als wenn sie alleine wären, um keine harmonische und rhythmische Überlagerung entstehen zu lassen.

Das Schlagzeug

Die größte Funktionsveränderung und somit veränderte Spielweise ist beim Schlagzeug festzustellen. Für viele Jazzkritiker ist das Schlagzeug das dankbarste Instrument, an dem sich die rhythmischen Veränderungen des Bebop nachweisen lassen. Ich beschränke mich hier auf die Darstellung der offensichtlichen Veränderungen.

Wie in dem Abschnitt über die Funktion des Baß schon erwähnt, fällt die Baßtrommel als permanenter Zeitmaßgeber aus. Auf der Baßtrommel werden nur noch Akzente gesetzt, die teilweise recht unerwartet fallen (sog. »Dropping Bombs«).

Der Grundschlag wurde auf das obere Becken verlagert. Der Grundrhythmus wird permanent auf dem Becken geschlagen, betont werden die Akzente auf zwei und vier. Durch das fortlaufende Schlagen des Beckens entsteht vor allem bei einem sehr schnellen Tempo ein durchgängiges »Zischen« des Beckens, was von vielen Hörern als störend empfunden wurde.

Auf der kleinen Trommel (snare drum) werden sogenannte »fill ins« (Einwürfe), Betonungen der Melodie bzw. der Improvisationen oder rhythmische Kontraste gespielt.

Das Spiel der »Hi-Hat« (Fußbecken) ist nicht wesentlich verändert worden. Auf ihr werden vornehmlich die zwei und die vier betont.

Diese Veränderungen lassen sich folgendermaßen zusammenfassen:

Das Schlagzeug ist nicht mehr der permanente und verläßliche Rhythmusgeber, sondern erhält die gleichen Freiheiten wie die Solisten. Das Schlagzeugspiel ist einem andauernden Solo gleich und hat seine reine Stützfunktion aufgegeben. Der Grundbeat ist durch seine Verlagerung auf das Becken nur noch unterschwellig wahrzunehmen. Der Schlagzeuger steigt in das Spiel des Solisten mit ein und übernimmt dessen rhythmische Phrasen. Auch der Solist kann rhythmische Ideen der Schlagzeugbegleitung übernehmen. Hier findet erstmals ein gleichberechtigter Austausch von musikalischen Ideen zwischen der Melodie- und der Rhythmusgruppe statt. Der Schlagzeuger ist nicht mehr der »Rhythmusknecht«, der alle anderen Musiker zu »bedienen« hat. Der »Einstieg« des Schlagzeugers auf den Solisten fördert die Ideengebung und den Spielfluß in der Gruppe.

Die Veränderung der Schlagzeugfunktion ist die weitreichendste Veränderung innerhalb der Rhythmusgruppe. Viele Musiker, aber auch Kritiker haben es nicht verwunden, daß man ihnen den sicheren Rhythmusteppich unter den Füßen wegzog. So wird die Kritik an dem neuen Rhythmus des Bebop fast ausschließlich am Spiel des Schlagzeugers festgemacht.

Abschließend ist zu bemerken, daß sich innerhalb der Rhythmusgruppe der entscheidende Anspruch auf melodisches Leben durchgesetzt hat.

Man könnte auch sagen, die Jazzmusiker haben ihre Instrumente neu entdeckt, bzw. die bis dahin kaum genutzten Möglichkeiten ihrer Instrumente.

Welcher Schlagzeuger kam schon auf die Idee, Melodien zu trommeln, oder welcher Pianist wagte es, sich aus der Rhythmusgruppe zu lösen, um seine Akkorde rhythmisch konträr einzuwerfen.

Zudem ist jedes Instrument aus der Rhythmusgruppe gleichberechtigtes Soloinstrument geworden.

Erst im Bebop entstand das exakt nach Chorussen gezählte Solospiel des Schlagzeugers. Auch gibt es kaum eine Aufnahme des frühen Bebop, auf der nicht der Pianist sein Solo spielen würde.

Das sind musikalische Neuerungen, die vorher nicht denkbar gewesen wären.

Weiterhin hat sich die Rhythmusgruppe weitgehend vom Grundrhythmus befreit. Der Beat wurde zurückgenommen und durch Gegenrhythmen ersetzt.

Insgesamt gesehen wurde der Rhythmusgruppe niemals zuvor eine derartig große musikalische Freiheit zugestanden wie in der Entwicklung des Bebop. Die »Befreiung« der Rhythmusgruppe aus ihrer reinen Bedienungsfunktion hat entscheidend zur Entwicklung und zum Bestand dieses Musikstils beigetragen.

Techniken

Eine wichtige Erscheinung im Jazz, das heißt nicht nur im Bebop, ist die triolische Spielweise der Achtelnoten.

Gerade notierte Achtel

werden wie folgt gespielt:

Zur besseren Übersicht sollten die Triolen folgendermaßen notiert werden:

151

Zwei gleiche Achtel werden als Achteltriole gedacht. Die beiden ersten Achtel der Triole werden übergebunden. Die Töne werden also lang – kurz, lang – kurz gespielt, wobei die kurze Achtel angestoßen und mit den gebundenen Achteln der folgenden Triole gebunden werden. Anstoßen und Überbinden geschieht relativ sanft. Lautmalerisch läßt es sich in etwa mit du-haaa – du-haaa ausdrücken.

Folgende Phrase

wird so gespielt

und würde in etwa wie du – du-haaa – du-haaa – du-haaa klingen.
Liegt die erste Achtelnote auf dem Beat, so wird sie angestoßen, obwohl normalerweise nur die Achtel gestoßen werden, die zwischen dem Beat liegen. Die gestoßenen »off-beat«-Achtel sind kurz, die übergebundenen Achtel auf dem Beat sind lang. Achtelnotenphrasen werden im Jazz meistens ohne Phrasierungshilfe notiert, da jeder Jazzmusiker weiß, wie er sie zu spielen hat.
Diese Technik ruft, je nachdem ob es in einem langsamen oder einem sehr schnellen Tempo gespielt wird, den jazztypischen Effekt des »swing«, »drive« oder »bop« hervor.
Die mühelose, unbeschwert klingende Beherrschung dieser Technik setzt eine ausgeprägte Hörgewohnheit dieser Musik und intensive Übung voraus. Die theoretische Erklärung der triolischen Spielweise kann das notwendige Hörbeispiel nicht ersetzen, denn diese Erklärungen erfassen nur annähernd das Klangbild dieser Technik. Wenn sich diese Musik wirklich akademisch mit der Darstellung der Achteltriolen erfassen ließe, könnte jeder studierte Musiker diesen Stil spielen. Es ist aber nur allzu deutlich, daß die meisten Musiker, die sich nicht langfristig mit dem Jazz befassen, die triolische Spielweise, auch bei genauester Notierung, nicht beherrschen. Ihr Spiel klingt gewollt, unnatürlich und eckig – oder wie der Jazzmusiker sagt: »zickig«.
Ein wichtiges rhythmisches Stilmittel im Jazz und insbesondere im »Bebop«, ist der häufige Einsatz von Synkopen. Die im Jazz gebräuchlichen Synkopen entstammen nicht der europäischen Kunstmusik, sondern der westafrikanischen Polyrhythmik. Die klassische Synkope entsteht durch Bindung eines leichten unbetonten Zeitwertes an den nächsten schweren,

unter Vorwegnahme des Akzentes des schweren Zeitwertes und kann somit nur auf den betonten Zählwerten des Taktes (eins und drei) wirksam werden.

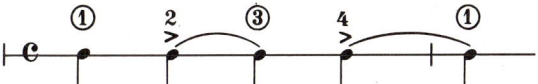

Die im Jazz gebräuchlichen Synkopen hingegen können auf allen Zählzeiten des Taktes wirksam werden, da im Jazz keine Unterscheidung von leichten und schweren Zählzeiten stattfindet.

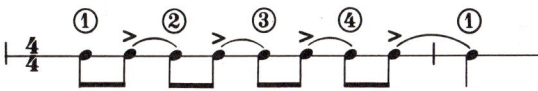

Synkopen (off-beats) unterliegen im »Bebop« einer ganz bestimmten Phrasierungsweise, die hier anhand der ersten vier Takte von Charlie Parkers Thema ›Confirmation‹ verdeutlicht werden soll:

Hier finden sich eine Reihe von Synkopen, teilweise als Viertel notiert, teilweise als Achtel.

Wie bei der triolischen Spielweise von aufeinanderfolgenden Achtelnoten werden auch hier die Töne, die zwischen dem Beat liegen (d. h. alle Töne auf »und«), kurz gespielt. Es spielt keine Rolle, ob es sich hierbei um eine Viertel- oder Achtelnote handelt. Beide Noten werden gleich kurz gespielt. Für unser Beispiel bedeutet das, daß die Töne ›a‹, ›b‹ und ›d‹ in den Takten eins, zwei und vier kurz gespielt werden. Wenn es nicht so sein sollte, müßte es extra angezeigt werden. Die Achtelsynkope ›e‹ am Ende des zweiten Taktes wird genauso kurz gespielt wie die vorher erwähnten Viertel. Das ›d‹ am Anfang des dritten Taktes hätte genausogut als Viertel notiert werden können. Die Achtelnotierung macht diesen Takt allerdings übersichtlicher und ist wohl deshalb erfolgt.

153

Die Töne, die auf dem Beat liegen, werden lang gespielt. Das hat zur Folge, daß Achtelnoten, die auf dem Beat liegen, länger gespielt werden als Viertelnoten, die zwischen dem Beat liegen. Das heißt konkret in unserem Beispiel, daß das ›fis‹ im zweiten Takt länger gespielt wird als das ›b‹.

Im Bebop gibt es einige immer wiederkehrende rhythmische Phrasen, die insbesondere den Effekt mit sich bringen, daß sie den Grundrhythmus aufzulösen scheinen. Besonders effektvoll sind in diesem Zusammenhang die häufig angewendeten Auftakte, die sich durch das Fehlen der sonst nachfolgenden »Eins« auszeichnen. Dadurch scheint der Auftakt im Bebop rhythmisch frei improvisiert und findet keine taktmäßige Stützung.

Alfred Baresel hat einige dieser Auftakte skizziert:

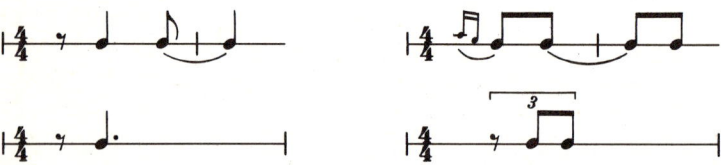

Baresel stellt die Behauptung auf, daß im Bebop der Grundrhythmus gänzlich aufgehoben sei und dieser Jazzstil nur noch auf gleichmäßigen rhythmischen Schlägen basiere, die aber nicht vorhanden wären. Auch andere Autoren sprechen davon, daß im »Bebop« der Grundrhythmus nicht mehr zu lokalisieren sei und nur noch »gefühlt« werden könne.

Diesen Autoren scheint entgangen zu sein, daß sich der Grundrhythmus im Bebop nur verlagert hat. Der Baß ist Träger der festen Zählzeit geworden, das Schlagzeug dagegen hat sich rhythmisch lösen können.

Durch eine intensive Auseinandersetzung mit dem Bebop wird der Musiker oder auch Zuhörer rhythmisch wesentlich sensibler und ist dadurch durchaus in der Lage, Grundrhythmen zu hören, nach denen man sich als improvisierender Solist richtet. Dieser Rhythmus ist natürlich nicht mehr von jedem Laien so offensichtlich zu verfolgen, wie es bei den Marschrhythmen des Dixieland der Fall ist.

Ein gängiger Effekt in der Jazzmusik ist die Verdopplung des Spieltempos und somit eine Verdopplung der rhythmischen Schläge.

Das Verdoppeln der Grundschläge nennt man »Double-Beat«. Hierbei handelt es sich um eine relativ alte Technik, die früher dazu diente, die getragenen, im mäßigen Marschtempo gespielten Jazzstücke rhythmisch zu intensivieren. Mit den verdoppelten Grundschlägen verdoppelt sich auch die Anzahl der Takte. Wollte man dieses »verdoppelte« Stück nun notieren, so müßte man z. B. Ganze statt Halbe, Halbe statt Viertel usw. schreiben.

Da die Verdopplung der Grundschläge die symmetrische Gliederung eines Stückes nicht berührt, entsteht für den Musiker doppelt soviel »Raum« für die Vorstellung des Inhalts, was ein intensiveres rhythmisches Empfinden auslöst.

Im modernen Jazz werden größtenteils Stücke in einem sehr schnellen Tempo gespielt. Dadurch hat es in neuerer Zeit eine umgekehrte rhythmische Entwicklung gegeben. Die schnellen, komplizierten Themen (des Bebop) werden von einem halbierten Grundschlag begleitet. Der Solist spielt und denkt das Thema im »alla breve«, was ihm die Orientierung in dem Stück erheblich erleichtert. Zusätzlich ist dadurch eine größere Ruhe zu spüren, die der rhythmischen Spannung zugute kommt. Nach Beendigung des Themas spielt die Rhythmusgruppe ihren normalen Beat (original Tempo), während der Solist weiterhin »alla breve« denkt. Das Tempo (halb oder ganz) ist ihm freigestellt.

Auch dem Solist steht das Stilmittel der rhythmischen Verdopplung zu. Verdoppelt der Solist in einem seiner Chorusse das vorgegebene Tempo, nennt man das »Double-Time«.

Das »Double-Time« gilt immer für mindestens einen kompletten Chorus oder einen abgeschlossenen Teil des Chorus (z. B. der B-Teil in einer AABA-Form). Die Rhythmusgruppe begleitet den Solisten im normalen Tempo. Doch diese Regelung ist, wie so vieles im Jazz, kein Dogma. So kann zum Beispiel die gesamte Rhythmusgruppe zwischenzeitlich in »Double-Time« spielen, während der Solist in der alten »Time« bleibt. Ein häufig gehörter Effekt ist das Spiel der ganzen Gruppe (Rhythmusgruppe und Solist) im doppelten Tempo.

Eine rhythmische Besonderheit ist noch zu den Soli im Bebop zu bemerken. Bei einer Jazzimprovisation gliedern sich die Motive gewöhnlich in Zwei- oder Viertaktgruppen, so daß die natürlichen Zäsuren in geraden Abständen fallen.

Beispiel: Ein Solist unterteilt ein zwölftaktiges Bluesschema in drei mal vier Takte, d. h. er bläst drei Improvisationslinien von jeweils vier Takten Länge und beendet seinen Chorus. Der folgende Solist beginnt auf der »Eins« des nächsten Chorus und bläst ebenfalls drei mal vier Takte etc.

Diese sogenannte natürliche Zäsurstellung wird im Bebop verschoben. Es entstehen Phrasen, die »zu lang« oder »zu kurz« sind. Diese Phrasen beginnen nicht auf »Eins«, sondern teilweise weit vorher oder nachher. Dementsprechend sind auch die Endungen verschoben. André Asriel prägte dafür den Begriff »Formsynkope«.

Miles Davis beschreibt den Einsatz dieser »Formsynkope« von Charlie Parker:

»(...) wenn wir zum Beispiel Blues spielten, setzte Bird (Charlie Parker) schon im elften Takt ein. (...) Jedesmal, wenn das passierte, pflegte Max (Roach) zu Duke (Jordan) hinüberzubrüllen, er solle Bird ja nicht folgen, sondern bleiben, wo er war. Schließlich löste sich alles auf, wie Bird es geplant hatte, und wir waren wieder alle zusammen.«

Diese an sich leicht verständliche Verschiebung der Zäsur ist im praktischen Spiel allerdings weitaus schwieriger anzubringen, als es klingen mag. Der ungeübte Solist wird sich leicht in der Form verlieren und somit aus dem Chorus fallen. Gutes Hörvermögen und unbedingte rhythmische Sicherheit sind für den Einsatz solcher »Formsynkopen« vonnöten.

Harmonische Grundlagen

Die musikalische Erneuerung der Jazzmusik beschränkte sich nicht nur auf die Veränderungen in der Rhythmusgruppe, sondern umfaßte darüber hinaus eine Veränderung der gebräuchlichen Harmonien. Die Anwendung »neuer« Harmonien war innerhalb der Jazzmusik ebenso revolutionär wie die rhythmischen Erneuerungen. Beide Bereiche haben entscheidenden Einfluß auf den neuen Jazz ausgeübt, so daß es müßig wäre, wollte man hier eine Wertung vornehmen.

Die bereits zitierten Aussagen von Kenny Clarke und Dizzy Gillespie, sie hätten die neuen Harmonien anfangs nur dazu benutzt, ungeliebte »Einsteiger« von der Bühne fernzuhalten, darf getrost als eine Legende angesehen werden.

Der Schlüssel zur harmonischen Veränderung liegt vielmehr in der Unzufriedenheit einiger Musiker, weiterhin mit dem doch recht begrenzten harmonischen Material arbeiten zu müssen (z. B. Charlie Parker), und in dem spielerischen »Forschungstrieb« von Musikern wie Charlie Christian und Thelonious Monk. Diese beiden letztgenannten Musiker verstanden es schon recht früh, die von ihnen gespielten Jazzstandards mit neuen Akkorden (Stellvertreter, Erweiterungen, Umschichtungen und Alterationen) zu »würzen«. Ein Zusammentreffen dieser Musiker und die intensive Zusammenarbeit und Auseinandersetzung mit dieser neuen Thematik schuf den Boden für diese Neuerung der Jazzmusik.

Grundlage aller harmonischen Strukturen sind die Akkorde und Akkordverbindungen bzw. Akkordfolgen. Die Entwicklung der harmonischen Struktur des Bebop wird nachfolgend anhand einiger Beispiele erläutert. Auf eine gesonderte Aufzeichnung einzelner Akkorde soll hier verzichtet werden, da der generelle Aufbau von Akkorden jeder Harmonielehre entnommen werden kann. Besonderheiten innerhalb des modernen Jazz sollen aber erläutert werden.

Die Bezeichnungen der im Jazz gebräuchlichen Akkorde entsprechen jenen, die in der amerikanischen Unterhaltungsmusik verwandt werden. Da diese Bezeichnungen nicht immer einheitlich erfolgen, sollen die in

156

diesem Abschnitt verwendeten Symbole kurz erläutert werden. (Alle Beispiele in ›C‹.)

C – bezeichnet einen C-Dur Akkord, zu dem im Bebop wenigstens die Sept hinzugezogen wird. Dieser Akkord kann auch als $Cmaj^7$ oder Cj^7 bezeichnet werden.

C-7 – bezeichnet einen Mollseptakkord

C∅ – bezeichnet einen halbverminderten Akkord, auch C dim (diminished) genannt.

Co – bezeichnet einen verminderten Akkord, bestehend aus kleinen Terzen.

C^7 – bezeichnet einen Dominantseptakkord.

B, B^b – entsprechend der englischen Sprache wird das deutsche H als B und das deutsche B als B^b bezeichnet.

Akkorde werden immer zumindest als Vierklänge (C^7, C-7) eingesetzt, der Gebrauch von Fünfklängen (Cj^9, C^9) oder auch Mehrklängen (C^{11}, $C\text{-}^{13}$) ist in der weiteren Entwicklung des Jazz allerdings weitaus häufiger anzutreffen. Heutzutage wird beispielsweise der Einsatz einer None (C^9) auch dann gefordert, wenn sie nicht aufgezeichnet ist (Spiele Cj^9 anstatt C).

Die Hinzunahme der None empfiehlt sich auch aus rhythmischen Gründen, da man beim Spielen der Akkorde und Skalen in der Grundstellung durch die hinzugezogene None immer wieder auf dem »Beat« (Grundschlag) landet.

Die einzelnen Töne der Akkorde können alteriert, d. h. verändert werden. Wird ein akkordeigener Ton um einen Halbtonschritt erniedrigt, wird dieser Ton mit einem ›b‹ bezeichnet (C^{b9}). Die Erhöhung um einen Halbtonschritt wird mit # bezeichnet ($Cj^{\#5}$). Es können alle Akkordtöne alteriert werden, doch nicht in jedem Fall werden diese Veränderungen mit b oder # bezeichnet, da bestimmte Alterationen einem Akkord eine grundsätzlich andere Funktion zuweisen. Beispiel: b3 ist eine Mollterz, der Akkord wird als C- bezeichnet; #3 ist identisch mit der Quart, dieser Akkord wird mit C sus bezeichnet, d. h., daß die Terz durch die Quart ersetzt wird.

Die Sept muß gesondert bezeichnet werden, wenn sie bei Fünf- und Mehrklängen als große Sept erhalten bleiben soll. Beispiel: C^9 beinhaltet die kleine Sept des Dominantseptakkordes, Cj^9 hingegen weist die große Sept auf.

Schauen wir uns die harmonische Entwicklung des Bebop anhand einiger Muster und Beispiele (sogenannte »Pattern«) an:

Ausgangspunkt aller harmonischen »Pattern« im Jazz ist das zwölftaktige Schema des Blues. Anhand der harmonischen Entwicklung dieses grundsätzlich sehr simplen Schemas läßt sich die Veränderung der im Bebop verwendeten Akkorde am einfachsten erläutern. Das zwölftaktige

Bluesschema ist auch im Bebop, neben den sogenannten »Rhythm Changes«, das gebräuchlichste Harmonieschema. Charlie Parker hat beispielsweise alleine 175 verschiedene Titel auf Schallplatte aufgenommen, die auf dem Bluesschema basieren.
Gehen wir von einem einfachen Bluesschema in der häufig gespielten Tonart B^b aus:

B^b7	./.	./.	./.
E^b7	./.	B^b7	./.
F^7	./.	B^b7	./.

So haben wir ein Schema mit den denkbar simpelsten Funktionen:

| 4 Takte Tonika | 2 Takte Subdominante |
| 2 Takte Tonika | 2 Takte Dominante | 2 Takte Tonika |

Entscheidend für den Blues ist der Gebrauch von Dominantseptakkorden. Anstatt eines reinen Dur-Akkordes wird beim Blues ein mit der kleinen Sept erweiterter Akkord als Tonika eingesetzt.
In den 30er Jahren hat dieses einfache Schema eine bis heute noch in der Swing-Musik gebräuchliche Veränderung erfahren:

B^b	E^b9	B^b	B^b7
E^b9	./.	B^b	B^b $B^b\emptyset$
$C\text{-}^7$	F^7	B^b E^b9	B^b F^7 B^b

Folgende Veränderungen sind hier eingetreten:
– Die Tonika ist ein Dur-Akkord, der Dominantseptakkord fällt an dieser Stelle weg (Ausnahme: Takt vier).
– Die Subdominante wird um eine None erweitert.
– Der Gebrauch von halbverminderten Akkorden wird eingeführt (B^bdim bzw. $B^b\emptyset$).
– Die Subdominantenparallele wird eingeführt.
– Durch den vermehrten Einsatz von Funktionswechseln entsteht eine höhere harmonische Spannung, die in den letzten vier Takten besonders deutlich wird: Subdominantenparallele – Dominante – Tonika – Subdominante (9) – Tonika – Dominante – Tonika.

158

Neben diesem sogenannten »Swing-Blues-Schema« gibt es noch eine weitere Variante, der sogenannte »Mainstreem Blues«:

B^b7	E^b7	B^b7	./.
E^b7	./.	B^b7	G^7
$C\text{-}^7$	F^7	B^b7	F^7

Hier sind insbesondere zwei weitere Veränderungen zu bemerken:
– In den Takten sieben bis zehn werden sogenannte diatonische Quintenzirkel-Patterns gespielt.
– Der Blues endet auf der Dominante.
Die Entwicklung der Bluesschemen steigert sich bis zu den im Bebop gebräuchlichen »Blues Pattern«. Hier gibt es eine ganze Reihe von Variationen. Die gebräuchlichste sei hier dargestellt:

$B^b\text{maj}^9$	E^b13	$B^b\text{maj}^9$	$F\text{-}^7$ B^b7 (b5)
E^b9 (b5)	A^b9	B^b $C\text{-}^7$	$D\text{-}^7$
$C\text{-}^7$	F^7 (b5)	$B^b\text{maj}^9$ A^b9	$D^b\text{maj}^7$

Folgende entscheidende Veränderungen haben hier stattgefunden:
– Die Akkorde werden um die 13. Stufe erweitert.
– Es tauchen zum erstenmal und gleich vermehrt, verminderte Quinten auf (von den halbverminderten Akkorden des Swing-Schemas abgesehen).
– Die Dominantenparallele wird eingesetzt.
– »Tonartfremde« Akkorde treten vermehrt auf:
A^b9 ist in dem aufgeführten Beispiel als doppelte Subdominante zu verstehen, als Subdominante der Subdominante. Diese verdoppelte Funktion wird zum Schluß des Schemas erneut verdoppelt: $D^b\text{maj}^7$ als Subdominante mit maj7 zu A^b9.
Die Verdopplung der Funktionen und die teilweise vorgenommene Modulation der Akkorde von Dominantseptakkorden zu Durseptakkorden erklärt das Prinzip der im Bebop erfolgten harmonischen Veränderungen. Diese Technik gibt den Musikern eine ungeahnte Möglichkeit, spannungsgeladene Harmonieverbindungen zu schaffen. Die Erweiterung der Akkorde um die 13. Stufe tut ein übriges.
Zur weiteren Verdeutlichung der harmonischen Veränderungen soll ein

159

direkter Vergleich zwischen einer Akkordfolge des Swing und der des Bebop angeführt werden:

Swing: | B^b | $C{-}^7\ F^7$ | B^b | $C{-}^7\ F^7$ |
        | B^b | $C{-}^7\ F^7$ | $B^b\ F^7$ | B^b |

Bebop: | $B^b\ G^7b9$ | $C{-}^7\ F^7$ | $D{-}^7\ G^7b9$ | $C{-}^7\ F^7$ |
        | B^b7 | $E^b7\ Eo^7$ | $D{-}^7\ G^7b9$ | $C{-}^7\ F^7$ |

Hier zeigt sich, daß die Tonika, die bei dem Swing-Schema wenigstens alle zwei Takte auftaucht, beim Bebop nur noch Eckpfeilerfunktion hat und nur zu Beginn einer viertaktigen Phrase erscheint. Weiterhin findet eine weitgehende Funktionserweiterung statt, die klassische II-V-I Verbindung ist in diesem Bebop-Schema in direkter Folge nur einmal zu hören, während sie im Swing laufend aneinander gehangen wird.

Gegenüber den vorgestellten Bluesschemen sind noch zwei harmonische Veränderungen zu bemerken: Einsatz der Tonikaparallele im ersten Takt und der ganz verminderte Akkord (Eo) im sechsten Takt.

Viele dieser harmonischen Veränderungen sind auf den Einsatz von sogenannten Stellvertretern (Substitution) zurückzuführen. Diese Akkorde sind im Bebop recht häufig zu hören.

Die Stellvertreter können nur bei einer II V^7-Verbindung eingesetzt werden, also bei einer Folge von Mollsept- und Dominantseptakkord.

Charlie Parker setzte häufig ebenfalls Mollsept- und Dominantseptakkorde als Stellvertreter ein, die entweder eine kleine Terz oder einen Tritonus über den ursprünglichen Akkorden lagen.

Beispiel: $D{-}^7\ G^7$ wird zu $Ab{-}^7\ D^b7\ (= C^{\#7})$
                oder zu $F{-}^7\ B^b7$

Neben den Stellvertretern gibt es noch sogenannte Durchgangsakkorde (passing chords). Damit sind die Akkordfolgen in Sekundabständen gemeint, die in der vorgestellten Bebop-Blues-Variation enthalten sind. Ein weiteres Beispiel dazu:

| $G{-}^7\ A^b{-}7$ | $A{-}^7\ B^b{-}7$ | $B{-}^7$ |

Ebenfalls noch kurz zu erwähnen sind die »turnbacks« oder »turnarounds«, die zum Schluß eines Chorus gespielt werden, um einen interessanten Anschluß an den Anfang des Stückes zu finden. Diese turnbacks bestehen aus den bereits vorgestellten Stellvertretern.

Wichtigste Grundlage in der Improvisationsmusik sind neben den Akkorden die verschiedenartigen Skalen, die das Tonmaterial zu den improvisierten Melodien liefern.

Es sind insgesamt 29 verschiedene Skalen, die zur Verfügung stehen. Wenn man bedenkt, daß jede dieser Skalen mit zwölf verschiedenen Anfangstönen gespielt werden kann, so kann man sich vorstellen, welch umfangreiches Studium vonnöten ist, will man die 348 Skalen sicher beherrschen.

Diese Zahl relativiert sich ein wenig, da man davon ausgehen kann, daß man nicht alle Skalen wirklich gebraucht, da es zu dem einen oder anderen Akkord häufig genug Alternativen gibt. Man wird sich im Laufe des praktischen Studiums für bestimmte Skalen entscheiden und die anderen schlicht »vergessen«. Doch auch allein das Studium der im Bebop unbedingt notwendigen Skalen sollte nicht unterschätzt werden.

Grundsätzlich ist folgendes Skalenmaterial vorhanden:

Die von Dur abgeleiteten Skalen:
Hiermit sind die sieben verschiedenen Kirchentonarten inklusive der im Jazz gebräuchlichen locrischen Skala gemeint, also:
ionisch, dorisch, phrygisch, lydisch, mixolydisch, äolisch und eben locrisch.
Nach dem gleichen Modus lassen sich von melodisch Moll sieben Tonarten ableiten.

Die von melodisch Moll abgeleiteten Skalen:
melodisch Moll, dorisch $b2$, lydisch übermäßig, lydisch dominant, mixolydisch $b6$, locrisch $\#2$ und superlocrisch.
Die Bezeichnung dieser Skalen verdeutlicht zugleich ihren Charakter. Dorisch $b2$ ist beispielsweise eine dorische Skala mit verminderter zweiten Stufe. Die im Bebop notwendigen Skalen aus dieser Gruppe werden noch ausführlich besprochen.

Die pentatonischen Skalen:
Die pentatonischen Skalen sind häufig in der Jazzmusik und in der jazzverwandten Musik (z. B. Rockmusik) zu hören. Pentatonik ist eine »natürliche« Tonleiter, die schon kleine Kinder unbewußt beim Singen einsetzen und die auch oft in der Folkloremusik verschiedener Völker zu hören ist. Die aus der Pentatonik entwickelte »Bluesskala« ist eine Entwicklung schwarzer amerikanischer Musiker.
Obwohl es im Grunde genommen nur eine Form der pentatonischen Skala gibt, wird dennoch teilweise zwischen Dur- und Mollpentatonik unterschieden. Die Mollpentatonik ist aus dem gleichen Tonmaterial wie

die Dur- oder auch Normalpentatonik zusammengesetzt, sie beginnt lediglich auf der fünften Stufe der Normalpentatonik.

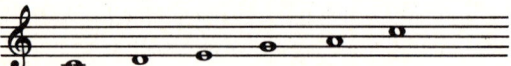

Pentatonik (auch Durpentatonik genannt)

Mollpentatonik

Die Mollpentatonik sei deswegen hier aufgeführt, weil sich an ihr die Entwicklung der Bluesskala leichter darstellen läßt.

Bluesskala

Vergleicht man diese beiden Skalen, so läßt sich auf einen Blick feststellen, daß sich die Bluestonleiter nur durch einen eingeschobenen Halbton zwischen der dritten und vierten Stufe von der Mollpentatonik unterscheidet.

Die Bluesskala wird, wie der Name schon sagt, hauptsächlich beim Blues eingesetzt. Da im Normalfalle im Bluesschema Dominantseptakkorde, keinesfalls aber Mollakkorde (von Ausnahmen abgesehen) verwandt werden, drängt sich die Frage auf, inwieweit sich die verminderte Terz mit der Terz des Dominantseptakkordes verträgt. Die verminderte Terz und auch die verminderte Quinte, die in diesem Zusammenhang schon vor der Entwicklung des Bebop auftaucht, wird als »Blue Note« bezeichnet und paßt ganz hervorragend in die Stimmung des Blues.

Die Bebop-Skalen
Eine relativ neue Erkenntnis der Jazzforschung ist die Existenz von sogenannten Bebop-Skalen, die auf den Seiten 166f. beschrieben werden.

Die übrigen Skalen
Neben den eindeutig ein- und zuzuordnenden Skalen gibt es noch eine Reihe von Skalen, die in keinem direkten Zusammenhang zu den erwähnten Skalengruppen stehen. Dazu gehören:

162

harmonisch Moll, durharmonisch, byzantinisch, die übermäßige Skala, die Ganztonskala, die verminderte und die 8ton-dominant-Skala.

Dem Leser drängt sich sicherlich die Frage auf, wie denn diese Skalen alle gelernt werden können, ohne jede Skala einzeln auswendig zu lernen. Jede der gebräuchlichen Skalen läßt sich aber in zwei Tetrachorde aufteilen.

Es gibt insgesamt sechs Tetrachorde:

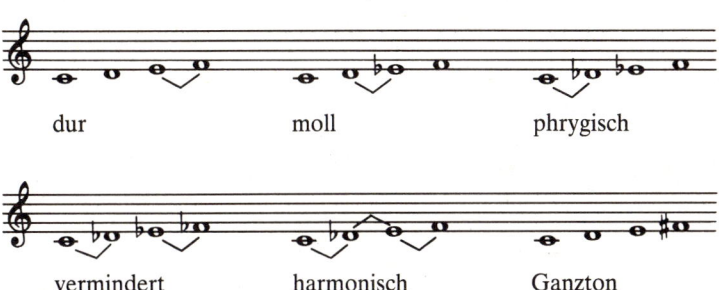

Es empfiehlt sich also, diese sechs Tetrachorde zu lernen. Ein weiterer Lernschritt führt zu der Erkenntnis, welche Kombination von welchen Tetrachorden eine bestimmte Skala ergibt. Man merkt sich beispielsweise, daß die mixolydische Skala aus den Tetrachorden ›dur‹ und ›moll‹ besteht, kombiniert die beiden »Bausteine« und beherrscht somit eine Skala, die man unter anderen Umständen mühsam Ton für Ton erlernen müßte.

Im Nachfolgenden seien die wichtigsten Skalen des Bebop und die Bedingungen ihres Einsatzes dargestellt. Zur zusätzlichen Orientierung sind diese Skalen mit den jeweiligen Tetrachordbezeichnungen versehen.

Der Einsatz von bestimmten Akkorden fordert gleichfalls den Einsatz von ganz bestimmten Skalen. Der Einsatz der Skalen ist allerdings auch von dem vorhergegangenen und/oder dem nachfolgenden Akkord abhängig.

Diese Untersuchung beschränkt sich auf die wichtigsten und grundlegensten Zusammenhänge.

$Cmaj^7$ bedingt den Einsatz der Durskala oder der Pentatonik:

C^7 fordert die mixolydische Skala oder die Bluesskala:

$C\text{-}^7$ kann mit einer ganzen Reihe von Skalen bedient werden:

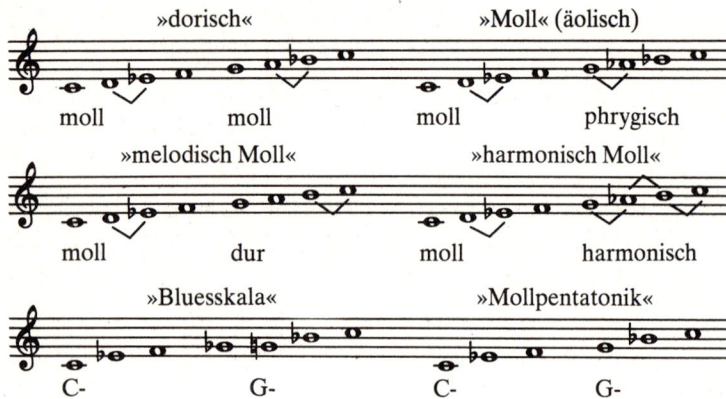

Werden die Akkorde um eine große None erweitert, bleiben die Skalen die gleichen. Wird die None allerdings alteriert, wird der Einsatz von gänzlich anderen Skalen notwendig. Diese Aussage betrifft auch alle anderen möglichen Alterationen. Die alterierte None ($C^7\#9$ oder C^7b9) fordert die 8ton-dominant-Skala.

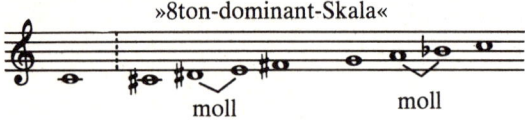

Bei der hochalterierten None ($C^7\#9$) kann auch die superlocrische Skala gespielt werden.

Taucht zusätzlich zur alterierten None noch eine alterierte Quinte auf, dann muß die superlocrische Skala gespielt werden.

164

Akkordbeispiele: $C^7\#9^{b5}$ $C^7b9^{\#5}$ (alle Kombinationen von alterierten fünf und neun).
Die alterierte Quinte ohne None ($C^7\#5$ $C^7\,b5$) sollte mit der Ganztonleiter bedient werden.

»Ganztonleiter«

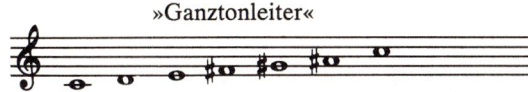

Ein Mollakkord mit Sexte (C^{-6}) bedingt den Einsatz von melodisch Moll.
Eine hochalterierte Quarte verlangt die lydische Skala, ein Dominantseptakkord mit hochalterierter Quarte ($C^7\#4$) dagegen die lydisch-dominant-Skala.

»lydisch«   »lydisch-dominant«

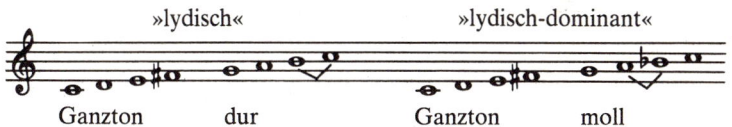

Ganzton   dur   Ganzton   moll

Ein verminderter Akkord (Co) sollte mit der verminderten Skala umspielt werden.

»verminderte Skala«

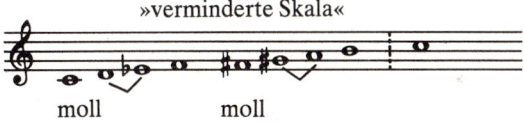

moll   moll

Ist ein Akkord allerdings nur halbvermindert (C∅), so sollte locrisch oder besser noch locrisch $^{\#2}$ gespielt werden.

»locrisch«   »locrisch $^{\#2}$«

phrygisch   Ganzton   moll   Ganzton

Hier noch einige Bedingungen, die von vorhergegangenen oder nachfolgenden Akkorden abhängen:
Folgt ein Dominantseptakkord mit verminderter None, der im gegebenen harmonischen Zusammenhang auch wirklich die Dominante darstellt, auf einen reinen Durakkord, sollte lydisch-dominant mit gleichfalls verminderter None gespielt werden. Als Alternative bietet sich in

165

diesem Falle auch mixolydisch mit erhöhter elf und verminderter None an:

$$V^7b9 \text{ nach Dur} = \text{lydisch-dominant}^{b9} \text{ oder}$$
$$\text{mixolydisch}^{\#11}b9$$

Sollte der gleiche Akkord auf einen Mollakkord folgen, wird normalerweise harmonisch Moll von der fünften Stufe an gespielt:
V^7b9 nach Moll = fünfte Stufe von harmonisch Moll.
Folgt nach einem Dominantseptakkord ein Akkord, der eine Quart über dem Dominantseptakkord liegt, sollte bei dem Septakkord »Superlocrisch« gespielt werden. Diese Regelung betrifft fast alle V-I-Verbindungen, erfaßt aber auch alle alterierten Möglichkeiten, z. B.:

$$D^7b5 - G^7b9 = \text{»Superlocrisch«}$$
$$V - I = \text{»Superlocrisch« über V}$$

Als eine relativ neue Erkenntnis innerhalb der Jazzforschung gelten die von David Baker auf dem zweiten Internationalen Jazz-Workshop 1984 in Tübingen vorgestellten Bebopskalen. Hierbei handelt es sich um Skalen, die mit chromatischen Durchgangstönen angereichert sind.
Diese Bebop-Skala bietet nicht nur den Vorteil eines besseren Klangbildes und einer flüssigen Spielweise, sondern fördert zugleich den rhythmischen Rückhalt des Solisten. Alle chromatischen Töne der neuen Skala fallen auf »down beats«, und die Tonika der Skala fällt immer auf den Schlag des folgenden Taktes.
Siehe hierzu den Vergleich der mixolydischen Skala zu der entsprechenden Bebop-Skala:

Als Bezugspunkt der Skala dient jeweils der Dominantseptakkord. Die Skala wird auch bei dem dazugehörigen Mollseptakkord und unter besonderen Bedingungen auch bei dem dazugehörigen halbverminderten Septakkord verwendet.

166

Die nun folgende Skala läßt sich also bei den Akkorden G-, C^7 und E∅ einsetzen:

Beim Dominantseptakkord wird die Bebop-Skala so gespielt, wie sie von David Baker vorgestellt wurde. Es ist eine mixolydische Skala mit zusätzlicher erhöhter Sept.
Beispiel C^7:

Beim Mollseptakkord wird eine dorische Skala mit zusätzlicher erhöhter Terz gespielt.
Beispiel $C\text{-}^7$:

Bei einem halbverminderten Akkord wird eine locrische Skala mit zusätzlicher erhöhter Quinte gespielt.
Beispiel C∅:

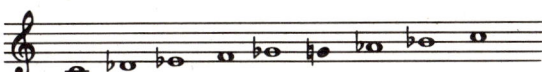

Die letztgenannte Skala soll allerdings nur unter bestimmten Umständen eingesetzt werden. Diese Umstände sind gegeben, wenn
a) der halbverminderte Akkord anstelle eines Mollseptakkordes auf der zweiten Stufe eingesetzt wird oder
b) der halbverminderte Akkord Teil einer II-V^7-VII-Verbindung ist, z. B. G- C^7 E∅ A^7 D-
Neben dieser wichtigen und häufig eingesetzten Bebop-Dominantskala – und den vorgestellten Modi – gibt es noch drei weitere sogenannte Bebop-Skalen, die allerdings weitaus seltener zu hören sind.
Eine Besonderheit in der Jazzmusik stellen die schon in der Entwick-

lungszeit des Jazz gebräuchlichen »Blue notes« dar. Blue notes sind verminderte Töne, die der Melodielinie eine besondere »Färbung« geben.

Der Blues war in seinem Ursprung Liedgut mit zumeist traurigem Textinhalt. Die verminderten Töne innerhalb der Melodielinie unterstützten die Aussage des Blues mit dem durch die Blue notes entstandenen Mollcharakter.

Die gebräuchlichste Blue note ist die kleine Sept. Sie hat sich soweit durchgesetzt, daß die Tonika des Blues nicht mehr durch einen reinen Durklang gegeben wird, sondern durch einen um die kleine Sept angereicherten Dominantseptakkord (C^7 anstatt $Cmaj^7$). Die kleine Sept der IV. Stufe (F^7 = es) kann auch als kleine Terz über C^7 eingesetzt werden. Somit hätten wir die zweite ›Blue note‹ erfaßt. Die dritte und letzte Blue note ist die verminderte Quinte.

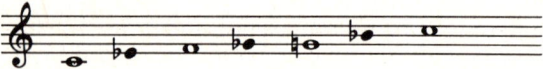

Es läßt sich feststellen, daß die Blue notes in der Blues-Skala voll erfaßt sind. Außer den drei vorgestellten verminderten Tönen b3, b5 und b7 ist eine weitere Verminderung von Tönen und somit »Einfärbung« zu Blue notes nicht möglich. Die Wirkung der Blue notes ist von dem Akkord, auf dem sie liegen, abhängig. Die »Farbe« dieser Töne entwickelt sich nur bei Dominantseptakkorden und bei Durakkorden. Ein Mollseptakkord oder gar ein halbverminderter Akkord würde die Wirkung von Blue notes aufheben.

Die schon unter den Blue notes erwähnte verminderte Quinte, die innerhalb des Blues noch relativ selten genutzt wurde, erfährt mit der Entwicklung des Bebop einen bemerkenswerten Aufschwung. Der Gebrauch dieses Intervalls kam derartig in Mode, daß ein in irgendeiner Form geregelter Einsatz kaum mehr zu erkennen war.

In der Entwicklungszeit des Bebop fiel der Gebrauch der verminderten Quinte deshalb so stark auf, weil der Einsatz von Akkorden mit tiefalterierter Quinte oder hochalterierter Undezime noch gänzlich ungewohnt war. Heutzutage gehört der Gebrauch dieser Akkorde und der entsprechenden Skalen zum Standardrepertoire eines jeden Jazzmusikers.

Verminderte Quinten sind durch folgende Akkorde angegeben: halbvermindert ($C\emptyset$), vermindert (Co), Septakkorde mit tiefalterierter Quinte (C^7b5) und Septakkorde mit hochalterierter Undezime ($C^7\#11$).

168

Diesen Akkorden sind Skalen zugeordnet, die eine verminderte Quinte (enharmonische Verwechslung eingeschlossen) enthalten.

Daneben gibt es jedoch eine Reihe von Skalen, die ebenfalls die verminderte Quinte enthalten, aber bei Akkorden eingesetzt werden, die diese Quinte nicht vorweisen:
- Blues-Skala (z. B. bei C^7)
- 8ton-dominant-Skala (z. B. bei C^7b9)
- Superlocrisch (z. B. bei $C^7\#9$)
- Ganztonleiter (z. B. bei $C^7\#5$)
- lydisch $^{\#5}$-Bebop-Skala (z. B. bei $Cmaj^7$)

Auch bei diesen Skalen sollten enharmonische Verwechslungen berücksichtigt werden. Das Klangbild der verminderten Quinte bzw. des Tritonus ist entscheidend.

Songs

Neben den schon behandelten harmonischen »Pattern« des Blues gibt es noch eine ganze Reihe von »Song Pattern«. Unter dem Begriff Song versteht man die in der Jazz- und Unterhaltungsmusik gängige Liedform.

Unter den verschiedenen zwei- und dreiteiligen Formen hat sich die 32taktige AABA-Form als Standardform im Jazz und der populären Musik durchgesetzt. Diese Form besteht aus vier mal acht Takten. Der 8taktige A-Teil wird – teilweise leicht variiert – wiederholt, gefolgt von einem B-Teil, der neue musikalische Gedanken bzw. Harmonien beinhaltet, um anschließend mit einem erneuten A-Teil zu enden.

Eine ganze Reihe populärer Jazzstandards sind nach diesem Formmuster komponiert worden. Es interessieren in diesem Zusammenhang allerdings nur die Songs, die im Bebop häufig als harmonische Grundlage für neue Bebop-Kompositionen dienten.

Die häufigsten Einspielungen – außer dem Blues – basieren auf dem Formmuster der Gershwinkomposition ›I Got Rhythm‹. Dieses Songmuster gehört wohl zu den am häufigsten genutzten harmonischen Pattern.

I Got Rhythm

A || | B^b | C^{-7} F^7 | B^b | C^{-7} F^7 |
      | B^b | C^{-7} F^7 | B^b F^7 | B^b ||

A   Wiederholung

B || D^7 | ./. | G^7 | ./. |
     | C^7 | ./. | F^7 | ./. ||

A   8 Takte wie oben

Der hier vorgestellte B-Teil ist der original B-Teil der Komposition, der allerdings häufig durch folgende Akkorde ersetzt wird.

$$| \ B^b7 \ | \ ./. \ | \ E^b7 \ | \ ./. \ |$$
$$| \ C^7 \ | \ ./. \ | \ F^7 \ | \ ./. \ ||$$

Während der A-Teil aus einfachen II-V-I-Verbindungen besteht, befinden sich im B-Teil eine ganze Reihe von Nebendominanten, die eine Kette von Dominanten bilden, die sich schließlich in einem diatonischen Akkord (im A-Teil) auflösen. Der funktionale Aufbau dieser Rhythm-Changes wird in allen möglichen Tonarten benutzt. Rhythm-Changes in G heißt unter Jazzmusikern: Wir improvisieren über die Funktionsstufen von ›I Got Rhythm‹ und beginnen mit einem G-Dur-Akkord. Aus diesem Grunde soll die Form des Songs noch einmal in seinen Funktionen dargestellt werden:

A || I | II–V | I | II–V |
   | I | II–V | I–V | I ||

A Wiederholung

B || III7 | ./. | VI7 | ./. |
   | II7 | ./. | V7 | ./. ||

A Wiederholung

Seine neuen harmonischen Entdeckungen machte Charlie Parker auf der harmonischen Grundlage von Ray Nobles 1938 komponiertem Jazzstandard ›Cherokee‹. Erstaunlich ist allerdings, daß Charlie Parker nur 13 Einspielungen mit dieser harmonischen Form machte.

Cherokee:

A | [: $B^b maj^7$ | F+7 | $F-^7$ | B^b7 |
   | $E^b maj^7$ | ./. | A^b7 | ./. |
   | B^b | $D-^7$ | C^7 | ./. |
1. | $C-^7$ | D∅G^7 | $C-^7$ | F+7 :] |
2. | $C-^7$ | F^7 | B^b | ./. |
B || $C\#-^7$ | $F\#^7$ | $Bmaj^7$ | ./. |
$B-^7$	E^7	$Amaj^7$	./.
$A-^7$	D^7	$Gmaj^7$	./.
$G-^7$	C^7	$C-^7$	F+7	

und A-Teil bis Klammer 2.

170

›Cherokee‹ ist in der klassischen AABA-Form geschrieben, zeichnet sich aber durch unverhältnismäßig lange Formteile aus. Jeder dieser Teile beträgt 16 Takte, das Stück hat eine Gesamtlänge von 64 Takten.

Besteht der B-Teil, mit Ausnahme der letzten vier Takte, aus einfachen II-V-I-Verbindungen, so lassen sich im A-Teil doch schon recht moderne Harmonieverbindungen finden:

$B^b maj^7$ als Tonika, gefolgt von der Dominante mit hochalterierter Quinte, die in einen Mollseptakkord ($F\text{-}^7$) umgewandelt wird, der eine II-V-I-Verbindung nach $E^b maj^7$ einleitet. Danach folgen zwei Takte Subdominante, die zurück zu B^b-Dur führen. $D\text{-}^7$ als Dominantenparallele wird von C^7 gefolgt. Normalerweise wäre die Subdominantenparallele, also $C\text{-}^7$ zu erwarten. Sie taucht erst zwei Takte später auf und führt zu $D\varnothing$, siebte Stufe von $E^b maj^7$ und der Tonikaparallele ♮ 3. Subdominantenparallele und Dominante mit hochalterierter Quinte führen zurück zur Tonika im A-Teil.

In der zweiten Klammer finden wir eine klassische II-V-I-Verbindung in B^b-Dur. Die letzten Takte des B-Teils haben die gleiche Funktion, wie die erste Klammer des A-Teils.

Ein etwas häufiger genutzter Song ist der 1940 von William Morgan Lewis komponierte Jazzschlager ›How High The Moon‹. Dieser Song ist in der auch nicht wenig verbreiteten ABAB-Form geschrieben.

How High The Moon

A || $Gmaj^7$ | ./. | $G\text{-}^7$ | C^7 |
   | $Fmaj^7$ | ./. | $F\text{-}^7$ | B^b7 ||
B || $E^b maj^7$ | $A\text{-}^7$ D^7 | $G\text{-}^7$ | $A\text{-}^7 b5$ $D^7 b9$ |
   | $Gmaj^7$ | $A\text{-}^7$ D^7 | $B\text{-}^7$ B^b7 | $A\text{-}^7$ D^7 ||

A-Teil wie oben

B || $E^b maj^7$ | $A\text{-}^7$ D^7 | $Gmaj^7$ | $A\text{-}^7$ $D^7 b9$ |
   | $B\text{-}^7$ B^b7 | $A\text{-}^7$ D^7 | G^6 | ($A\text{-}^7$ D^7) ||

Der zweite B-Teil ist gegenüber dem Ersten stark variiert. Eine kurze Analyse ergibt folgende harmonische Funktionen:

$Gmaj^7$ wird gefolgt von einer II-V-I-Verbindung, die zu $Fmaj^7$ führt. Die letzten beiden Takte des A-Teils leiten mit einer II-V-Verbindung zu $E^b maj^7$ in den B-Teil über. Eine weitere II-V-Verbindung führt nicht, wie erwartet, zu $Gmaj^7$, sondern zu $G\text{-}^7$. Diese Verbindung wird mit Alterationen wiederholt, um sich dann in $Gmaj^7$ aufzulösen. Eine erneute II-V-Verbindung führt zurück zur Dominantenparallele von $Gmaj^7$. B^b7

erinnert als Dominante an $E^b maj^7$ zu Beginn des B-Teils. Eine II-V-Verbindung führt zurück zu $Gmaj^7$ in den A-Teil. Der zweite B-Teil unterscheidet sich vom ersten, außer durch eine Stellungsverschiebung der Akkorde, durch den Ausfall von $G\text{-}^7$ und dem Einsatz von G^6 anstatt eines G-Dur-Akkordes.

Auch Cole Porters Jazzballade ›What Is This Thing Called Love‹ ist ein oft verwandter Song. Hier handelt es sich um ein Stück in jeweils 8taktiger AABA-Form. Da die Harmonien fast ausschließlich aus II-V-I-Verbindungen bestehen, verzichte ich auf eine weitergehende Analyse dieses Songs.

Somit sind zu der harmonischen Entwicklung des Bebop, inklusive harmonischer Besonderheiten, auch die wichtigsten harmonischen Pattern erfaßt. Blues Pattern und die sogenannten Rhythm Changes sind die weitverbreitesten harmonischen Pattern des Bebop.

Nun kann man sich fragen, warum im Bebop, trotz einer harmonischen Erneuerung, auf ein so simples harmonisches Schema wie das von ›I Got Rhythm‹ zurückgegriffen wird. Hierzu ist zu sagen, daß es sich bei diesen Pattern nur um ein funktionales Gerüst handelt, das mit beliebigen Alterationen harmonisch interessanter gemacht werden kann. Allerdings ist es bemerkenswert, daß der Bebop trotz vieler weitreichender Veränderungen in der Jazzmusik kein eigenes oder zumindestens modifiziertes Songschema entwickelt hat. Hier sind wir an dem Punkt angelangt, an dem sich der Bebop voll auf den traditionellen Jazz stützt.

Anmerkungen

Teil I
Die Wiege des Bebop

1 Gillespie, Dizzy/Fraser, Al: To Be or not to Bop, Wien 1984, S. 109
2 Über dieses Datum gibt es sehr unterschiedliche Angaben; während in der Literatur häufig 1940 angegeben wird, benennt Dizzy Gillespie das Jahr 1939, Kenny Clarke sogar 1941 als Bandgründungsdatum.
3 Gillespie/Fraser, a.a.O., S. 82
4 Shapiro, Nat/Hentoff, Nat: Jazz erzählt, München 1962, S. 213
5 Ebenda, S. 215
6 Ebenda, S. 216
7 Gillespie/Fraser, a.a.O., S. 109
8 Shapiro/Hentoff, a.a.O., S. 226
9 Russel, Ross: Bird lives!, Wien 1985, S. 88
10 Ebenda, S. 88
11 Gillespie/Fraser, a.a.O., S. 107
12 Shapiro/Hentoff, a.a.O., S. 229
13 Gillespie/Fraser, a.a.O., S. 105
14 Hentoff, Nat: The Jazz Life, New York 1961, S. 195
15 Gillespie/Fraser, a.a.O., S. 109
16 Ebenda, S. 112
17 Ebenda
18 Shapiro/Hentoff, a.a.O., S. 214
19 Ebenda, S. 214f.
20 Gillespie/Fraser, a.a.O., S. 114
21 Feather, Leonard, in: Berendt, J. E. (Hrsg.): Die Story des Jazz, Reinbek b. Hamburg 1978, S. 143
22 Shapiro/Hentoff, a.a.O., S. 227
23 Feather, Leonard: Inside Bebop, New York 1949, Reprint Inside Jazz, New York 1977, S. 12
24 Asriel, André: Jazz – Aspekte und Analysen, Berlin (DDR) 1985, S. 185
25 Ebenda
26 Gillespie/Fraser, a.a.O., S. 105
27 Shapiro/Hentoff, a.a.O., S. 218
28 Ebenda, S. 220
29 Gillespie/Fraser, a.a.O., S. 107f.
30 Ebenda, S. 107

31 Ebenda, S. 81
32 Shapiro/Hentoff, a. a. O., S. 222f.
33 Ebenda, S. 221
34 Gillespie/Fraser, a. a. O., S. 115
35 Feather, a. a. O., S. 15
36 Shapiro/Hentoff, a. a. O., S. 224
37 Ebenda, S. 223
38 Gillespie/Fraser, a. a. O., S. 105
39 Feather, a. a. O., S. 90
40 Jost, Ekkehard: Sozialgeschichte des Jazz in den USA, Frankfurt 1982, S. 87
41 Polillo, Arrigo: Jazz, Berlin 1978, S. 165
42 Shapiro/Hentoff, a. a. O., S. 229f.
43 Polillo, a. a. O., S. 161
44 Ebenda, S. 166
45 Shapiro/Hentoff, a. a. O., S. 233
46 Ebenda, S. 238
47 Ebenda, S. 236f.
48 Ebenda, S. 236
49 Wießmüller, Peter: Miles Davis, sein Leben, seine Musik, seine Schallplatten, Buchendorf 1984, S. 16
50 Shapiro/Hentoff, a. a. O., S. 238f.
51 Ebenda, S. 239
52 Ebenda, S. 223
53 Ebenda
54 Ebenda
55 Feather, a. a. O., S. 42

Revolution und Reaktion

1 Palmer, Tony: All You Need Is Love, München, Zürich 1977, S. 61
2 Jost, Ekkehard: Sozialgeschichte des Jazz in den USA, Frankfurt 1982, S. 95
3 Berendt, J. E.: Das Jazzbuch – Von Rag bis Rock, Frankfurt 1973, S. 93
4 Shapiro, Nat/Hentoff, Nat: Jazz erzählt, München 1962, S. 262
5 Ebenda, S. 266
6 Ebenda, S. 263
7 Ulanov, Barry: Jazz in Amerika, Berlin 1958, S. 322f.
8 Asriel, André: Jazz – Aspekte und Analysen, Berlin (DDR) 1985, S. 181
9 Polillo, Arrigo: Jazz, Berlin 1978, S. 169
10 Feather, Leonard: Inside Jazz, New York 1977 (Reprint) – alle Zitate dem Klappentext entnommen.
11 Gillespie, Dizzy/Fraser, Al: To Be or not to Bop, Wien 1984, S. 237
12 Ebenda
13 Ebenda, S. 239
14 Ebenda, S. 235
15 Russel, Ross: Bird lives!, Wien 1985, S. 109
16 Ebenda, S. 109

Das politisch-soziale Umfeld

1 Goffin, Robert: Jazz, From Congo to the Metropolitan, New York 1944, S. 240
2 Nanry, Charles (Hrsg.): American Music, New Jersey 1972, S. 5
3 Ebenda, S. 103
4 Fark, Reinhard: Die mißachtete Botschaft, Berlin 1971, S. 109
5 Ebenda, S. 111
6 Kuhnke/Miller/Schulze: Geschichte der Pop-Musik, Bremen 1976, S. 408
7 Polillo, Arrigo: Jazz, Berlin 1978, S. 176
8 Gillespie, Dizzy/Fraser, Al: To Be or not to Bop, Wien 1984, S. 111
9 Fark, a.a.O., S. 110
10 Jost, Ekkehard: Sozialgeschichte des Jazz in den USA, Frankfurt 1982, S. 101
11 Gillespie/Fraser, a.a.O., S. 230
12 Ebenda
13 Ebenda, S. 112
14 Ebenda, S. 233
15 Kuhnke/Miller/Schulze, a.a.O., S. 408
16 Jost, a.a.O., S. 104
17 Gillespie/Fraser, a.a.O., S. 234
18 Ebenda, S. 234

Drogen

1 Gillespie, Dizzy und Fraser, Al: To Be or not to Bop, Wien 1984, S. 228
2 Ebenda, S. 226
3 Ebenda, S. 113
4 Ebenda, S. 227
5 Jost, Ekkehard: Sozialgeschichte des Jazz in den USA, Frankfurt 1982, S. 110
6 Shapiro, Nat/Hentoff, Nat: Jazz erzählt, München 1962, S. 244f.
7 Ebenda, S. 244
8 Wießmüller, Peter: Miles Davis, Buchendorf 1984, S. 24
9 Shapiro/Hentoff, a.a.O., S. 247f.
10 Gillespie/Fraser, a.a.O., S. 227f.
11 Ebenda, S. 228
12 Jost, a.a.O., S. 111
13 Gillespie/Fraser, a.a.O., S. 328
14 Ebenda, S. 325
15 Shapiro/Hentoff, a.a.O., S. 245
16 Jost, a.a.O., S. 113
17 Shapiro/Hentoff, a.a.O., S. 243f.
18 Ebenda, S. 249

Ein Musikstil setzt sich durch

1 Asriel, André: Jazz – Aspekte und Analysen, Berlin (DDR) 1985, S. 180
2 Palmer, Tony: All You Need Is Love, München, Zürich 1977, S. 61
3 Baker, David: Charlie Parker – Alto Saxophone, New York 1978, S. 9

Coda

1 Hodeir, André: Jazz: It's Evolution and Essence, New York 1956, reprinted 1975, S. 100
2 Feather, Leonard: Inside Jazz, New York 1977 (Reprint), S. 15
3 Asriel, André: Jazz – Aspekte und Analysen, Berlin (DDR) 1985, S. 181
4 Ebenda
5 Ebenda
6 Ebenda
7 Ebenda, S. 182
8 Shapiro, Nat/Hentoff, Nat: Jazz erzählt, München 1962, S. 263

Teil II

Charlie Parker

1 Shapiro, Nat/Hentoff, Nat: Jazz erzählt, München 1962, S. 227
2 Ebenda, S. 227f.
3 Ebenda, S. 227
4 Polillo, Arrigo: Jazz, Berlin 1978, S. 484
5 Shapiro/Hentoff, a. a. O., S. 225f.
6 Polillo, a. a. O., S. 484
7 Shapiro/Hentoff, a. a. O., S. 228
8 Feather, Leonard: Inside Jazz, New York 1977 (Reprint), S. 12
9 Polillo, a. a. O., S. 485
10 Feather, a. a. O., S. 13
11 Russel, Ross: Bird lives!, Wien 1985, S. 90
12 Shapiro/Hentoff, a. a. O., S. 228
13 Russel, a. a. O., S. 91
14 Shapiro/Hentoff, a. a. O., S. 224
15 Ebenda, S. 230f.
16 Gillespie, Dizzy/Fraser, Al: To Be or not to Bop, Wien 1984, S. 325
17 Ebenda, S. 331
18 Polillo, a. a. O., S. 494
19 Gillespie/Fraser, a. a. O., S. 323f.
20 Ebenda, S. 308f.
21 Ebenda, S. 309
22 Ebenda, S. 300ff.
23 Polillo, a. a. O., S. 482
24 Ebenda, S. 498
25 Ebenda, S. 499
26 Berendt, J. E.: Das neue Jazzbuch, Frankfurt 1965[6], S. 70

Dizzy Gillespie

1 Gillespie, Dizzy/Fraser, Al: To Be or not to Bop, Wien 1984, S. 42
2 Shapiro, Nat/Hentoff, Nat: Jazz erzählt, München 1962, S. 221
3 Gillespie/Fraser, a.a.O., S. 57
4 Berendt, J. E.: Das Neue Jazzbuch, Frankfurt 1965^6, S. 63
5 Feather, Leonard: Inside Jazz, New York 1977 (Reprint), S. 21
6 Berendt, a.a.O., S. 63
7 Shapiro/Hentoff, a.a.O., S. 219
8 Ebenda, S. 218
9 Ebenda, S. 220
10 Berendt, a.a.O., S. 64
11 Shapiro/Hentoff, a.a.O., S. 209f.
12 Gillespie/Fraser, a.a.O., S. 138
13 Während die überwiegende Zahl von Quellen das Engagement im Onyx vor der Tätigkeit in Eckstines Band angeben, liest es sich in Dizzys Autobiographie so, als wenn das Eckstine-Engagement schon 1943 begonnen hätte.
14 Gillespie/Fraser, a.a.O., S. 158
15 Ebenda, S. 165
16 Ebenda, S. 184
17 Polillo, Arrigo: Jazz, Berlin 1978, S. 510
18 Gillespie/Fraser, a.a.O., S. 323
19 Ebenda, S. 380

Kenny Clarke

1 Jazz Podium 3/1977, S. 6
2 Shapiro, Nat/Hentoff, Nat: Jazz erzählt, München 1962, S. 221f.
3 Ebenda, S. 216
4 Jazz Podium 3/77, S. 4
5 Shapiro/Hentoff, a.a.O., S. 251f.
6 Jazz Podium 3/77, S. 4
7 Ebenda, S. 7

Thelonious Monk

1 Shapiro, Nat/Hentoff, Nat: Jazz erzählt, München 1962, S. 217f.
2 Gillespie, Dizzy/Fraser, Al: To Be or not to Bop, Wien 1984, S. 106
3 Shapiro/Hentoff, a.a.O., S. 215
4 Polillo, Arrigo: Jazz, Berlin 1978, S. 525
5 Jazz Podium, 3/1978, S. 5
6 Ebenda, S. 12f.
7 Polillo, a.a.O., S. 533f.

Charlie Christian

1 Polillo, Arrigo: Jazz, Berlin 1978, S. 462
2 Feather, Leonard: Inside Jazz, New York 1977, (Reprint), S. 6
3 Polillo, a.a.O., S. 463
4 Ebenda, S. 464
5 Feather, a.a.O., S. 7

6 Shapiro, Nat/Hentoff, Nat: Jazz erzählt, München 1962, S. 217
7 Feather, a. a. O., S. 7

Max Roach
1 Gitler, Ira: Jazz Masters Of The 40s, New York 1966 (Reprint 1983), S. 183f.
2 Jazz Podium, 6/1979, S. 5
3 Ebenda, S. 8
4 Gillespie, Dizzy/Fraser, Al: To Be or not to Bop, Wien 1984, S. 160f.
5 Gitler, a. a. O., S. 186
6 Jazz Podium, a. a. O., S. 6

Charles Mingus
1 Polillo, Arrigo: Jazz, Berlin 1978, S. 570
2 Weber, Horst/Filtgen, Gerd: Charles Mingus, Gauting-Buchendorf o. J., S. 36
3 Polillo, a. a. O., S. 573
4 Weber/Filtgen, a. a. O., S. 42

Bud Powell
1 Gitler, Ira: Jazz Masters Of The 40s, New York 1966 (Reprint 1983), S. 113
2 Gillespie, Dizzy/Fraser, Al: To Be or not To Bop, Wien 1984, S. 108
3 Ebenda, S. 181
4 Gitler, a. a. O., S. 111
5 Polillo, Arrigo: Jazz, Berlin 1978, S. 521
6 Ebenda

Miles Davis
1 Wießmüller, Peter: Miles Davis, Gauting-Buchendorf o. J., S. 14
2 Ebenda
3 Polillo, Arrigo: Jazz, Berlin 1978, S. 586
4 Ebenda, S. 590
5 Asriel, André: Jazz, Aspekte und Analysen, Berlin (DDR) 1985⁴, S. 244

Quellennachweis
Der Abdruck der Texte aus Nat Shapiro/Nat Hentoff, *Jazz erzählt*, © by Nymphenburger Verlagshandlung GmbH, München, erfolgt mit freundlicher Genehmigung der Verlagsgruppe Langen-Müller-Herbig, München.
Der Abdruck der Texte aus Dizzy Gillespie/Al Fraser, *To Be or not to Bop*, © Hannibal Verlag, Wien, erfolgt mit freundlicher Genehmigung des Hannibal Verlages, Wien.

178

Literaturverzeichnis

Asriel, Andre: Jazz – Aspekte und Analysen, Berlin (DDR): VEB Lied der Zeit Musikverlag 1985

Baker, David: Charlie Parker – Alto Saxophone, Jazz Monograph Series, New York 1978

Baker, David: Jazzimprovisation, Rottenburg: advance-music Verlag, 1983

Baker, David: Informationsschrift zum 2. Internationalen Jazzworkshop '84, Tübingen 1984

Baresel, Alfred: Der Rhythmus in der Jazz- und Tanzmusik, Trossingen 1955

Berendt, Joachim-Ernst: Ein Fenster aus Jazz, Frankfurt: Fischer 1978

Berendt, Joachim-Ernst: Die Story des Jazz, Reinbek b. Hamburg: Rowohlt 1978

Berendt, Joachim-Ernst: Das neue Jazzbuch, Frankfurt: Fischer 1965 [6]

Berendt, Joachim-Ernst: Das Jazzbuch – Von Rag bis Rock, Frankfurt: Fischer 1973

Berendt, Joachim-Ernst: Das große Jazzbuch – Von New Orleans bis Jazz Rock, Frankfurt: Fischer 1982

Blesh, Rudi: Shining Trumpets – A History of Jazz, New York 1975, original printed in 1958

Bohländer, Carlo/Holler, Karl Heinz: Reclams Jazzführer, Stuttgart: Reclam 1977 [2]

Bohländer, Carlo: Jazz – Geschichte und Rhythmus, Reihe Jazz Studio, Mainz: Schott 1960, überarb. Aufl. 1979

Bornemann, Ernest: A Critic Looks At Jazz, London 1946

Carles, Philippe/Comolli, Jean-Louis: Free Jazz, Black Power, Frankfurt: Fischer 1974

Carr, Ian: Miles Davis – Eine kritische Biographie, Ch-Baden: LIT Verlag 1985

Collier, Graham: Jazz – Ein Führer für Lehrer und Schüler, Musikpädagogische Bibliothek Bd. 22, Wilhelmshaven 1982

Condon, Eddi/Gehman, Richard: Treasury of Jazz, New York 1956, reprinted 1975

Dauer, Alfons M.: Improvisation – Zur Technik der spontanen Gestaltung des Jazz, in: Jazzforschung 1, Graz 1969

Dauer, Alfons M.: Der Jazz, seine Ursprünge und Entwicklung, Kassel: Röth Verlag 1958

Fark, Reinhard: Die mißachtete Botschaft – Publizistische Aspekte des Jazz im soziokulturellen Wandel, Berlin 1971

179

Feather, Leonard: Bebop, Cool Jazz, Hard Bop in: Berendt (Hrsg.): Die Story des Jazz, Reinbek b. Hamburg: Rowohlt 1978

Feather, Leonard: Inside Jazz, originally titled: Inside Bebop, New York 1949, reprinted in N. Y. 1977

Feather, Leonard: The Book of Jazz, New York: Dell 1976

Finkelstein, Sidney: Jazz – a people's music New York 1948, Deutsche Ausgabe, Stuttgart 1951

Fitterling, Thomas: Thelonious Monk Oreos, Collection Jazz, Waakirchen 1987

Gitler, Ira: Jazzmasters of the 40's, New York: Da Capo 1983, Deutsche Ausgabe, Oreos-Verlag 1987

Goffin, Robert: Jazz, From Congo to the Metropolitan, New York 1944

Harrison, Max: Charlie Parker, in: Hentoff/McCarthy: Jazz, New York 1977

Hentoff, Nat: Paying Dues: Changes in the Jazzlive in: Nanry, Charles (Hrsg.): American Music, New Jersey 1972

Hentoff/McCarthy: Jazz – New Perspectives in the History of Jazz, New York 1977

Hobston, Wilder: American Jazz Music, London, 1956

Hodeir, André: Jazz, Its Evolution And Essence, Translated by David Noakes, New York 1956, reprinted in N. Y. 1975

Jost, Ekkehard: Europas Jazz 1960–80, Frankfurt: Fischer 1987

Jost, Ekkehard: Jazzmusiker – Material zur Soziologie der afro-amerikanischen Musik, Frankfurt, Berlin, Wien: Ullstein 1982

Jost, Ekkehard: Sozialgeschichte des Jazz in den USA, Frankfurt: Fischer 1982

Kinkle, Rodger D.: The Complete Encyclopedia of Popular Musik and Jazz, 1900–1950, Bd. III und IV, New Rochelles, New York 1974

Köner/Glawischnig (Hrsg.): Jazzforschung 1, Institut für Jazzforschung Graz 1969

Kuhnke/Miller/Schulze: Geschichte der Pop-Musik, Bd. 1, Bremen 1976

Longstreet/Dauer: Knaurs Jazzlexikon, München, Zürich: Knaur 1957

Mecklenburg, Carl Gregor, Herzog zu: Stilformen des Jazz 1, Reihe Jazz/Ergänzung 1, Wien 1973

Mecklenburg, Carl Gregor, Herzog zu: Stilformen des Modernen Jazz – Vom Swing zum Free Jazz, Sammlung musikwissenschaftlicher Abhandlungen, Bd. 63, Baden Baden 1979

Mezzrow, Mezz/Wolfe, Bernard: Jazzfieber, Berlin: Ullstein 1986

Nanry, Charles (Hrsg.): American Music: From Storyville to Woodstock, New Jersey 1972

Palmer, Tony: All You Need Is Love – Von Blues zu Swing, von Afrika zum Broadway, vom Jazz zum Soul und Rock'n Roll, München, Zürich 1977

Polillo, Arrigo: Jazz – Geschichte und Persönlichkeiten, München, Berlin: Goldmann-Schott 1981

Pütz/Schmid (Hrsg.): Musik International – Information über Jazz, Pop, außereuropäische Musik, Köln 1975

Ricigliano, Daniel A.: Popular and Jazz Harmony, New York 1969

Russel, Ross: Bird lives!, London 1972, Deutsche Ausgabe, Wien 1985

Sandner, Wolfgang: Die Entwicklung des Jazz, in: Pütz/Schmid (Hrsg.): Musik International, Köln 1975

Sandner, Wolfgang: Jazz – Zur Geschichte und stilistischen Entwicklung afro-amerikanischer Musik, Laaber Verlag 1982

Schreiner, Claus (Hrsg.): Jazz Aktuell, Mainz: Schott 1968

Schuller, Gunther: Early Jazz, It's Roots and Musical Development, Oxford 1968

Shapiro, Nat/Hentoff, Nat: Jazz erzählt – Von New Orleans bis West Coast, München: dtv 1962

Sidran, Ben: Black Talk, Schwarze Musik – die andere Kultur im weißen Amerika, Hofheim: Wolke-Verlag 1985

Ulanov, Barry: Jazz in Amerika, Berlin 1958

Weber, Horst/Filtgen, Gerd: Charles Mingus, Gauting-Buchendorf: Oreos-Verlag 1984

Wießmüller, Peter: Miles Davis, sein Leben, seine Musik, seine Schallplatten, Gauting-Buchendorf: Oreos-Verlag 1984

Williams, Martin: Jazzmasters in Transition, New York: Da Capo 1970

Winthrop, Sargeant: Jazz: Hot and Hybrid, London 1959

Wölfer, Jürgen: Handbuch des Jazz, München: Heyne 1979

Wölfer, Jürgen: Dizzy Gillespie, Waakirchen: Oreos-Verlag 1987

Discographie

Eine komplette Discographie der in diesem Buch vertretenden Musiker würde sehr viel Platz erfordern. Die hier verzeichneten Werke können demnach nur eine Auswahl sein, wobei nicht nur auf die Bedeutung der Aufnahmen geachtet, sondern auch das aktuelle Angebot im Schallplattenhandel berücksichtigt wurde. Angegeben sind jeweils die Titel der Platten, die Plattenfirma und die dazugehörige Bestellnummer.

Da viele dieser Musiker auch gemeinsame Plattenaufnahmen gemacht haben, finden sich manche Titel doppelt wieder. Diese an sich notwendige doppelte Nennung wurde größtenteils dadurch vermieden, daß diese Platte nur bei einem der Interpreten aufgeführt wurde. Für Charlie Parker und Dizzy Gillespie wurde zusätzlich zur persönlichen Discographie noch eine gemeinsame erstellt, die Titel beinhaltet, auf der beide Musiker zu hören sind.

Charlie Parker & Dizzy Gillespie

Birth Of The Bebop, Stash St-260
Groovin' High (Dizzy Gillespie And His Sextets), Musicraft MVS 2009
It Happened One Night (with Ella Fitzgerald), Natural Organic 7000
Afro Cuban Jazz, Verve Ve 2-2522
Bird On Verve Vol. II (Bird & Diz), Verve 817443-1 IMS
Charlie Parker And The All Stars, Saga (E) ERO 8035
Charlie Parker All Stars, America AM 008/010
Charlie Parker's Beboppers, Savoy WL 70520 AF
Charlie Parker Quartet, JAM 5006 IMS
The Quintet – Jazz At Massey Hall, OJC 044 (DEB 123) IMS

Charlie Parker

Den besten Überblick bieten die von Savoy und Verve herausgegebenen Serien.
Charlie Parker: The Complete Savoy Sessions
Volume 1: WL 70520 AF
Volume 2: WL 70527 AF
Volume 3: WL 70548 AF
Bird On Verve Vol.1: Charlie Parker With Strings: 817442-1 IMS
Bird On Verve Vol.2: Bird & Diz : 817443-1 IMS

182

Bird On Verve:Vol.3: Charlie Parker With Strings: 817444-1 IMS
Bird On Verve Vol.4: Machito Jazz With Flipp And Bird: 817445-1 IMS
Bird On Verve Vol.5 : The Magnificent Charlie Parker: 817446-1 IMS
Bird On Verve Vol.6: South Of The Border: 817447-1 IMS
Bird On Verve Vol.7: Charlie Parker Big Band: 817448-1 IMS
Bird On Verve Vol.8: Charlie Parker: 817449-1 IMS
The Essential Charlie Parker 1945–1953, B&C Records (Album mit 10 LPs u. a.
   Dial sessions, Massey Hall, Birdland Broadcasts, Royal Roost Air Shots)
Rare Broadcast Performance (Charlie Parker Quintet) : JA 5136
Bird At St.Nicks: Victor, VIJ-5015 M
Now's The Time (The Quartet of Charlie Parker), Verve 2304 095

Dizzy Gillespie

The Complete Pleyel Concert, Vogue 429002
The Camp 1951–1952, Jazz Anthology JA 5183
The Legendary, Vogue 400018
The Great Modern Jazz Trumpet, Festival ALB 215
One Night in Washington, Musician 960300-1
Pasadena Concert 1948, Vogue 500060
3 Géants du Jazz, Vogue 400008
Big 4., Pablo 2310 781
The Gifted Ones, Pablo 2310 833
Afro-Cuban Jazz Moods, Pablo 2310 771
Sonny Side Up, Dizzy Gillespie Duets, Verve VE 2-2505
Professor Bob, Atlantis ATS 11
The Best Of Dizzy Gillespie, RCA CL 42787

Kenny Clarke

The Golden 8, Kenny Clarke – Francy Boland, BNJ 71035 (Blue Note)
South Of The Border, Bird On Verve Vol.6, 817446-1 IMS
The Champ (Dizzy Gillespie), Jazz Anthology JA 5183
Fats Navarro Featured With The Tadd Dameron Band, Milestone M 47041 IMS
Django (Modern Jazz Quartet.), OJC 057(P7057) IMS
Al Cohn With The Birdland Stars On Tour, RCA PM 45725
At The Club St. Germain (Art Blakey), RCA FXL 17327
In Paris Festival International De Jazz May, 1949 (Miles Davis/Tadd Dameron
   Quintet), CBS 82100

Thelonious Monk

Monk, Prestige LP-7053
Thelonious Monk Plays Duke Ellington, Riverside RLP 12–201
Art Blakey's Jazz Messengers With Thelonious Monk, Atlantik SD 1278

Thelonious Monk With John Coltrane, Jazzland JLP-46
Misterioso (Monk Quartet), Riverside RLP 12–279
Thelonious Monk, Milestone 68154
Five By Monk By Five, Riverside RLP 12-305 (1150)
Criss Cross, CBS CS 838
It's Monk's Time, CBS CS 8948
Epistrophy, Affinity RJL 3014
Monk's Blues, CBS CS 9806

Oscar Pettiford

Bohemia After Dark (O. Pettiford Orchestra), Affinity AFF 117
Soul Meeting (Ray Charles-Milt Jackson Quintet), Atlantic SD 1360
Miles Davis Vol.I, Blue Note BLP 1501
Harmonica Jazz (Toots Thielemans), CBS 21108 IMS
Duke Ellington And His Orchestra 1947, Decca 6.23576 AG
Louis Armstrong And His Orchestra (The Immortal Live Sessions), JA 5102
Sonny Rollins Trio, Freedom Suite, Milestone M 47007 IMS
The New Oscar Pettiford Sextett, OJC 112 (DLP8) IMS
Jazz Workshop (Ada Moore And Her Quintet), OJC 1701 (Debut 16) IMS

Charlie Christian

Minton's Playhouse All Stars, Vogue 500 114
Charlie Christian All Stars, Jazz Anthology JA 5122
Benny Goodman Sextet, Jazz Anthology JA 5181 (auf gleicher LP:)
Benny Goodman Septet feat. Count Basie, Jazz Anthology JA 5181
The Metronome All Stars, RCA NL 89277 TIS

Max Roach

Max Roach +4 (feat. Sonny Rollins), Mercury 6336 703
Max Roach Drums Unlimited, Atlantic ATL 50519
Pure Genius (Clifford Brown/Max Roach), Musician MUS K 52388
Diz And Getz, Verve MGV 8141
Cecil Taylor – Max Roach Duo, Soul Note SN 1100/1
Chet Baker And The Lighthouse All Stars, Contemporary 7949 IMS
Max Roach Double Quartet, Soul Note SN 1073
Max Roach – Anthony Braxton, Black Saint BSR 0024

Charles Mingus

Pithycan Thropus Erectus, America 30-AM-6109
Mingus At Carnegie Hall, Atlantic SD 1667

The Great Concert Of Charles Mingus, America AM 003-004-005
Mingus In Europe Vol.I, ENJA 3049, und Vol.II, ENJA 3077
Blue Bird, America 20-AM-6110
Mingus, Mingus, Mingus, Impulse AS 54
Ellington, Mingus, Roach, United Artists UAJ 14017
Nostalgia In Times Sqare, CBS 88337
Blues & Roots, Atlantic SD 1305
Oh Yeah, Atlantic SD 1377
The Red Norvo Trio, Savoy SJL 2212
Cumbia & Jazz Fusion, Atlantic SD 8801

Bud Powell

The Bud Powell Trio, Debut Deb-5002, Fantasy 6006
The Quintet (Jazz At Massey Hall), Debut Deb-124
The Bebop Boys, Savoy WL 70510(2) (SJL2247) DP
Bud Powell's Modernists, Blue Note BLP 1531
Sonny Stitt With The Bud Powell Trio, Prestige P 24044 IMS
At The Golden (Bud Powell Trio),Vol.I, Steeplechase SCC 6001
At The Golden Circle,Vol.II, SCC 6002
At The Golden Circle,Vol.III, SCC 6009
At The Golden Circle,Vol.IV, SCC 6014
At The Golden Circle, Vol.V, SCC 6017
Alternate Takes (Bud Powell Quintet), Blue Note BST 84430

Miles Davis

Pre-Birth Of The Cool, Cicala, Jazz Live BLJ 8003
Miles Davis And Horns, Prestige PRLP 7025
Miles Davis, Vol.I, Blue Note BLP 1501; Vol.II, Blue Note BLP 1502
Miles Davis And The Modern Jazz Giants, Prestige PRLP 7150
Round About Midnight, Columbia PC 8649
Milestones, Columbia CL 1193
Porgy and Bess, Columbia 8085
Sketches OF Spain, Columbia CS 8271
Quiet Nights (cond. by Gil Evans), Columbia CS 8906
Four And More, Columbia CS 9106
Miles Smiles, Columbia CS 9401
Water Babies, Columbia PS 34396
Bitches Brew, Columbia GP 26
Directions, Columbia KC 36472
Live-Evil, Columbia KC 30954
On The Corner, Columbia KC 31906
The Man With The Horn, Columbia FC 36790
Decoy, Columbia FC 38991
You're Under Arrest, CBS 26447

Personenregister

In Klammern angegeben ist jeweils die Funktion – soweit bekannt – der benannten Personen: arr = Arrangeur, cl = Klarinette, cond = Bandleiter, Comboleiter, dr = Schlagzeuger, g = Gitarre, p = Piano, tb = Posaune, tp = Trompete, vib = Vibraphon, viol = Violine, voc = Gesang, sax = alle Saxophone.

Abrams, Ray (sax) 133
Ace, Johnny (p) 107
Adams, Pepper (sax) 123
Adderley, Julian »Cannonball« (sax) 70, 72, 143
Albany, Joe (p) 88
Allen, Henry »Red« (tp) 40
Ammons, Gene (sax) 25, 69, 87
Anderson, Buddy (tp) 25f.
Armstrong, Louis (tp) 38ff., 44, 46, 61, 100, 113, 116, 125, 128, 135
Auld, Georgie (sax) 116

Bailey, Buster (cl) 67
Baker, Chet (tp) 69
Barker, Danny (g) 21, 104
Barnet, Charlie (sax, cond) 105, 124
Bartz, Hartwig (dr) 127
Basie, Count (cond) 20, 23, 79f., 132
Bellson, Louis (dr) 126
Benson, George (g) 144
Benton, Walker (sax) 134
Berendt, J. E. (Produzent, Kritiker) 126
Berman, Sonny (tp) 67
Berry, Chu (sax) 192f.
Best, Clifton (g) 126
Bigard, Barney (cl) 135
Blanton, Jimmy (b) 21, 125, 135
Blesh, Rudi (Kritiker) 43
Boland, Franzy (arr, p) 117f.
Booker, Little (p) 134
Bowie, Lester (tp) 72
Bradley, Oscar (dr) 107
Bradshaw, Tiny (cond) 142
Brand, Dollar (p) 134

Breadley, Leroy (cond) 114
Brockman, Gail (tp) 24f., 87
Brötzmann, Peter (sax) 72
Broonzy, Bill »Big« (voc) 48
Brown, Clifford (tp) 96, 133f.
Brubeck, Dave (p) 37, 117
Buchanan, Wes (cond) 100
Byas, Don (sax) 26ff., 108, 117, 125f., 139
Byrd, Donald (g) 123, 134

Callender, Red (b) 135f.
Calloway, Cab (cond) 21, 100, 102ff., 107
Cannon, Jimmy 40
Carisi, Johnny (tp) 52, 62
Carry, Scoops (sax) 24f., 85
Carter, Benny (sax) 83, 102, 105, 116, 133, 142
Carter, Ron (b) 144
Catlett, »Big« Sid (dr) 133
Cauldwell, Happy (cond) 115
Celestin, Oscar »Papa« (tp) 44
Challender, Red (b) 90
Chaloff, Serge (sax) 67, 69
Chambers, Paul (b) 143
Christian, Charlie (g) 14ff., 70, 84, 105, 121, 126, 127ff., 135, 156
Clarke, Kenny (dr) 12ff., 29, 31f., 51, 54f., 84, 102f., 105f., 113ff., 120f., 126f., 130, 132f., 139f., 143, 156
Claxton Roselle (p) 79
Cole, Nat »King« (voc) 133, 135
Coleman, George (sax) 134, 144
Collins, Dick (tp) 117
Collins, Jazzbo 99

Collins, Shad (tp) 101 f.
Coltrane, John (sax) 72, 111, 122, 143
Condon, Eddie (g) 20, 40, 44
Corea, Chick (p) 144
Crump, Tommy, (sax) 25, 87

Dameron, Tadd (arr) 19, 26, 88, 116, 143
Davis, Miles (tp) 20, 26, 29, 63, 69f., 74, 91f., 94, 109, 113, 117, 133, 136, 139f., 141ff., 155
De Johnette, Jack (dr) 144
Delaunay, Charles (Hot Club de Paris) 92, 94
Dennis, Willie (tb) 136
Desmond, Paul (sax) 69f.
Dillard, Bill (tp) 101f.
Dodds, Johnny (cl) 46
Dolphy, Eric, (sax) 122, 138
Dorham, Kenny (tp) 69, 92, 98, 109, 134
Dorsey, Jimmy (cond) 27
Dorsey, Tommy (cond) 40
Dunlop, Frankie (dr) 122
Durham, Eddie (g) 127f.
Dutton, Freddy (b) 127

Eager, Allen (sax) 133
Eckstine, Billy (voc) 17, 23ff., 28, 69, 81, 85ff., 107f., 117, 125, 142
Eldridge, Roy (tp) 16f., 30, 100f., 105f., 114, 116, 125
Elijah, Muhammad (Sektenführer) 53
Ellington, Duke (cond) 15, 28, 46, 48, 100, 107, 113, 121, 126, 132, 136f.
Evans, Bill (p) 143
Evans, Gil (arr, p) 143

Fairfax, Frankie (cond) 101
Farlow, Tal (g) 136
Farrad, Mohammad (Sektenführer) 53
Fenton, Nick (b) 12, 116
Fields, Herbie (sax) 142
Fields, Kansas (dr) 81
Fitzgerald, Ella (voc) 105, 110f., 116

Fleet, Biddy (g) 20, 83
Forrest, Jimmy (sax) 83
Frazier, George 40

Gaillard, Bulie »Slim« (g) 41, 96, 110
Garland, Red (p) 143
Gardner, Goan (sax) 81f.
Garner, Erroll (p) 28, 88, 96, 126
Gashin, Leonard (b) 109
Gay, Joe (tp) 13, 19, 52, 116, 125, 130
Getz, Stan (sax) 66, 69, 95f., 117, 126, 136
Gibson, Harry »The Hipster« (p) 41
Gilberto, Astrud (voc) 95
Gillespie, Dizzy (tp) 12, 14ff., 26ff., 32f., 36, 39f., 41ff., 51ff., 54, 56f., 61f., 66, 68ff., 73f., 81, 83ff., 99ff., 115f., 119f., 123, 125, 132f., 136, 139f., 142, 156
Goffin, Robert (Kritiker) 45
Gojkovic, Dusco (tp) 127
Gomez, Eddie (b) 138
Goodmann, Benny (cl, cond) 21, 52, 70, 105, 126, 128ff.
Goodstein, Oscar (Club-Manager) 97
Gordon, Bob (sax) 67
Gordon, Dexter (sax) 69f., 133, 135, 139, 141
Granz, Norman (Impresario) 71, 91, 93, 97, 110, 139
Gray, Wardell (sax) 70
Green, Benny (tp) 24f., 86, 88, 136
Griffin, Johnny (sax) 122
Grimes, Tiny (g) 29, 88

Haig, Al (p) 29, 31, 88, 91
Hammerschmidt, Hans (p) 126f.
Hammond, John (Produzent, Kritiker) 40, 128f.
Hampton, Lionel (vib) 33, 102, 105, 129, 136
Hancock, Herbie (p) 144
Harris, Benny (»Little Benny«) (tp) 24, 28, 85
Harris, Bill (tb) 69
Hart, Clyde (p) 28, 109

Hartzfield, Johnny (sax) 28, 125
Hawkins, Coleman (sax) 28, 32, 102, 108, 116, 118, 121, 125, 127f., 132f., 140, 142
Hayes, Edgar (cond) 102, 114
Hayes, Louis (dr) 118
Heath, Jimmy (sax) 111
Helian, Jaques (cond) 117
Henderson, Fletcher (cond) 88, 101, 107, 129
Herman, Woody (cond) 70, 74, 94, 105, 117, 126
Higgins, Billy (dr) 118
Hill, Teddy (cond., Management) 12ff., 19, 22, 32, 84, 101ff., 114f.
Hines, Earl (p, cond) 24, 83ff., 97, 107, 116
Hinton, Milt (b) 18, 21, 102, 104f.
Hite, Les (cond) 106f.
Hodges, Johnny (sax) 15
Holland, Dave (b) 144
Holliday, Billy (voc) 47f.
Hopkins, Claude (cond) 107, 114
Humple, Derek 118

Jackson, Calvin 107
Jackson, Chuby (b) 125
Jackson, Franz (sax) 85
Jackson, Jonny (sax) 83
Jackson, Milt (vib) 120, 122, 139, 143
Jaquet, Illinois (sax) 19, 22f., 135
Jaquet, Russel (tp) 135
Jeffry, Paul (sax) 123
Jobim, Carlos (g) 95
Johnson, Bunk (tp) 43f.
Johnson, J. J. (tb) 29, 72, 111, 126, 133, 136, 139
Johnson, James P. (p) 121
Johnson, Pete (cond) 79
Jones, Elvin (dr) 118, 122
Jones, Jimmy (p) 29
Jones, Joe (dr) 38, 80, 115
Jones, Philly Joe (dr) 143
Jones, LeRoi 50
Jordan, Duke (p) 58, 91, 155

Kahn, Eddie 134
Kaye, Sammy (cond) 42
Keith, Jimmy (sax) 80
Kenton, Stan (cond) 96
Keyes, Laurence (p) 79ff.
Kirby, John (b) 139
Kirk, Andy (cond) 85, 87, 127f.
Knepper, Jimmy (tb) 137
Koenigsworter, Baroness Pannonica (Mäzenin) 98, 122
Kolex, King (tp) 81
Koller, Hans (sax) 126f.
Konitz, Lee (sax) 69, 96, 143
Krupa, Gene (cond) 105

La Faro, Scott (b) 122
Lazy, Steve (sax) 122
Lee, George (cond) 81
Leonard, Harlan (sax) 79, 81
Levey, Stan (dr) 28, 31, 88, 107
Levy, John (b) 29
Lewis, George (cl) 44
Lewis, John (p) 47, 143
Locke, Bob (Kritiker) 43
Lunceford, Jimmie (cond) 127, 132

Malachy, John (p) 26, 88
Mariano, Charlie (sax) 70
Marmarosa, Dodo (p) 90
McCall, Mary Ann (voc) 66
McConnel, Shorty (tp) 24f., 85, 87
McGhee, Howard (tp) 62, 90, 126
McKibbon, Al (b) 123
McLaughlin, John (g) 144
McRae, Bob (arr) 131
McRae, Carmen (voc) 13, 31, 63
McShann, Jay (cond) 15, 81ff.
Mezzrow, Mezz (cl) 40f., 61
Michelat, Pierre (b) 140
Miller, Glenn (cond) 46, 52, 132
Milhaud, Darius (Komponist) 117
Millinder, Lucky (cond) 101, 107, 121
Mingus, Charlie (b) 71, 95f., 98, 133, 138ff., 140
Minton, Henry (Lokalbesitzer) 12f.
Mitchel, Joni (voc) 138

Mobley, Hank (sax) 134
Monk, Thelonious (p) 12, 14ff., 36, 61, 84, 103f., 110, 116, 119ff., 130, 138f., 156
Monroe, Clark (Lokalbesitzer, cond.) 132
Moody, James (sax) 70
Moore, Bobby (tp) 83
Morrow, George (b) 138
Mulligan, Gerry (sax) 66, 69, 138, 143
Murphy, Turk (tb) 44

Nanry, Charles (Kritiker) 46
Navarro, Fats (tp) 30, 63, 69f., 108f., 136, 139f.
Nelson, Oliver (cond) 123
Newman, Jerry (jazzfan) 130f.
Niehaus, Lenny (sax) 70
Noble, Sissle (cond) 24
Norvo, Red (vib) 136

Oliver, Joe (King) (tp) 46, 100
Ore, John (b) 122
Ory, Kid (tb) 44
Osborne, Mary (g) 125
Osterwald, Hazy (vib) 92
Overton, Hall (cond) 122

Page, Oran, »Hot Lips« (tp) 32, 116
Panasié, Hugues (Kritiker) 36f.
Parker, Charlie (sax) 15ff., 27ff., 36f., 42f., 53, 58f., 60ff., 64f., 68ff., 73f., 78ff., 104, 107ff., 121f., 125f., 132f., 135f., 139ff., 142f., 153, 155f., 158, 160, 170
Parker, Leo (sax) 25, 67, 69, 87, 108
Parkinson, Coldridge 134
Paul, Ebenezer 133
Payne, Cecil (sax) 132
Persson, Ake (tb) 118
Pettiford, Oscar (b) 21, 26ff., 32, 73, 95f., 108f., 117, 124ff., 132f., 135f., 139f.
Pillars, Jeter (cond) 114, 127
Polillo, Arrigo (Kritiker) 92

Porter, Roy (dr) 90
Potter, Tommy (b) 26, 69, 88, 91
Powell, Bud (p) 16, 20, 27, 29, 67, 95, 98, 110, 117, 120, 126f., 133, 138ff., 143
Powell, Ritchie (p) 133f., 138
Pozo, Chano (perc) 110f.
Prat, Jimmy (dr) 126
Priester, Julian (tb) 134
Purnell, Keg (dr) 119

Raeburn, Boyd (cond) 107, 125
Ramey, Gene (b) 81
Redcross, Bob 64
Rey, Alvino 135
Rice, Charlie (dr) 126
Richmond, Danny (dr) 137f.
Rivers, Sam (sax) 144
Roach, Max (dr) 16, 20, 26ff., 65, 72, 91f., 95, 108f., 115, 118, 125, 131ff., 136, 139f.
Rodney, Red (tp) 65, 94
Rollins, Sonny (sax) 70, 72, 122, 134, 140
Ross, James (tp) 80
Rouse, Charlie (sax) 122f.
Rumsey, Howard (b, cond) 133
Russell, Curly (b) 29, 31, 88, 139
Russell, Ross (Produzent) 47, 90f., 97

Scobey, Bob (tp) 44
Scott, Howard (tb) 25, 88
Scott, Tony (cl, sax) 27ff.
Shavers, Charlie (tp) 30, 61, 126
Shaw, Billy 28, 87, 91ff., 96, 109
Shearing, George (p) 28, 126
Shepp, Archie (sax) 134
Sherock, Shorty (tp) 105
Shorter, Wayne (sax) 144
Silver, Horace (p) 72
Simmons, John (b) 16, 81
Sims, Zoot (sax) 143
Sinatra, Frank (voc) 46
Sipple, John (Kritiker) 43
Sissle, Noble (cond) 85
Smith, Buster (sax) 79, 81f.

Smith, Floyd (g) 127
Smith, Oscar (b) 107
Smith, Stuff (viol) 29
Snow, Valaida (voc) 139
Socarras, Alberto 102
Späth, Sigmund (Kritiker) 42
Springer, Joe (p) 28, 125
Stitt, Sonny (sax) 19, 23, 123, 139, 142
Sulieman, Idrees (tp, sax) 121

Tate, Grady (dr) 118
Tatum, Art (p) 82
Taylor, Art (dr) 122
Taylor, Billy (p) 27, 28, 30, 136
Thompson, Sir Charles (cond) 87
Thompson, Lucky (sax) 25, 69, 87, 89, 127, 139
Tinney, Allen 133
Tizol, Juan (tb) 136
Todd, Oliver (cond) 79
Tough, Dave (dr) 27, 40
Treadwell, George (cond) 15, 133
Trent, Alphonso (cond) 127f.
Tristano, Lennie (p) 71, 91
Turretine, Stan (sax) 134
Turretine, Tommy (tp) 134

Ulanov, Berry (Kritiker) 43

Valentine, Jerry (tb) 25, 87f.
Vaughan, Sarah (voc) 68, 89, 107

Wainwright, Connie (g) 26, 88

Wallace, Billy (p) 134
Waller, Fats (p) 32, 121
Wallington, George (p) 20, 26f., 108, 125
Washington, Dinah (voc) 135
Watters, Lu (tp) 49
Webb, Chick (dr) 105
Webster, Ben (sax) 17, 27, 102
Webster, Freddy (tp) 109
Wein, George (p) 123
Wells, Dicky (tb) 102
West, (Harold) Doc (dr) 16, 28, 125
Wilkerson, George (b) 81
Williams, Cootie (cond) 15, 27, 87, 119f., 130, 139
Williams, Edith (p) 79
Williams, Fess 107
Williams, Mary Lou (voc) 13, 79, 98, 119, 121, 128
Williams, Robert »Junior« (sax) 25, 87
Williams, »Rubberlegs« (voc) 62
Williams, Rudi (sax) 126
Williams, Tony (dr) 144
Wilson, Shadow (dr) 107
Wilson, Teddy (p) 128f.
Winding, Kai (tb) 123, 136, 139
Woods, Phil (sax) 70, 122f.

Young, Lee (dr) 135
Young, Lester (sax) 15f., 18, 70, 79ff., 84, 97, 128f., 140, 143
Young, Trummy (tb) 88

Zawinul, Joe (p) 144
Zoller, Attila (g) 126

Jazz – Blues – Folk
Chansons – Lieder – Balladen